하늘에서 들려온 음성

**하늘에서 들려온 음성**

지은이    정용섭
펴낸이    정덕주

펴낸 곳    한들출판사
           서울시 종로구 연지동 136-46 기독교회관 710호
           등록 제2-1470호 1992.

E-Mail    handl2006@hanmail.net
홈페이지  www.ehandl.com
전화:    편집부 741-4068~69
        영업부 741-4070  FAX 741-4066

2007년 12월 25일 초판 1쇄 발행

ISBN 978-89-8349-430-6  93230

ⓒ 정용섭
* 잘못된 책은 바꿔 드립니다.

# 하늘에서 들려온 음성

교회력과 절기를 따른 설교

정용섭 지음

한들출판사

# 책을 내면서

　설교는 본질적으로 성서 본문에 근거해서 작성해야 한다. 그런데 주일마다 많은 교회에서 외쳐지는 설교가 다 그러지 못하다는 데에 문제가 있다. 성서 본문은 순서에 따라 낭독하는 데서 끝나고 대부분 성서에 대한 자기 생각을 펼치거나 주변을 산책하다 끝나버린다.
　성서는 결코 하나님에 관한 인간의 생각을 기록한 책이 아니다. 오히려 인간을 위하여 하나님이 행하신 일을 중점적으로 전개한 책이다. 그렇기 때문에 설교자는 하나님이 인간을 위하여 행하신 기록인 성서에 근거해서 설교를 시작하고 끝맺어야 하는 것이다. 설교가 하나님에 관한 인간의 말이 아니라 인간을 향한 하나님의 말씀이 되어야 하기 때문이다.
　설교를 설교되게 하는 것은 설교자의 말솜씨나 기술이 아니다. 설교자가 일상생활에서 관찰한 것이나 자신의 종교사상을 전개하는 것은 더욱 아니다. 설교는 설교자의 능변이나 설득력에 있지 않고 성서 안에서 말씀하시는 하나님이 설교자를 도구로 사용하셔서 나타내시는 데에 있다.

따라서 설교는 성서의 본문이 회중의 구체적인 상황 안에서 그 뜻을 표현하기 위하여 해석되는 사건이다. 설교자가 전력을 다해서 선포하는 설교는 회중으로 하여금 결단을 일으키게 하고 각자가 자기 앞에 열려 있는 미래를 보게 하는 사건인 것이다.

여기서 설교는 회중의 삶 속에서 역동적인 사건(dynamic event)의 한 부분이 되어야 한다. 구원의 하나님이 그분의 구원 행위를 설교자를 통해 회중과의 산 만남(living encounter)으로 다시 나타내시도록 해야 한다.

설교자는 해마다 새로운 설교 계획을 세워야 한다. 이 때 중요한 것이 교회력과 절기이다. 이것은 성서 전체의 관점에서 본 성서일과와 주제, 계시의 중심 사건들이 설교에 포함되어야 하기 때문이다. 교회력은 대강절(Advent)에서 시작하여 예수님의 수난과 십자가, 부활이 그 정점을 이루고 삼위일체 주일(Trinity Sunday)에 이르는 상반기를 가리킨다. 그리고 절기는 어머니 주일에서 시작하여 추수감사절(Thanksgiving day)을 거쳐 세계 성서주일(World Bible Sunday)에 이르는 하반기이다. 이 기간은 교회의 사명과 목표, 크리스천 신앙의 생활화, 기독교윤리, 성서의 체계적 해석에 역점을 두어야 한다.

이렇게 볼 때, 설교자의 직무는 아무나 할 수 없는 막중한 과업이다. 설교자가 항상 자기 부족을 느끼면서 하나님 앞에 엎드리고 성서연구에 깊이 몰두하며 설교를 준비하지 않으면 안 되는 이유가 여기에 있다.

나는 목사가 된 후 처음 얼마동안은 주일예배 강단에 서는 것이 두려웠다. 성서에 대한 확신이 서지 않고 신학적으로도 미숙했기 때문이다. 그러나 성서 번역실장의 임무와 신학교 교수직에 10년씩 봉사하는 동안 하나님께서 나를 훈련시켜 주셨다. 그 후 미국에서 이

민 목회를 20여 년 하면서 이것이 밑거름이 되어 준 것을 늘 감사하고 있다.

여기에 수록된 20편의 설교는 주로 교회력과 절기에 따른 설교 중에서 뽑은 것이다. 평소에 설교집을 내겠다는 생각을 해오지 않았는데, 올해 여든이 되었으니 한두 권이라도 내는 게 어떻겠느냐는 권유를 받고 용기를 내게 되었다. 내게 용기를 준 딸 은영(미국 미조리주 시립병원 간호사), 아들 재현(연세대학교 연합신학대학원 교수), 그리고 이 책을 출판해 주신 한들출판사 정덕주 목사님과 함께 도움을 준 분들에게 고마운 뜻을 표한다.

2007년 12월
미국 캔사스주 레넥사시에서
정용섭

## 차례

책을 내면서

### 교회력과 절기를 따른 설교

| | | |
|---|---|---|
| 011 | **대강절** | 크리스마스를 향한 자세(마 2:9-12) |
| 024 | **성탄절** | 말구유(눅 2:1-7) |
| 037 | **신년** | 새해의 기원(골 3:1-4) |
| 049 | **현현절** | 하늘에서 들려온 음성(마 3:16-17, 17:5) |
| 063 | **사순절** | 사순절의 교훈(요 12:20-26) |
| 078 | **종려주일** | 돌아올 수 없는 지점(마 21:1-11) |
| 091 | **성만찬** | 나를 기념하라(고전 11:23-29) |
| 101 | **십자가** | 주님은 왜 십자가를 지셨나?(롬 3:23-24; 5:8; 8:2) |
| 114 | **부활절** | 예수님은 부활하셨다(요 20:19-23) |

| | | |
|---|---|---|
| 127 | **부활 이후** | 엠마오의 석양길(눅 24:13-35) |
| 140 | **부활 이후** | 디베랴 바다의 아침(요 21:1-7, 15-17) |
| 152 | **승천주일** | 승천하신 예수님(행 1:3-5, 9-11) |
| 163 | **오순절** | 펜테코스테의 경험(행 2: 1-4) |
| 174 | **성령강림주일** | 성령강림의 역사(행 2: 1-13) |
| 185 | **삼위일체주일** | 삼위일체 하나님(요 14: 7-11, 16-17) |
| 195 | **어머니주일** | 제5계명: 네 부모를 공경하라(출 20:12) |
| 206 | **어버이주일** | 그리스도인의 가정(딤후 1:1-7) |
| 218 | **해방기념주일** | 해방의 교훈(행 7:35-43) |
| 231 | **종교개혁주일** | 개혁자의 신앙(롬 1:1-17) |
| 243 | **추수감사절** | 주신 은혜를 무엇으로 보답할꼬?<br>(시 116:5-14) |
| 258 | **세계성서주일** | 성서는 어떤 책인가?<br>(히 4:12; 요 5:39-40) |

 대강절

## 크리스마스를 향한 자세
마태복음 2장 9-12절

성탄절을 맞이할 때마다 느끼는 것이 한 가지 있습니다 그것은 "누구를 위한 성탄절이냐" 하는 것입니다. 크리스마스 추리를 세우고 카드와 선물을 보내고 아이들의 기쁨을 더해주기 위한 절기로 크리스마스가 변모해 오면서 참된 축하를 받아야 할 주인은 그 자리에 참석하지 않는 성탄절이 되고 있지 않는가 하는 느낌입니다.

감사절이 지나기가 바쁘게 거리는 온통 크리스마스 기분이 되고 있습니다. 쇼핑몰, 은행, 주택가 거리가 크리스마스 장식으로 화려합니다. 베들레헴 말구유에 그리스도가 오셨다는 근본 뜻은 까마득한 전설 속으로 묻혀 버리고 만 것 같습니다.

어느 교회의 크리스마스 이브 때 있었던 일입니다. 주일학교에서 성극을 하게 되었는데, 그 성극을 지도하던 선생님은 고민이 있었습니다. 반 아이들이 한명도 빠지지 않고 성탄축하 연극에 참여하도록 해야겠는데 말을 더듬는 아이가 한 명 있었기 때문이었습니다. 고민을 하던 끝에 선생님은 말을 더듬는 한 아이의 배역을 간단한 말

몇 마디만 하는 배역을 맡기기로 하였습니다.

'There is no room. There is no room. There is no vacancy.'

'방이 없습니다. 방이 없습니다. 빈방이 없습니다.'

이 말만 해도 되도록 내용을 각색해서 그 아이에게 몇 번이나 다짐하고서는 무대에 올려 보냈습니다. 그러나 무대 위에 그를 올려 보낸 선생님은 초초했습니다. 저 아이 때문에 극을 망치게 되지나 않을까? 그런데 아니나 다를까 그 아이더러 그렇게도 일러서 시킨 말만 하라고 했는데 이 아이는 그 말에다 한마디를 더 보탰습니다.

'There is no room. There is no room. There is no vacancy.'
해놓고는

'But there is a room for me to sleep.'라고 하더라는 것이다.

'방이 없습니다. 방이 없습니다. 빈방이 없습니다. 그런데 제가 잘 방은 있습니다.'

이 성극을 보고 있던 온 교인들은 어른이나 아이들 모두 다 웃었습니다. 그리고 교사는 발을 동동 굴렀습니다.
그런데 이 덧붙인 한마디 말이 그 해 크리스마스 이브의 메시지가 되었습니다. 웃던 교인들은 이내 숙연한 얼굴이 되었습니다. 왜냐하면 첫 번 크리스마스가 바로 그러했기 때문입니다.

때는 로마의 아우구스트(Augustus) 황제 때, 로마 통치 하에 있던 모든 사람들은 황제의 명령으로 호적을 하러 고향으로 가게 되었습니다. 요셉도 다윗의 가문이기에 갈릴리 나사렛 동네에서 유대

땅 베들레헴 다윗의 동네로 갔습니다.

　요셉과 정혼한 마리아는 아기를 가졌고, 해산할 날이 되었는데, 들어갈 방이 없었습니다. 먼저 온 사람들이 모두 여관방을 차지하고 있어서 아기 예수님은 그날 밤 말구유에서 탄생하신 것입니다.

　오늘도 이것은 마찬가지입니다. 우리는 우리가 잘 방은 모두 가지고 있으면서 아기 예수님은 지금도 말구유, 마구간에 눕혀놓고 있지 않습니까? 오늘 우리는 아기 예수를 우리 집으로 모셔 들이고 그분에게 방을 내어드려야 하겠습니다. 그분을 우리 교회 안으로 모셔 들여 그분을 경배해야 하겠습니다.

　크리스마스라는 말은 본래 Christ와 mas의 합성단어 입니다. Christ는 그리스도 예수이고, mas는 미사, 곧 예배입니다. 그리스도 예수를 영접해 들이고, 예배하는 날이 크리스마스입니다. 크리스마스가 그리스도 예수를 경배하는 날이라고 한다면 우리에게 먼저 필요한 것이 무엇입니까? 크리스마스를 향한 우리의 자세가 갖추어져 있어야 합니다. 그래서 크리스마스를 한 주일 앞둔 오늘, 우리는 크리스마스를 향한 자세를 어떻게 갖추어야 하는가를 배워야 합니다.

　크리스마스를 향한 자세! 이것은 베들레헴에 탄생하신 아기 예수가 어떤 분인가를 알아야 우리의 자세를 가다듬을 수 있습니다. 그러면 그리스도 예수는 누구인가요?

## 1. 그리스도 예수는 왕이신 메시아(Messiah)이다

　동방에서 박사들이 예루살렘에 와서 물은 것은 "유대인의 왕으로 나신이가 어디 계시뇨?"(마 2:2)라는 말이었습니다. 예수님은 왕으로 이 세상에 탄생하셨습니다. 빌라도가 예수님의 십자가 위에 "유대인의 왕 나사렛 예수"라고 썼지만, 예수님은 유대인의 왕이 아니라 만왕의 왕이십니다.

우리는 무엇보다도 왕이신 메시야께 경배를 드려야 합니다. 그 앞에 무릎을 꿇고 경배해야 합니다. 우리가 무릎을 꿇는다는 것은 예수 그리스도를 최대한으로 높이는 것이며, 동시에 우리 자신을 최대한 낮추는 것을 의미합니다. 제왕과 신하의 관계가 이런 것입니다.

그러므로 크리스마스를 향한 자세는 자기가 낮아지는 자세입니다. 낮은 데로 내려가는 자세입니다. 내가 낮은 데로 내려가지 않고는 무릎을 꿇고 경배할 수 없습니다. 내가 낮은 데로 내려가지 않고는 그리스도를 높일 수가 없습니다.

금년 성탄절에 우리 모두 낮은 데로 내려갑시다. 남보다 위에 올라 서려고 하지 맙시다. 남에게 존경을 받으려고 하지 맙시다. 낮은 데로 내려가서 남을 쳐다보고 서로 존경해 줍시다. 이것이 크리스마스를 향한 자세입니다.

동방박사들은 왕이신 메시야를 찾아 경배하는데 많은 시간이 걸렸습니다. 오늘처럼 기차도, 자동차도, 비행기도 없는 이천년 전에 그들은 동방에서 먼 길을 낙타를 타고 사막을 지나 베들레헴으로 갔습니다. 그들은 별의 인도를 따라 만왕의 왕이요, 왕 중의 왕이신 예수님께 경배를 드렸습니다. 그들이 예수님께 경배를 드릴 수 있었던 것은 무엇보다도 그들이 낮아졌기 때문입니다.

오늘, 여러분은 성탄절을 맞이하면서 베들레헴으로, 우리의 왕이신 그리스도 메시야가 계신 곳으로 길을 인도해 준 별을 본 적이 있습니까? 여러분의 영혼에 샛별이 떠올라 왕이신 그분, 그리스도 메시야를 참으로 경배한 적이 있습니까? 금년에는 여러분의 심령에 베들레헴으로 인도하는 샛별이 떠오르기를 바랍니다. 그래서 아기 왕 예수님 앞에 한 없이 낮아져서 진정한 경배를 드릴 수 있기를 바랍니다.

## 2. 그리스도는 제사장이신 메시야이시다

성탄절을 맞이하는 세계 각국의 사람들은 크리스천이든 아니든 간에 아기 예수가 제사장으로 이 땅에 오셨다는 인식이 없습니다. 그래도 예수를 구주로 믿는 크리스천들에게는 이런 인식이 있어야 겠는데, 어느 누구에게서도 찾아볼 수 없게 되었습니다. 그리스도교의 중심이 무엇입니까? 그리스도교의 중심은 크리스마스가 아니라 부활절입니다. 그리고 부활절은 예수님의 수난과 십자가가 있어서 온 것입니다. 오늘 우리가 예수님의 십자가와 그 속죄를 망각하고 크리스마스 축제에만 들떠 있다면 알맹이 없는 빈 껍질을 쥐고 좋아하는 어린아이에 지나지 않을 것입니다. 말구유 안에 누우신 아기 예수의 얼굴에서 빛나는 광채만을 보는 크리스천들은 무엇을 느끼는가를 깊이 생각해야 합니다.

우리가 경배할 그리스도는 죄 없으신 몸으로 우리 대신 십자가에서 죽으신 메시야이십니다. 고린도후서 5장 21절을 보십시오.

> 하나님이 죄를 알지도 못하신 자로 우리를 대신하여 죄를 삼으신 것은 우리로 하여금 저의 안에서 하나님의 의가 되게 하려 하심이라.

우리는 죄 값으로 벌써 옛날 죽어 지옥 자식이 될 수밖에 없었는데, 예수님이 대신 희생제물이 되셔서 하나님 앞에 서게 된 것입니다. 하나님을 아버지로 모시고 살게 된 것입니다.

> 피흘림이 없이는 죄 사함이 없느니라.

레위기 17장 11절과 히브리서 9장 22절의 말씀입니다. 구약을 보면 생명은 피에 있습니다(레 17:11). 피는 생명입니다(신 12:23). 생명을 살리려면 피가 있어야 합니다. 죄를 속하는데도 피가 있어야 합니다. 구약의 희생제물이 바로 속죄를 위한 것이었습니다. 그리스도교의 중심은 예수 그리스도의 십자가와 그의 보혈입니다. 그리스도의 피로 속죄함을 받은 교회라야 생명 있는 교회입니다.

그러므로 크리스마스를 향한 자세는 속죄의 제물이 되는데에 있습니다. 구약성경 레위기 3장 12-16절을 보면, 염소도 제단에 올려놓으면 향내 나는 제물이 됩니다. 고집이 세고 교만하고 악한 사람도 속죄의 제단 위에 올려놓으면 제물이 됩니다. 우리의 속사람, 시기, 질투, 미움, 남을 헐뜯는 버릇, 욕심, 온갖 세상적인 것도 그리스도의 십자가의 보혈이 그 마음에 뿌려지고 속죄의 제물이 되면 새 인간이 될 수 있습니다.

금년 성탄절에 여러분은 제사장으로 오신 예수님의 피로 우리 속사람이 씻음을 받고 이 교회를 위하여 희생의 제물이 되겠다는 자세를 갖기를 바랍니다. 그러면 여러분 자신이 살고 여러분의 교회가 삽니다.

사도 바울은 로마서 12장 1절에서

> 너희 몸을 하나님이 기뻐하시는 거룩한 산 제사로 드리라. 이것이 너희가 드릴 영적 예배니라.

고 말씀했습니다. 그러므로 참다운 예배는 나 자신을 속죄의 제물로 하나님께 바치는 것입니다. 입으로 찬송을 부르고 돌아서서 다른 소리를 하면 그 사람의 예배는 하나님이 받으시는 예배가 되지 못합니다.

세계 제2차대전때 미군 병사 하나가 중국에서 실종을 당했습니다. 그는 공군 조종사였는데, 자기가 조종하던 비행기가 중국 영토에서 추락한 것입니다. 그는 깊은 숲 속에서 숨으려고 들어갔습니다.

모든 건물들이 파괴되고 선교부 건물의 채플(chapel)만 남아 있는 것을 발견했습니다. 그는 안으로 들어가 몸을 피하려 했습니다. 다 찌그러진 현관문을 열고 들어가니 일본 군인 하나가 저쪽 강단 옆에 쭈그리고 앉아 있었습니다.

찰스(Charles)라는 그 병사는 깜짝 놀라 몸이 움츠러들었습니다. 그러나 일본인 병사 곁으로 발자국 소리를 죽여가면서 보니 부상을 당한 러시아 군인 하나를 치료하고 있었습니다. 아마도 그 일본 군인은 의무대 병사인 것 같았습니다. 적병을 살리려고 치료하고 있는 일본 병사를 자세히 들여다보니 그는 미국 어느 대학의 졸업 기념 반지를 손에 끼고 있었고, 목에는 십자가가 걸려 있었습니다. 그래서 찰스는 비로소 마음이 놓여 그의 곁에서 러시아 군인 부상병을 치료하는 일을 도왔습니다.

그리고 나서 채플의 현관문 쪽으로 다시 갔는데, 그 문 곁에 중국어로 된 시가 쓰여 있었습니다. 이것이 무엇이냐고 묻는 찰스에게 일본 군인이 영어로 설명해 주었습니다. 그것을 우리말로 번역하면 이와 같습니다.

> 누구든지 이 문에 들어오는 자여,
> 세상의 투쟁을 잊고 공포를 버릴찌어다.
> 마음에 악한 생각을 제거하라.
> 이기적인 생각일랑 버려라.
> 여기서 당신의 생명을 찾으리니
> 종의 두려움도 없고, 불친절한 행동도 없도다.
> 우리는 하나님의 가족이니,
> 생명의 주관자는 사랑이니라.

이 얼마나 아름다운 시입니까? 이것이 사도 바울이 말씀한 우리 몸을 하나님이 기뻐하시는 거룩한 산 제사로 드리는 일입니다.

### 3. 우리가 경배할 그리스도는 예언자이신 메시야이시다

예레미야 2장 8절에는 바알의 이름으로 예언하는 자들이 나오고, 예레미야 5장 31절에는 거짓 예언자들이 나옵니다. 역대하 18장 7절에는 흉한 일을 예언하는 자들이 나옵니다. 그러나 왕이시요, 제사장이요, 예언자이신 메시야는 그런 예언자가 아닙니다. 누가복음 2장 10절은 "큰 기쁨의 좋은 소식"이 되는 예언자이며, 누가복음 2장 14절은 평화의 선포자가 되는 예언자입니다. 바알의 이름이 아닌 하나님의 이름으로 예언하는 예언자이며, 거짓이 아닌 진리를 예언하는 예언자이며, 흉한 일이 아닌 길한 일을 선포하는 예언자입니다.

우리가 경배할 예언자는 구약의 예언의 성취일 뿐 아니라 더 큰 성취를 미리 알리는 예언자이십니다. 예수님이 구약의 예언적인 면을 자각하고 계셨다는 것은 그의 가르침 전체를 통해서 나타납니다(눅 24:27, 44). 모세의 율법의 완성자로서(마 5:17) 예언의 대망의 본체로서(사 53장) 나타나신 예언자입니다.

그리스도는 오셔서 하늘나라를 선포하셨고(마 5-7장) 장차 심판주로 오실 것을 미리 예언하시고, 하늘로 올라가셨습니다. 그리스도 예수만이 감추인 미래의 비밀을 지닌 두루마리의 인봉을 뜯고 그 두루마리를 열 수 있는 분으로 오셨습니다(계 5:7). 그리스도만이 역사의 주인이십니다. 미래를 좌우하시고, 악을 쳐부수고 영원한 평화의 나라를 세우실 분이십니다(계 9장). 따라서 크리스마스를 향한 자세는 다시 오실 예수님을 맞이하는 준비를 갖추는 자세입니다. 다음으로 이렇게 크리스마스를 향한 자세가 되었으면 예수님께 어떠한 경배를 드려야 할 것인가를 생각해야 합니다. 이것은 오늘 우리에게 무엇보다도 중요합니다.

오늘 우리는 동방박사들의 경배에서 이 교훈을 배워야 합니다.

마태복음 2장 11절을 보면

집에 들어가 아기와 그 모친 마리아의 함께 있는 것을 보고 엎드려 아기에게 경배하고 보배합을 열어 황금과 유향과 몰약을 예물로 드리니라.

고 했습니다. 이것은 이방의 왕들이 메시야 앞에 예물을 드리고 복종하게 될 것이라는 구약의 예언이 성취된 것입니다(시 72:10; 사 60:6). 한편, 고대 동양 풍습에는 왕을 알현할 때는 예물을 가지고 가는 것이 상례였습니다(창 43:11; 삼상 9:7-8; 왕상 10:2). 박사들이 아기 예수에게 바친 세 가지 예물 중 황금은 메시야의 왕권을 의미하고, 유향은 예수의 신성을 의미하며, 몰약은 그리스도의 수난과 죽음을 상징합니다.

그러면 오늘 우리가 예수님에게 드려야 할 황금, 유향, 몰약은 무엇일까요? 황금은 동서고금을 막론하고 가진 값진 것이요, 불변하는 것입니다. 고대 파티나(partina)에서는 황금을 갖지 않고서는 어느 누구도 왕에게 나아갈 수 없었습니다. 따라서 우리가 예수님에게 바칠 황금은 내가 가진 것 중에서 가장 귀하고 값진 것을 나의 충성과 복종과 함께 드리는 것입니다.

유향은 향료 중에서 가장 값이 나가는 것이요, 성전 제사와 헌물로 쓰인 것입니다. 이것은 예수님의 신성을 의미할 뿐 아니라, 하나님과 인간 사이의 중보자로서 제사장의 권위를 뜻합니다. 그러므로 우리가 예수님에게 드릴 유향은 우리 자신이 냄새나는 인간이 아니라, 그리스도의 향기를 듬뿍 받아 향내 나는 거듭난 사람으로서 내 속의 진실한 마음과 슬기로운 생각과 아름다운 사랑을 바치며 동시에 하나님의 성전을 아름답고 향기 나는 제단이 되게 헌물을 바치는 것입니다.

그리고 몰약은 시체를 염하거나 방부재로 사용되는 것으로 이것은 고대에 아주 신분이 높은 분에게만 발라 드리는 값비싼 약품입니다. 그러니까 오늘 우리가 예수님께 드릴 몰약은 예수님이 우리 죄인들을 위해 고난을 당하시고, 십자가에 달려 피를 흘리시고, 죽으신 그 귀중한 속죄에 대해 내가 내 생명과 시간을 바쳐 헌신하고 섬기는 것입니다.

하이만 헌트(Heiman Hunt)라는 사람이 예수님에 대한 유명한 그림을 가지고 있었습니다. 이 그림은 예수님의 아버지 요셉이 목수였는데, 그 집 문 앞에 서 있는 소년 예수의 모습입니다. 해가 서산에 기울어지는 석양에 소년 예수가 잠시 스트레칭을 하기 위해 문 앞에서 팔을 폈습니다. 그러자 뒤편 벽에 그림자가 생겼는데, 그것은 십자가로 나타났습니다. 그 배경에 예수의 어머니 마리아가 서 있는데, 마리아는 이 그림자를 보면서 다가올 수난의 공포를 그녀의 얼굴에 나타내고 있는 그림이었습니다.

우리가 봉독한 본문 앞에 있는 2절을 보면,

> 동방으로부터 박사들이 예루살렘에 이르러 말하되 유대인의 왕으로 나신이가 어디 계시뇨, 우리가 동방에서 그의 별을 보고 그에게 경배하러 왔노라.

는 말씀이 있습니다. 동방으로부터 온 박사들, 그들은 누구인가요? 여기에 대해 궁금해 하는 사람들이 적지 않습니다. 성서학자들은 동방을 페르시아, 바빌로니아, 메대라고 보고, 박사들이란 그 나라의 제사장들을 가리킬 때 사용된 말이라고 합니다(단 2:2, 48; 4:6, 7). 그러나 그들이 별을 보고 왔다는 것은 첨성학과 천문학에 해박한 지식을 가진 학자들이라는 견해가 더 지배적입니다.

이들은 "유대인의 왕으로 나신이가 어디 계시뇨?"라고 물었습니다. 왕이라면 단연 예루살렘에서 탄생하실 것이라는 생각에서 이들은 예루살렘을 찾아온 것입니다.

'유대인의 왕'이란 "다윗의 자손"(마 1:1; 9:27; 12:23; 15:22)이라는 것이 유대인들의 상식이었고, 유대인의 왕은 메시야를 가리킨 특수 용어였습니다. 동방박사들이 찾는 유대인의 왕이 메시야라고 생각했는지는 분명하지 않으나, "그의 별을 보고 왔다"는 그들의 말은 왕이라도 보통 왕이 아니라 하늘이 내리신 특별한 왕이라고 생각했던 것입니다. 헤롯왕과 온 예루살렘이 듣고 소동했습니다. 헤롯이 박사들을 가만히 불러 말했습니다.

가서 아기에 대하여 자세히 알아보고 찾거든 내게 고하여 나도 가서 그에게 경배하게 하라.

그리고는 박사들을 베들레헴으로 보냈습니다. "나도 가서 그에게 경배하게 하라." 이 경배와 11절에 동방박사들의 경배가 원문을 보면 같은 푸로스쿠네오(προσκυνεω)라는 동사입니다. 그러나 이 동기와 내용은 전혀 다른 것입니다. 헤롯왕이 경배하겠다는 것은 왕이요, 제사장이요, 예언자로 오신 예수를 찾아 죽이겠다는 음흉한 생각이 그 속에 있습니다. 아기 예수님에게 예물을 드린 동방박사들은 어떻게 했는가요? 헤롯에게 가서 아기 예수의 탄생 소식을 전했는가요? 아닙니다. 본문 12절을 보십시오.

꿈에 헤롯에게로 돌아가지 말라 지시하심을 받아 다른 길로 고국에 돌아가니라.

동방박사들은 현명한 사람들이었습니다. 그들은 헤롯의 의중을 분명하게는 몰랐지만, 그의 말투로 보아 자기들과 같은 경배를 드릴 것이라는 생각이 들지 않았습니다. 그래서 하나님의 신탁을 기다렸습니다. 여기 '꿈에 지시하심을 받아'라는 헬라말 크레마티스덴테스카타 오나르(χρηματισθεντες κατα ὄναρ)는 의문시했던 것을 꿈으로 신탁을 받아 확실한 대답을 얻는 것을 뜻합니다. 그러니까 이것은 동방박사들이 헤롯에게 가야 할 지, 말아야 할 지를 결정하지 못하고 주저하고 있을 때, 그들이 계시를 기다리며 간구한데 대해 하나님께서 꿈에 응답을 주신 것이다. "다른 길로 고국에 돌아가니라"고 한 것은 오던 길인 예루살렘으로 가지 않고 사해의 남단으로 돌아갔거나, 아니면 요단강을 건너 돌아갔을 것이라는 것이 성서학자들의 추측이 있습니다.

이것은 우리에게 중요한 교훈을 줍니다. 동방박사들처럼 예수님을 만난 사람은 지금까지 걸어왔던 길을 버리고 다른 길, 즉 생명과 진리의 길로 가게 된다는 교훈입니다. 그것은 요한복음 14장 6절에 예수께서 "내가 곧 길이요, 진리요, 생명이니"라고 하신 말씀에 근거합니다.

오늘 이 땅에는 입으로, 혀끝으로 예수를 경배하는 자들이 헤롯의 경배를 본받아 그리스도를 다시 십자가에 못 박고 있습니다. 예수님의 가슴에 못을 박고 마음을 아프게 하고 있습니다. 그런 자들 때문에 크리스마스는 마시고 떠들고 춤추는 날이 되어 버렸습니다.

크리스마스를 한 주일 앞둔 오늘, 우리는 크리스마스가 무엇인가를 깊이 생각하고 크리스마스를 향한 자세를 가다듬어야 합니다. 겸손히 낮아져, 하늘 영광 자리를 비우시고 천한 말구유에서 탄생하신 우리의 왕이신 예수님을 높이 우러러 경배해야 합니다. 또한 내 몸과 마음을 예수님께 바쳐 헌신하겠다는 결단을 가져야 합니다. 내 육신의 생각과 욕심은 십자가에 못 박고, 나는 죽고 그리스도가 내 안에 들어오셔야 합니다.

그러면 여러분 속에서 욕망과 불평과 육적인 온갖 것들이 다 사라지고 여러분의 내면 세계 깊은 곳에서 하늘의 평안과 기쁨이 솟아나올 것입니다. 그래서 감격과 감사를 가지고 성탄을 맞이하십시오. 동방박사들처럼 여러분의 영혼 깊은 곳에서부터 참 마음으로 황금과 유향과 몰약의 예물을 예수님께 드려보십시오.

성탄절에 하나님의 축복이 여러분에게 있기를 주님의 이름으로 축원합니다. 아멘.

 성탄절

## 말구유
누가복음 2장 1-7절

    1980년대 초의 일입니다. 이태리의 한 작은 도시에서 자동차를 도난당한 일로 16세 난 소년이 혐의를 받고 잡혀 들어왔습니다. 그 소년은 재판에 넘겨져서 법정에 섰습니다. 그 법정에는 증오로 가득 찬 사람들이 재판을 지켜보고 있었고, 소년은 수갑을 차고 서서 판결을 기다리고 있었습니다. 소년의 어머니는 그의 가까이 있는 의자에 앉아 신경질적으로 눈물을 흘리고 있었습니다.
    먼저 경찰이 소년을 걸어 기소를 했습니다.

    존경하는 재판장님, 이 소년은 상습범입니다. 과일을 훔치고, 유리창을 깨고 수 차례 도둑질을 한 혐의로 붙잡힌 바 있는 전과자입니다.

이어서 검사가 일어나 말했습니다.

    재판장님, 이 소년은 이 도시에서 아주 악질적인 문제아입니다. 도저히 소망이 없는 아이입니다. 징역을 보내야 합니다.

그러자 이번에는 코에다 안경을 나지막하게 걸친 재판장, 차가운 눈과 날카로운 혀의 재판장은 이 소년의 행동에 대해 벌을 내리려고 가장 잔인한 말을 고르고 있었습니다. 그리고 얼마 후 재판장이 입을 열었습니다.

도대체 네 녀석은 어떻게 생겨 먹은 놈인가? 일평생 감옥에 가야 정신을 차릴 건가?

재판을 받고 있는 소년, 털끝만치도 부끄러움이 없었습니다. 그의 눈은 무서운 증오와 반감으로 이글거리고 있었습니다. 재판장의 차가운 얼굴을 빤히 쳐다보고 있던 소년이 드디어 분노가 가득 찬 말을 토해 냈습니다.

뭐라구요? 난 당신이 조금도 무섭지가 않군요. 이 방안에 있는 어느 누구도 겁나지 않는다 이 말입니다.

감옥에 쳐 넣는대도 무섭지 않느냐?

재판장의 성난 목소리가 법정 안을 싸늘하게 만들었습니다.

감옥이요? 어서 쳐넣어 보시지요. 눈썹 하나 까닥하지 않을테니까요.

법정 안은 더욱 살벌해 졌습니다. 방청객들이 여기저기서 웅성대기 시작했습니다. 법정이 술렁이자 재판장이 난감해했습니다. 방청석을 살피다가 마침 고아원장이 눈에 띄자 그에게 물었습니다.

밀턴(Milton) 원장님, 이런 소년을 어떻게 보시는지요?

이 때 밀턴 원장이 일어서서 증언대 앞으로 나갔습니다. 그리고 조용히 입을 열었습니다.

재판장님, 이 소년은 제가 보기에 일반적으로 생각하는 것처럼 악한 아이는 아닌 것 같습니다. 그의 분노 뒤에는 상하고 찢겨진 마음이 있습니다. 제가 관찰하는 바로는 이 소년이 지금까지 단 한 번도 기회다운 기회를 갖지 못한 것 같고, 아버지의 사랑을 받아보지 못한 외로움이 그 속에 한으로 맺혀 있다고 보아집니다. 자신의 삶을 바로 이끌어 줄 스승이나 친구를 못 가진데서 온 것뿐이 아닐는지요? 재판장님, 이 아이에게 자기를 되찾을 수 있는 기회를 한 번 줘 보시지 않겠습니까?

법정은 엄숙해졌습니다. 그러자 앞자리에서 갑자기 울음이 터져 나왔습니다. 그것은 소년의 어머니 울음이 아니었습니다. 소년 바로 그 아이의 울음이었습니다. 30분 이상 경찰, 검사, 재판장이 몰아치는 심문과 정죄는 오히려 소년을 무섭도록 반항아로 만들었습니다. 그러나 이 소년을 동정하고 사랑하는 말 한마디, 바로 그 말 한마디가 소년의 가슴과 온 몸에 깊숙이 파고들어 속으로부터 울음을 터져 나오게 만든 것입니다.

판사들이 의논하기 위해 재판관석을 떠났다가 잠시 후에 돌아왔습니다. 그리고 재판장이 말했습니다.

밀턴 원장님, 이 소년을 맡아주시겠습니까?

밀턴 원장이 이를 수락하자 재판은 끝이 났습니다. 소년을 고아원으로 데리고 간 원장은 그 아이를 친자식처럼 사랑하며 돌보았습니다. 거기서 소년은 아버지의 사랑이 무엇인가를 깨달았고, 마침내 새 사람이 되었습니다.

밀턴 원장은 어떻게 그런 일이 가능했으며, 소년은 나중에 어떤 사람이 되었을까요? 밀턴 원장은 진실한 크리스천이었는데, 성경을 날마다 읽는 사람이었습니다. 그는 특히 누가복음 1장 46절 이하에 기록된 마리아의 찬가를 좋아했습니다. Maginficat라고 불리는 이 마리아의 찬가는 지금으로부터 거의 2,000년 전에 동정녀 마리아가 본 하나님의 계시를 노래한 것입니다.

> 능하신 이가…그의 팔로 힘을 보이사, 마음의 생각이 교만한 자들을 흩으셨고, 권세있는 자를 그 위에서 내리치셨으며, 비천한 자를 높이셨고, 주리는 자를 좋은 것으로 배불리셨으며, 부자를 공수로 보내셨도다(눅 1:49-53).

그리고 줄리오(Julio)라는 이 소년은 고등학교와 대학을 졸업하고 변호사가 되어 억울한 사람들의 일을 변호하는 데 보람을 가지고 일하는 유능한 변호사가 되었습니다.

16살짜리 소년을 재판하던 그 법정은 무엇을 보여주었을까요? 2,000년 전에 마리아가 본 계시의 찬가 중 한 작은 부분이 현실로 나타난 것을 보여주고 있습니다. 팽팽하게 맞서 있던 재판장과 소년 사이, 미움과 증오의 시선이 교차하던 그 법정에, 밀턴 원장의 사랑의 말 한마디는 그 자리에 새 세계를 동트게 했습니다. 그리스도가 오시기 전에는 상상도 할 수 없었던 세계, 권세 있는 재판장을 그 자리에서 낮추시고 법이 정죄해 버린 불쌍한 어린 인간 하나를 새 사람으로 들어 올려주신 새 세계가 동터온 것입니다.

그런데 우리는 아직도 커다란 문제 하나에 부딪쳐 있습니다. 마리아가 본 세계의 꿈이 예수님이 오신 지 2,000년이 훨씬 지난 오늘에도 왜 아직 이루어지지 않고 있느냐 하는 문제입니다. 지구상에서 가장 살기 좋은 나라라고 자부하는 미국도 결코 가나안은 아니고, 가나안은 아직도 아득한 지평선 너머에 있습니다. 그리고 지구촌 곳곳이 교만한 자들의 횡포와 권세 있는 자들의 무자비, 부유한 자들의 오만에 의해 농락당하고 있는 문제입니다. 그러기에 마리아가 보았다는 새 세계 그것은 아직도 우리에게로부터 요원한 곳에 있다는 공허한 느낌을 지울 수 없다는 말입니다.

남한을 보세요, 젊은이들이 붉은 옷을 입고 "대~한민국!"을 목이 터져라 외치던 남한은 상당히 좌경화되어 가고 있습니다. 2005년 10월 18일, 한나라당의 박근혜 대표는 노무현 대통령에 대한 공개 질의에서 다섯 가지를 질문했습니다.

1. '만경대 정신을 이어받아 통일 위업을 이룩하자'는 주장에 동의하는가?
2. 6·25는 통일전쟁인데, 미국과 맥아더 장군 때문에 실패했다는 주장에 찬성하는가?
3. '자본주의식만 통일이냐'라는 강정구 교수의 주장이 옳다고 생각하는가?
4. 자유민주 체제를 지키겠다는 것인가, 무너뜨리겠다는 것인가?
5. 이 정권은 무엇을 위해서 체제를 부정하는 사람을 두둔하는가?

동국대학교 사회학과의 강정구 교수가 파문을 일으킨 다음과 같은 내용은 정말로 해괴망측합니다.

'맥아더는 전쟁광이며, 우리 민족에게 은인이 아니라, 원수다.'

'일 개월이면 끝이 났을 전쟁을 미국 때문에 3년을 끌었고, 더 많은 사람이 죽었다.'

'해방정국에서 우리 민족의 80%가 공산주의를 원했다.'

그런데 미국에 있는 선현경 목사라는 사람은 중앙일보에 이 글을 그대로 소개하면서,

'자유민주주의를 위해서, 인권과 사상, 신앙의 자유를 위해서 강정구 교수를 처벌해서는 안 된다', '그런 사상이 결코 핍박받아서는 안 된다.'

고 결론짓고 있습니다. 어느 교회 목사인지 모르지만, 사상이 의심스럽습니다.

여러분이 아시는 대로 지금 한국에는 전국 교원노조라는 게 있는데, 초·중고교에서 반미친북 사상을 주입하고 있습니다. 그들은 여러 개의 동영상을 만들어 학생들에게 보여주고 있는데, 그 중에는 노무현 대통령과 조지 부시 대통령이 욕설을 해가며 논쟁하는 장면도 나온다는 것입니다. 이것은 전교조 부산지부가 제작한 것인데, 이것이 국회 대정부 질문에서도 문제가 되었고, 한나라당 강재섭 원내대표는,

'살다 살다 별꼴을 다 본다,' '애들한테 욕설을 가르치는 건가?'

라고 언성을 높였다고 합니다. 우선 눈에 띄는 것은 자기가 가진 기득권을 지키려다가 다가오는 새 세계를 보지 못한 부류의 인간들입니다.

분봉왕 헤롯은 권력과 자리를 빼앗길까봐, 유대인 종교 지도자들은 모세의 율법을 놓칠까봐, 여관집 주인은 방이 모두 차버렸다는 이유로 다가오는 새 세계를 보지 못했습니다. 16세 소년을 고발하고 심문하던 경찰관, 검사, 재판장은 자기들의 법과 존엄성 때문에 한 인간 속에 담긴 생명을 짓밟아 버렸기에 그들 역시 새 세계의 약속

에서는 제외되고 말았습니다.

예수 그리스도의 탄생, 분명 그 역사적 사건은 낡은 세계를 뒤로 하고 새 세계를 동트게 한 획기적인 사건이었습니다. 그러나 그로부터 2,000년이 더 지난 오늘, 이 지구촌이 이렇게도 혼탁한 도가니 속에서 허우적거리는 원인은 어디에 있는 것일까요? 그것은 옛것을 지키기 위해 새 질서를 거부한 인간들의 이기주의 때문입니다.

옛것이란, 권력, 지위, 돈 율법, 초만원이 된 여관방 만이 아닙니다. 자기 지식, 상식, 아집, 교만, 욕심들이 그 속에 뒤엉켜 있습니다. 이것들이 마음을 닫고 눈을 막고 귀를 어둡게 만들어 사탄의 장난에 놀아나고 있는 것입니다.

그러나 성경에도 무력으로 이스라엘 왕궁을 세우겠다고 나선 무리들이 있었습니다. 그들이 젤롯당입니다. 이 젤롯당, 열심당은 2,000년 역사 안에 자취를 감추지 않고 이어오고 있습니다. 그것이 유대인 중 극우파입니다. 1993년 이스라엘이 팔레스타인과 평화협정을 맺었을 때 헤브론에서는 유대인 극우파의 한 사람이 팔레스타인 사람 29명을 살해한 사건이 일어났습니다. 그러다가 1995년 이스라엘 이삭 라빈(Ishack Rabin) 수상이 팔레스타인과 평화협정을 맺었다는 이유로 이 극우파에 의해 암살당했습니다. 이스라엘 극우파는 자기들의 성스러운 땅을 한 평이라도 이방인에게 양보하는 것은 구속의 시기만 늦추는 것이라고 믿고 있습니다.

법정에 끌려나온 16살 소년, 그는 저항과 미움으로 권세 있는 자들을 꺾은 줄 알았습니다. 그는 모든 반항아들의 대표적 인물이기도 했습니다. 혁명으로 권세 있는 자, 부유한 자의 것을 빼앗아 배고프고 가난한 자에게 나누어주면 이 땅에 지상천국이 온다고 믿었던 공산주의들, 지금은 무너졌지만, 그들이 바로 이런 부류의 인간들이었습니다. 그런데 거기서 무엇을 얻었습니까? 미움은 더 큰 미움으로, 종말은 더 무서운 지옥을 만들어 버렸습니다.

오늘 우리는 자기 것을 보전하려고만 하던 재판장의 눈초리와 미움과 저항으로 반항하려던 16살 소년의 눈초리 사이에 서 있는 이 땅의 수많은 나라, 가정, 인간들을 보고 있습니다. 마리아가 보았던 새 세계는 거기에 없습니다. 크리스마스 행사가 아무리 다채롭게 진행된다고 해도 옛것을 고수하려는 자와 거기에 반항하는 자들의 미움이 팽팽하게 맞서 있는 한 그곳에 새 세계는 오지 않습니다.

그러나 오늘의 본문 속에는 위의 어느 부류에도 속하지 않은 제3의 사람들이 있습니다. 그들은 마리아와 요셉입니다. 마리아가 보았던 새 세계, 교만한 자, 권세 있는 자, 부유한 자를 흩으시고 보잘것 없는 자, 배고픈 자, 학대 받는 자들을 높이 드신다는 새 세계입니다.

이것은 헤롯의 궁전도, 예루살렘의 큰 호텔 방도 아닌 작은 고을 베들레헴 오두막집 말구유에서 이루어진 하나님의 비밀이었습니다.

> 요셉도 다윗의 집 족속인고로 갈릴리 나사렛 동네에서 유대를 향하여 베들레헴이라는 다윗의 동네로 그 정혼한 마리아와 함께 호적하러 올라가니 마리아가 이미 잉태되었더라. 거기 있을 때에 해산할 날이 차서 맏아들을 낳아 강보로 싸서 구유에 뉘었으니, 이는 사관에 있을 곳이 없음이러라(눅 2:4-7).

아기 예수님을 위해서는 작은 여관 방 하나도 없었다고 하는 것, 그래서 말들이 자는 마굿간에서 하나님의 아드님이 탄생하셨다고 하는 것은 무엇을 말하는 것일까요?

이것은 요한복음 1장 11절의 말씀대로,

> 자기 땅에 오매, 자기 백성이 영접하지 아니하였으나

라는 것을 말해 주고 있습니다.

말구유, 그곳은 추운 바깥 세계입니다. 화려한 왕궁과 권력, 돈, 전쟁이 난무하는 인간 세상과 먹고 마시고 즐기는 여관과 카페, 그 사이에 있는 제3의 지대입니다. 하나님이 말구유에서 아드님을 탄생하게 하시고, 새 세계를 동트게 하셨다는 이 비밀은 분명 인간의 가치관을 송두리째 전환시킨 사건입니다.

하나님께서는 그의 팔로 힘을 보이사, 말구유를 통해 마음이 교만한 자를 흩으셨고, 말구유를 통해 권세 있는 자를 그 위에서 내리치셨으며, 말구유를 통해 비천한 자를 높이셨고, 말구유를 통해 주리는 자를 좋은 것으로 배불리셨으며, 말구유를 통해 부자를 공수로 보내셨습니다.

이 비밀을 깨달은 사람은 마리아와 요셉에 이어 그 수가 하나 둘 증가해 갔습니다. 이 복음서를 기록한 누가를 위시하여 베드로, 요한, 바울, 그리고 사도들과 전도자들, 그리고 16세의 불쌍한 소년을 법정에서 데려다가 인간을 만든 밀턴 원장, 그 밖에도 많이 있습니다.

　　　재판장님, 이 아이에게 자기를 되찾을 기회를 한 번 주시지 않겠습니까?

그것은 자기 보존도 법의 심판도 아니었습니다. 오히려 재판장과 소년, 그리고 그 자리에 있던 모든 사람을 사랑한 사랑의 파토스(pathos), 열정 그것이었습니다. 권세 있는 재판장이 부끄러워지고 16세 소년이 구원을 받은 그 세계는 모두의 구원이었습니다.

이 사랑의 파토스가 말구유입니다. 아기 예수님을 강보에 싸서 뉘셨던 말구유입니다.

　　　거기 있을 그 때에 해산할 날이 차서 맏아들을 낳아 강보로 싸서 구유에 뉘었으니, 이는 사관에 있을 방이 없음이러라.

인간들은 아기 예수님을 거절했지만, 말들은 하나님의 아드님을 위해 말구유를 내어 드린 것입니다.

오래 전에 가이드 포스트(*Guide posts*)에 실린 얘기를 읽은 적이 있습니다. 어느 작은 동리, 벌써 오랜 세월이 지난 사건이지만, 그것을 기억하는 사람들은 그날 밤을 잊지 못합니다. 그 때 그 동리에 주일학교에 다니던 웰리(Wally)라는 남자 아이는 나이가 아홉 살이었습니다. 사실은 4학년이어야 하는데, 어쩌다가 늦어져서 2학년이었습니다. 지적 능력이 다소 뒤떨어진 아이였습니다. 그러나 2학년 꼬마 친구들의 사랑을 받고 있었습니다. 키가 커서 게임을 할 때마다 이겼기 때문에 꼬마들은 항상 웰리를 제쳐 놓았습니다. 그런데도 웃음을 잃지 않고 그들을 도와주며 좇아 다녔습니다.

매년 크리스마스 때면 주일학교 선생님이 어린이들을 모아서 연극을 시켰습니다. 그 해도 크리스마스가 가까워 오자, 웰리는 퉁소를 든 목동이 되는 게 소원이었습니다. 그러나 선생님은 웰리에게 중요한 역을 맡겼습니다. 베들레헴 여관 주인 역이었습니다. 키가 큰 웰리가 나서서,

　　　방이 다 찼소, 다른 데로 가보시오.

라고 말하면, 효과가 클 것이라고 생각했기 때문입니다.

크리스마스가 되어 교회당에는 수많은 사람들이 모여 들었습니다. 평소에는 잘 안 나오던 사람들의 얼굴도 보였습니다. 연극이 시작되자 요셉이 마리아를 데리고 베들레헴 동리로 들어섰습니다. 여관을 찾았으나, 모두가 손님들로 꽉 찼고, 웰리가 주인인 여관에 왔습니다. 요셉이 문을 두드리자 웰리가 문을 열며 물었습니다.

무얼 원하시오?
우리 두 사람이 머무를 방을 원합니다.

요셉이 지친 듯한 얼굴로 대답하자, 웰리가 퉁명스럽게 말했습니다.

방이 다 찼소, 다른 데로 가 보시오

요셉이 간청을 합니다.

주인, 우리는 멀리서 왔습니다. 나사렛을 떠나 72마일이나 되는 거리를 이렇게 걸어서 온 겁니다. 보시다시피, 저의 아내는 만삭이 되어 있고, 조용히 쉬어야 할 방이 필요합니다.

웰리는 그 말을 듣고 마리아를 한참동안 쳐다보았습니다. 말을 더 못하고 그냥 서 있습니다. 무대 뒤에서 대사를 읽어주던 선생님이 당황했습니다. 대사를 잊어버린 줄 알고 계속해서 읽어줍니다. 마리아를 쳐다보던 웰리, 각본대로라면,

안 돼요! 방이 없다니까요, 어서 다른 데로 가 보시오.

라고 대답해야 합니다. 웰리는 생각이 난 듯이 그렇게 말했습니다. 선생님은 비로소 안도의 한숨을 내쉬었고, 이제 되었다 싶었습니다. 요셉과 마리아는 실망을 안고 기운이 다 빠진 듯이 되돌아서 나가고 있었습니다. 각본대로라면 웰리는 문을 닫고 자기 방으로 들어가야 합니다.
그런데 이게 어찌된 일입니까? 웰리는 요셉과 마리아가 힘없이 걸어가는 것을 보고 눈물을 흘리고 있습니다. 그리고 급하게 소리쳤습니다.

요셉, 마리아, 가지 말아요, 마리아를 데리고 들어와요.

이것은 각본이나 성경에는 없는 말입니다. 얼굴에 미소를 띠고 웰리가 말합니다.

미안해요, 내 안방을 쓰세요, 내 방에 들어와서 쉬란 말예요.

이 장면을 보고 있던 그날 밤 그 교회의 교인들과 청중들, 연극이 끝나고 집으로 가면서 말합니다.

이거야 원! 웰리가 연극을 다 망쳐 놓았어!

그러나 이렇게 말한 사람은 한 두 사람뿐이었고, 거기에 참석했던 300명이 넘는 교인들은 그날이야말로 가장 뜻 깊은 크리스마스였다고 말했습니다.

그리스도가 가져다주신 새 세계, 이것은 사랑과 이해의 세계입니다. 여러분이 누구를 안다고 할 때, 그를 진정으로 사랑하기 전에는 안다고 할 수 없는 것입니다. 사랑하지 않는 사이에는 쉽게 오해가 생기고 사랑할 때에만 그를 용서하고 이해하게 됩니다. 크리스마스, 우리 주님이 말구유에 오신 날입니다. 하나님께서 약속하신 세계, 자기 안방까지도 기꺼이 내어주는 그 웰리의 사랑이 여러분과 저의 가슴에 번져 나가기를 바랍니다.

재판장님, 이 아이에게 자기를 되찾는 기회를 한 번 주시지 않겠습니까?

하나님의 아드님은 여러분에게 자기를 되찾는 기회를 주시려고 하늘 보좌를 비우시고 이날 말구유에서 탄생하셨습니다. 이 하나님의 아드님의 사랑의 파토스(pathos), 법정에 섰던 밀턴 고아원 원장의 사랑의 파토스(pathos)가 이 시간 여러분의 가슴 속에 점화되어 타오를 수 있기를 주님의 이름으로 축원합니다. 아멘.

 신년

## 새해의 기원

골로새서 3장 1-4절

버지니아주 린치버그 시에 아주 돈 많은 부자가 있었습니다. 호화주택에 고급 양탄자를 깔고 최고급 가구만 들여다 놓았습니다. 바바라(Barbara)라는 이 부잣집 마나님은 각종 값진 보물을 사다 놓고 동네 부인들을 불러다 자랑했습니다. 요리사를 들여놓고 날마다 호의호식을 하며 살았습니다.

한 주일이 멀다하고 파티를 벌이며 흥청거렸습니다. 교회에 나가는 것은 옷 자랑과 보석 자랑을 하기 위한 것이고, 교회 목사님이 "위엣 것을 찾으라"는 설교를 했지만, "목사님, 땅엣 것도 찾기 바쁜데, 위엣 것을 찾으라니요? 그럴 시간이 어디 있어요?" 하고 속으로 중얼거렸습니다. 주일 헌금은 거지 동냥하듯 몇 푼 내던지는 것뿐이었습니다.

세월은 덧없이 흘러 동네 여인들도 하나씩 둘씩 죽고 이 바바라 마나님도 죽었습니다. 그래도 예수를 믿은 탓으로 지옥에는 떨어지지 않고 낙원으로 갔습니다. 낙원으로 인도하던 천사가 다른 천사에게 그 여인을 인계했습니다. 인계받은 천사는 여인이 거처할 집을 안내해 주겠다면서 따라오라고 했습니다.

안내 천사를 따라가는데, 화려한 대궐만 들어서 있는 곳으로 갔습니다. 세상에서 자기가 살던 호화주택 같은 것은 명함도 못 내밀 정도로 화려했습니다. 열두 진주문이 있고, 황금보석이 눈부셨습니다. 그 대궐은 모두 문들이 열려 있었고, 문을 닫아 놓고 사는 사람은 한 사람도 없었습니다. 그런데 보니 낯익은 얼굴들이 눈에 띄었습니다. 자기가 세상에 살 때 가난하게 살던 여인들이었습니다. 그녀들은 가난하게 지내면서 꼬박꼬박 십일조를 바치고 감사헌금을 열심히 드리던 여인들입니다. 목사님의 설교를 받아들이고 실천하려고 노력했습니다. "위엣 것을 찾으라"니까 그 일을 위해 기도하며 찾아온 여인들이었습니다.

부자 마나님, 바바라가 속으로 생각을 했습니다.

원 세상에서 저렇게 천대를 받고 살던 가난뱅이들이 이런 훌륭한 대궐에 와서 살다니…그렇다면 나는 이보다 훨씬 더 좋은 궁궐에 살게 되겠지?

안내하던 천사는 바바라를 데리고 화려한 저택을 지나 더 화려한 곳으로 갔습니다. 마나님의 만면에는 만족스런 미소가 지어졌습니다.

그러면 그렇지 저 아낙네들보다는 내가 더 상류 계급이거든?

그때 천사가 말했습니다.

이 궁궐에 사는 사람은 모두가 세상에 있을 때 오두막집 같은데서 살았지요. 그러나 교회당을 건축할 때 아낌없이 바치고, 더 어려운 자들에게 자기네 것을 나누어 주던 사람들이라오.

부잣집 마나님은 이 말을 듣고 죄책감을 느꼈습니다.

나도 내가 가진 그 많은 보석 중 몇 개만 팔아도 우리 도시에서 제일가는 예배당을 지었을 텐데….

그러나 후회해도 소용이 없었습니다. 세상에 다시 돌아갈 수는 없는 노릇이었습니다. 그러는 동안 천사는 이 마나님을 데리고 그곳을 벗어나 산동네로 올라갔습니다. 올라가서 보니까 판잣집들만 있었습니다. 천사가 이 마나님에게 말했습니다.

들으시오. 바바라. 여기 사는 사람들은 세상에서는 다들 잘 살았는데, 하늘나라에는 전혀 쌓아놓은 것이 없는 사람들이오. 단돈 10불을 헌금하는데도 인색했던 자들이란 말이오.

천사는 마나님을 데리고 더 높은 산꼭대기로 올라갔습니다. 거기에는 더 초라한 판잣집들이 서 있었습니다. 한 판잣집 앞에 멈추어 서더니 천사가 말했습니다.

'바바라, 여기가 당신이 거처할 집이오.' 마나님은 화가 머리끝까지 치솟았습니다. '아이 참, 별꼴이야, 나를 뭘로 보고 이런 판잣집으로 데려와!'

그 때 천사가 말했습니다.

진정하시오. 바바라. 당신이 세상에 있을 때 하늘나라로 보내준 돈으로는 이 판잣집 밖에 살 수가 없었소. 어쩔 수가 없군요. 이제 여기서 최후의 심판 때까지 잘 지내시오.

그리고 천사는 다음 사람을 안내하기 위해 왔던 곳으로 돌아갔습니다. 그 부잣집 마나님, 어떠했을까요? 낙원이 그에게 낙원이 되었을까요? 잠이 잘 왔을까요? 이것은 남의 얘기가 아닙니다. 우리도 이 땅에 사는 동안 위엣 것을 부지런히 찾지 않으면 그 부인처럼 되지 않으리라는 법이 없습니다.

다사다난 했던 한 해가 가고 새해가 되었습니다. 작년 한 해도 험난했는데, 금년 한 해 동안에 무슨 일들이 우리 앞에 들이닥칠지 아는 사람은 아무도 없습니다. 미래가 불안합니다. 내일이 어떨지 우리는 전혀 알지 못합니다. 오늘 이 세계에서 급변하게 돌아가고 있는 상황은 우리 힘으로는 해결할 수 없는 것들이 허다합니다. 우리의 능력에는 한계가 있고, 상황은 걷잡을 수 없이 바뀝니다.

어떻게 해야 할까요? 우리는 이 새해에 하나님께 어떤 기도를 드려야 할까를 배워야 합니다. 그래서 하나님께서 원하시는 기도를 드려야 합니다. 하나님께서 원하시는 기도를 올바르게 드려야 기도의 응답을 받습니다.

하나님은 기도를 들으시는 하나님이십니다. 시편 65편 2절을 보면, "기도를 들으시는 주여, 모든 육체가 주께 나아오리이다"라고 했습니다. 모든 육체란 육체를 가진 모든 인간이란 말입니다. 아브라함과 엘리야와 다윗의 기도를 들으셨던 하나님은 오늘 우리의 기도를 들으십니다. 기도는 인간들이 갖는 모든 고통을 아뢰는 길이요, 모든 걱정과 근심의 치료제입니다. 그러나 인간들의 모든 기도가 자기들의 원대로 다 이루어지는 것은 아닙니다. 하나님께서 원하시는 기도를 드려야 합니다. 하나님이 원하시는 기도는 어떤 기도일까요? 오늘 본문이 이것을 가르쳐 주고 있습니다.

## 1. "위엣 것을 찾는" 기도입니다

> 그러므로 너희가 그리스도와 함께 다시 살리심을 받았으면, 위엣 것을 찾으라. 거기는 그리스도께서 하나님 우편에 앉아 계시느니라 (골 3:1).

골로새서는 1-2장이 교리이고, 3-4장이 실천입니다. 앞의 것은 믿음의 도리이고, 뒤의 것은 크리스천의 생활입니다. 이 두 개의 전환점에서 사도 바울은 '그러므로'라는 말로 앞뒤를 연결시키고 있습니다. 이것은 2장 20-22절과 연결되어 있습니다.

> 너희가 세상의 초등 학문에서 그리스도와 함께 죽었거든 어찌하여 세상에 사는 것과 같이 의문에 순종하느냐? 곧 붙잡지도 말고 맛보지도 말고 만지지도 말라 하는 것이니 이 모든 것은 쓰는 대로 부패에 돌아가리라.

"너희가 세상의 초등학문에서 그리스도와 함께 죽었거든"이라는 말은 그리스도인들이 어떤 사람인가를 말합니다. 그리스도인들, 즉 크리스천은 그리스도를 부활하게 하신 하나님의 역사에 대한 믿음을 가지고 세례를 통해서 그리스도와 함께 죽은 자들입니다. 그것이 12절에 이미 말씀하고 있습니다. 그러니까 크리스천은 옛 사람을 벗어 버렸고, '세상의 초등학문', 즉 세상을 지배하는 악한 영들의 구속에서 해방된 자들입니다.

'초등학문'이 무엇일까요? 여기 '초등학문'이라고 번역된 헬라말 '스토이케이온 투 코스무'(στοιχειων τοῦ κοσμου)는 세상의 원리입니다. 세상의 원리는 악령들의 지배 아래 있는 것으로 여기에서 파생된 것이 세속주의, 개인주의, 자기 욕망, 황금만능주의이며, 부정부패입니다.

사도 바울은 말합니다. 그리스도와 함께 죽고 세상과 결별하고 새 사람으로 태어난 것이 크리스천인데, "어찌하여 세상 사람들과 똑같이 그런 의문에 순종하느냐?"

그리고는 "이런 것들을 붙잡지도, 맛보지도, 만지지도 말라"고 경고합니다. 왜냐하면 이런 것들은 모두 부패하게 되기 때문입니다.

여러분은 지금까지 세상을 살아오면서 어떻게 살고 있습니까? "이런 것들을 붙잡지도, 맛보지도, 만지지도 말라"는 명령을 따라 행해 왔습니까? 아니면, 아직도 이런 것들에 얽매어서 미련을 버리지도 못하고 있습니까?

사람들은 세상을 살면서 연륜을 더하게 되고 새해를 맞이할 때마다 새해의 의미와 중요성을 생각합니다. 그런 생각 없이 묵은 해를 보내고 새해를 맞는 사람은 거의 없을 것입니다. 그러면 새해의 의미는 어디에 있는 걸까요? 그것은 시간 자체에 있는 것이 아닙니다. 그보다는 시간과 관계를 가진 인간들의 존재에 있는 것입니다. 다시 말하면, 새해를 맞는 우리 한 사람 한 사람이 새로운 결의와 각오를 가지고 새 출발을 다짐하는데서 새해는 새해로서의 의미가 있고 가치를 지니게 됩니다. 그래서 새해가 새해다워지는 것입니다.

무슨 말일까요? 이것은 여러분 스스로가 새로워지지 않고는 결코 새해가 새해다워질 수 없다는 말입니다. 여러분이 새로워지지 않는 한 새해의 달력을 바꾸어 걸으며 새해 아침을 맞이한다 해도 그것 자체가 어떤 의미를 주는 것이 아닙니다. 그러므로 새해란 그 중심이 시간에 있는 것이 아니라 새해를 맞이하는 여러분 자신에게 있습니다. 여러분이 하나님 앞에서 이 한 해를 어떻게 살아갈 것인가를 깊이 생각하고 기도하면서 출발해야 새해가 여러분에게 의미와 가치를 부여하는 것입니다.

그러면 새해를 어떻게 출발해야 할까요? 사도 바울은 말합니다.

그러므로 너희가 그리스도와 함께 살리심을 받았으면 위엣 것을 찾
으라.

이 말씀의 헬라어 원문을 보면 그 첫머리에 '에이 운'(ει ούν- If therefore)이라는 가정법을 사용하고 있습니다. "만일에 너희가 그리스도와 함께 살리심을 받았으면", 이 말씀은 아직도 너희 중에는 그리스도와 함께 살리심을 받지 못한 자도 있다고 하는 전제가 들어 있습니다. '살리심을 받는다'는 헬라말 '수네게르데테'(συνηγε-ρθητε)는 부정과거 수동태입니다. 과거에 예수님을 영접하고 세례를 받았을 때를 가리킵니다. 여기서 세례는 단순히 물세례만을 의미하지 않습니다. 성령으로 거듭나는 성령세례를 의미합니다.
이렇게 그리스도 안에서 다시 살리심을 받은 크리스천에게 바울은

위엣 것을 찾으라

고 말합니다. 거듭난 성도들의 삶의 방향을 제시하는 말입니다.
하나님의 구원사건은 일회적이지만, 그렇다고 구원을 입은 성도가 완전히 성화되어 이미 하늘나라에 가 있는 것은 아닙니다. 여전히 세상에 살고 있습니다. 그렇기 때문에 늘 위엣 것을 추구해야 합니다. '위엣 것'이라는 말은 하나님의 살아 계심과 선과 의와 진리와 생명을 찾으라는 말입니다. 여기 '찾으라'는 헬라말 '제테이테'(ζητειτε)는 영어의 seek에 해당됩니다. 예수님께서 "구하라, 주실 것이요. 찾으라, 만날 것이요, 문을 두드리라, 열릴 것이다"라고 하신 대로 찾으면 만나게 됩니다. 누구를 만날까요? "위엣 것을 찾으라, 거기는 그리스도께서 하나님 우편에 앉아 계시느니라"고 말씀한 대로 위엣 것을 찾으면 그리스도를 만나게 됩니다. 크리스천은 이 세상이 나그네요 행인 같은 존재들입니다. 베드로는 베드로전서 2장

11절에서

> 사랑하는 자들아, 나그네와 행인 같은 너희를 권하노니, 영혼을 거슬러 싸우는 육체의 정욕을 제어하라.

고 권면하고 있습니다. 나그네라는 헬라말 '파로이쿠스'(παροικους)는 strangers이고, 행인이라는 헬라말 '파레피데무스'(παρεπι-σημους)는 pilgrims입니다. 이렇게 크리스천은 이 세상에서 낯선 사람이요, 순례자입니다. 이것을 알면 영혼을 거슬러 싸우는 육체의 정욕, 욕심, 이기심과 싸우면서 살아가야 합니다.

## 2. 위엣 것을 생각하고 땅엣 것을 생각하지 않게 해 달라는 기도입니다

본문 2절을 보세요.

> 위엣 것을 생각하고 땅엣 것을 생각지 말라. 이는 너희가 죽었고 너희 생명이 그리스도와 함께 하나님 안에 감취었음이니라.

'위엣 것을 생각하라'는 2절의 명령은 '위엣 것을 찾으라'는 1절의 명령보다 더 내면적이고, 근원적인 문제에 대한 것입니다. 이것은 자기가 속해 있는 것에 대한 가치를 깊이 생각하고 거기에 맞게 행동하라는 명령입니다. 우리는 예수를 믿고 하늘나라의 시민이 되었어도 하늘나라에 가기까지는 땅에 발을 디디고 살아야 합니다. 그 때문에 진학, 결혼, 취직, 가정, 자녀, 사업, 취미, 학문 등이 우리 머리 속을 떠나지 않고 있습니다. 이런 것이 잘 풀릴 때는 머리도 상쾌해

지겠지만, 잘 안 풀릴 때는 머리 속이 복잡해집니다. 도가 넘으면 심각해져서 잠도 오지 않습니다.

그런데 어떻게 위엣 것을 생각하고 땅의 것을 생각하지 않을 수 있을까요? 성경이 명령하는 것은 땅의 것을 완전히 포기하라는 것이 아니라 땅의 것을 목적으로 삼지 말라는 말씀입니다. 이 구절을 이해하는데 예수님의 명령을 보면 자연스레 이해가 될 것입니다.

> 그러므로 염려하여 이르기를 무엇을 먹을까, 무엇을 마실까, 무엇을 입을까 하지 말라, 이는 다 이방인들이 구하는 것이라. 너희 천부께서는 이 모든 것이 너희에게 있어야 할 줄을 아시느니라. 너희는 먼저 그의 나라와 그의 의를 구하라, 그리하면 이 모든 것을 너희에게 더 하시리라(마 6:31-33).

이것이 크리스천의 삶의 목적입니다.
철학자 파스칼은 그의 명상록에서 이렇게 말했습니다.

> 인간은 분명히 생각하기 위해서 만들어진 것이다. 이것은 그의 전 품격이며, 그의 전 가치이다. 따라서 그의 전 의무는 그가 해야 할 대로 생각하는 것이다. 그런데 사고의 순서는 그 자신으로부터 비롯하는 것이고, 다음엔 그의 창조주와 그의 목적에 이르는 것이다. 그러나 세상 사람들은 무엇을 생각하는가? 그들은 춤추는 것, 노래하는 것, 놀음하는 것, 권투하는 것, 왕이 되는 것을 생각한다. 그러나 그 왕이라는 것, 인간이라는 것이 무엇인가는 생각하지 않는다.

공자는 논어에서 이렇게 말했습니다.

> 쓸모 있는 인간은 아홉 가지 경우를 생각한다. 1) 보는 데는 밝은 것을, 2) 듣는 데는 맑은 것을, 3) 안색은 부드러운 것을, 4) 태도는

공손할 것은, 5) 말은 진심으로 할 것을, 6) 일은 꾸준히 할 것을, 7) 의심날 때는 물을 것을, 8) 분통이 터질 때는 뒤처리할 것을, 9) 이익이 될 일을 만나면, 정당하냐, 부당하냐를 생각한다.

본문이 명령하고 있는 2절에서 '생각하라'는 헬라어는 '프로네이테'(φρονειτε)입니다. 이 프로네이테는 명령형 현재동사이며, 끊임없이 상고하라는 뜻입니다. 생각이란 행동을 취하도록 하는 마음의 상태요, 작용입니다. 여기서는 affection에 더 가깝습니다. 그래서 영어성경 RSV는

Set your affection on things above.

라고 번역하고 있습니다. 그러니까 땅의 것에 애착을 두지 말고 위엣 것, 하늘의 것에 애착을 가지라는 말입니다.
　그 이유가 무엇일까요? 3절에 나와 있습니다.

이는 너희가 죽었고, 너희 생명이 그리스도와 함께 하나님 안에 감추었음이니라.

이 말씀에서 '죽었고'라는 헬라말 '아페다네테'(απεθανετε)는 부정과거 능동태 직설법으로 성도들이 죄와 세상에 대하여 죽은 것이 과거에 이미 결정된 사실이라는 것입니다.
　사도 바울은 로마서 6장 1절과 2절에서 이 사실을 명백히 밝히고 있는 그는 거기서

은혜를 더하게 하려고 죄에 거하겠느뇨? 그럴 수 없느니라. 죄에 대하여 죽은 우리가 어찌 그 가운데 더 살리요(롬 6:1-2).

라고 말씀했습니다. 또 '감취었음이니라'는 '케크루프타이'(κεκ-ρυπται)는 현재완료 수동태 직설법으로 '숨겨짐으로써 보호되어 있는 상태'를 나타내 주는 말입니다.

아직도 이해가 안 되는 분이 있습니까? 좀 더 깊이 설명해 볼까요? 성도들은 그리스도와 함께 살았다고 하더라도 현재는 그 생명의 배아를 간직하고 있을 뿐 생명의 본체는 하늘에 간직되어 있다는 말입니다. 이것이 기독교의 진리요 신비입니다. 여기에 성도들이 그 생명을 완전히 얻게 될 그리스도의 재림 때까지 부단히 위엣 것을 찾아야 하고 위엣 것을 생각하고 땅의 것을 생각해서는 안 되는 이유가 있습니다.

이상에 말씀드린 기원은 분명 지금까지 우리가 드려온 기도와는 차원이 다른 기원입니다. 그러나 이 기도를 드리며 살아갈 때 여러분은 4절에 기록된 약속을 받게 됩니다. 4절을 보세요.

> 우리의 생명이신 그리스도께서 나타나실 그 때에 너희도 그와 함께 영광중에 나타나리라.

우리의 생명이 그리스도와 함께 하나님 안에 감추어져 있다고 한 바울은 여기 와서 그리스도가 우리 생명의 본질이라고 말합니다.

그것은 그리스도께서 우리를 대신하여 죽으시고 부활하심으로 우리가 생명을 얻게 되었기 때문입니다. 그러므로 그리스도가 영광 중에 재림하실 때 우리의 생명도 완전하게 나타납니다. 이 때 주님은 땅엣 것을 생각하는 자들에게는 심판주로, 위엣 것을 찾고 위엣 것을 생각하는 자들에게는 생명과 영광의 주로 오십니다. 이것은 예수님이 요한복음 5장 29절에서

> 선한 일을 행한 자는 생명의 부활로, 악한 일을 행한 자는 심판의

부활로 나오리라.

라고 하신 말씀에 근거합니다.

　이 새해에 여러분은 이런 차원 높은 기원을 하나님 앞에 드리시고 이 한해가 신앙의 높은 경지에 이르는 축복된 해가 되시기를 주님의 이름으로 축원합니다. 아멘.

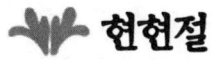 현현절

## 하늘에서 들려온 음성
마태복음 3장 16-17, 17장 5절

성 아우구스티누스(St. Augustinus)의 《참회록》(*The Confessions*)을 보면 많은 참회의 눈물이 고여 있습니다. 젊은 시절 한 때 방탕한 생활을 했고 마니교(Manicheanism)에 빠져 허우적거리기도 한 아우구스티누스는 그것이 잘못된 것임을 깨닫고 거기서 헤어 나오려고 몹시 애를 썼습니다. 그리고 날마다 눈물로 참회하며 통곡했습니다. 그리고 그는 고백했습니다.

오, 주님, 언제까지나 당신은 노를 품으시겠습니까? 영원히 내게 대하여 노를 발하시겠습니까? 나의 과거의 죄를 기억하지 마옵소서. 나는 진실로 내 죄 때문에 괴로움을 느끼고 있나이다." "나는 부르짖습니다. 얼마나 오랫 동안 얼마나 오래 가야 합니까? 내일 또 내일로 연기할 까닭이 무엇입니까? 왜 오늘은 당장 못하옵니까? 왜 나는 이 순간을 나의 더러운 생활의 마지막 순간으로 만들지 못하옵니까?

이렇게 뜨거운 눈물을 흘리고 깊은 통회의 마음을 참지 못하고 있던 어느 날이었습니다. 이 때 이웃 집 아이들이 그들끼리 장난치면서 서로 소리를 지르고 있는 것을 들었습니다. "들고 읽어봐! 들고 읽어봐!" 아우구스티누스는 이 목소리를 듣자마자 곧 순간적으로 얼굴이 변하고 그 소리가 어떤 애들의 장난하는 소리인지 알아보려는 것보다 어떤 엄숙하고 권위 있는 소리 같아서 눈물을 씻고 일어났습니다.
　　아우구스티누스는 그 소리가 단순한 장난 소리로 들리지 않았습니다. 분명히 하나님께서 아이들을 시켜서 자기에게 들려주시는 소리로 들었습니다. 그는 얼른 집으로 달려가 성경을 들고 제일 먼저 펴지는 곳에 시선을 멈추었습니다. 그가 성경을 편 데는 이유가 있습니다. 그의 친구 안토니오(Antonio)가

　　　　가서 네 있는 것을 팔아 가난한 사람에게 나누어 주라. 그리하면 하늘의 보화가 네게 있으리라. 그리고 나를 따르라.

고 하신 마태복음 19장 21절의 말씀을 읽고 그대로 실행했다는 얘기를 들었기 때문에 즉시 알리피우스(Alipus)가 있는 곳으로 가서 거기에 둔 성경을 들고 읽은 것입니다.

　　　　낮에와 같이 단정히 행하고 방탕과 술 취하지 말며 쟁투와 시기하지 말고 오직 주 예수 그리스도를 옷 입고 정욕을 위하여 육신의 일을 도모하지 말라(롬 13:13-14).

　　아우구스티누스가 "들고 읽어 봐!"라고 소리치는 아이들의 음성을 듣고 펴서 읽은 이 성경구절, 그는 이것이 분명 하나님께서 자기에게 들려주시는 음성으로 알고 받아 들였습니다. 아우구스티누스가

하나님의 명령으로 알고 받아들인 이 구절은 무엇을 말씀하고 있는 것일까요? "낮에와 같이"—호스 엔 헤메라— 바울이 '낮'을 강조하는 것은 성도들이 어두움의 세상에 살지만 언제나 '낮'에 속한 자들임을 자각하라는 간접적인 경고입니다. "방탕과 술 취하지 말며" — '방탕'에 해당하는 헬라어 '코메스'는 원래 축제 행렬을 뜻했으나 점차 '흥청거림', '술자리''라는 뜻으로 전이되었습니다. 당시 헬라 문화에서는 'Bacchus 신'—'술의 신' 등의 축제일에 술을 마시며 그 신을 찬양하고 밤늦도록 요란스러운 행렬을 벌이는 풍습이 일반적이었습니다. 바울은 이러한 현상을 염두에 두고 어두움의 일인 술 취하며 방탕하는 것이 성도들이 취할 행동이 아님을 경고한 것입니다.

'음란'—코이테—와 '호색'—아델케아—는 성적 타락을 지적하는 용어라는 점에서 비슷하지만 앞의 것은 성교(sexual intercourse)를 가리키는 말로서 법적, 도덕적으로 무절제한 성행위를 포함하는 말이고, 뒤엣 것은 '음탕함', '억제 불가능한 애욕'이라는 뜻으로서 생활에 젖어 보편화된 방탕한 성문화를 뜻합니다. '쟁투'—에리스—는 외부로 나타난 투쟁을 가리키고 '시기'—제엘로스—는 그 원인이 되는 내부적 격정을 의미합니다. 따라서 이 두 용어는 경쟁사회에서 나타날 수 있는 모든 편견과 우월감, 그로 인한 온갖 싸움을 지적하는 표현입니다. 이러한 무절제, 성적 방종, 투쟁의 모습은 바울시대 뿐만 아니라 오늘 날에도 가장 흔하게 볼 수 있는 범죄의 양상들입니다.

아우구스티누스는 이 구절이 좌우에 날선 검처럼 자기 영혼과 마음을 찔러 쪼개는 것을 느꼈습니다. 그러면서 그는 계속해서 14절의 말씀을 찾아 들어 갔습니다. "오직 주 예수 그리스도로 옷 입고"—이 말씀에서 무엇보다도 중요한 단어는 '큐리오스'입니다. Lord, 주님입니다. 사람들은 주님을 부르면서 뜻도 모르고 함부로 불러대고 있습니다. 많은 교회들이 통성기도를 하는데 목사가 먼저 "주여 삼창"을 큰 소리로 하자고 합니다. 교인들은 덩달아 "주여, 주여, 주여" 하고 부르지만 정작 '주여'가 무엇을 의미하는지 알고 부르는 사람은 별로 없습니다. 그냥 그렇게 하고 있는 것입니다. 큐리오스-'주님'은 네 가지 중요한 뜻을 가지고 있습니다.

1) 주님은 생명권을 가지고 계신다는 말입니다. 인간에게 생명을 주시고 살리시는 주권이 주님에게 있습니다. 아무도 자기 생명을 좌우할 수 없습니다. 주님만이 하실 수 있습니다.
2) 주님은 지배권을 가지고 계신다는 말입니다. 인간들은 저마다 자기가 지배자가 되려고 하지만 그것은 불가능합니다. 서로들 지배하려 하니까 분쟁이 생기고 질서가 무너집니다. 지배자는 오직 주님 한 분이십니다.
3) 주님은 명령권을 가지고 계신다는 말입니다. 인간들이 서로 명령권을 가지려고 하니까 거기에 아귀다툼이 생깁니다. 그리고 인간들이 내리는 명령이란 거의 전부가 욕심에 기인한 것이기 때문에 거기에 악이 득실거립니다. 모든 일은 주님의 명령에 따라 움직여야 하고 그럴 때만이 평화와 질서가 생겨납니다.
4) 주님은 소유권을 가지고 계신다는 말입니다. 인간은 어머니 뱃속에서 세상에 나올 때 모두가 빈손으로 나옵니다. 손에 돈을 거머쥐고 태어나는 아기는 없습니다. 그리고 평생 모으느라 애쓰고 고생하지만 그것 때문에 늙고 병들면 빈손으로 갑니다. 재산을 아무리 모아도 가지고 갈 수 없고 다 두고 갑니다. 자기가 소유주가 아니기 때문입니다. 소유권은 주님에게 있고 인간은 다만 주어진 것을 관리하다가 갈 뿐입니다.

'주 예수 그리스도'라고 하는 것은 예수 그리스도가 이러한 주님이시라는 말입니다. 여러분이 예수 그리스도를 주님이라고 부를 때에는 이러한 네 가지 사실을 인정하고 나서 불러야 합니다. 그러면 여러분은 그분 앞에 무릎을 꿇게 되고 낮아져서 겸손하게 됩니다. 큰 소리로 '주여 삼창'은 삼가게 됩니다.

아우구스티누스는 깊이 생각했습니다. "이와 같은 주 예수 그리스도로 옷 입으라는 것이 무엇을 뜻하는 것일까?" 하고 말입니다. "주 예수 그리스도로 옷 입는다"는 것에는 두 가지 중요한 진리가 들어 있습니다. 하나는, 예수 그리스도의 성품을 입는 것입니다. 예수 그리스도의 성품을 입는다는 것은 하루아침에 되는 것이 아닙니다. 우선 세례에 대한 바울의 가르침을 분명히 이해해야 합니다.

사도 바울은 "누구든지 그리스도와 합하여 세례를 받은 자는 그리스도로 옷 입었느니라"(갈 3:27)고 말씀하고 있기 때문입니다. 그러니까 세례와 옷 입는 것은 동일한 내용을 담고 있습니다. 왜 그럴까요? 바울은 로마서 6장에서 세례에 대한 교훈을 가르치면서 이렇게 말씀했습니다.

> 그리스도와 합하여 세례를 받은 우리는 그의 죽으심과 합하여 세례를 받은 줄 알지 못하느뇨(롬 6:3).

여러분도 거의 모두 세례를 받았을 텐데 그리스도의 죽으심과 합하여 세례를 받았습니까? 만일 그렇지 않다면 그것은 진정한 세례가 아닙니다. 바울은 말씀합니다.

> 그리스도와 합하여 세례를 받은 자는 그의 죽으심과 합하여 세례를 받음으로 그와 함께 장사되고(롬 6:4).

> 우리 옛 사람이 예수와 함께 십자가에 못박힌 것은 죄의 몸이 멸하여 다시는 우리가 죄에게 종노릇하지 아니하려 함이라(롬 6:6).

무슨 말씀입니까? 여러분이 그리스도의 죽으심과 합하여 세례를 받았다면 여러분의 옛 사람이 예수와 함께 십자가에 못박혀 죽은 것입니다. 그래서 여러분의 죄의 몸이 멸하여 더 이상 죄의 종노릇 하지 않고 주 예수 그리스도의 성품을 입고 산다는 말입니다. 또 하나는 그리스도 예수의 윤리적 본성과 기질로 감싸여서 그리스도만을 바라보고 나아가는 것입니다. 예수 그리스도의 윤리적 본성은 그분의 생애와 교훈에 역력히 나타나 있습니다. 그분은 가난한 자와 병자들을 돌보셨고 외식하는 서기관과 바리새인들을 꾸짖으셨습니다. 세리와 죄인들의 친구가 되어 주셨고 그들에게 천국 복음을 전파하셨습니다. 마태복음 5, 6, 7 장에 기록된 산상수훈은 그분의 윤리강령이기도 합니다.

아우구스티누스는

주 예수 그리스도로 옷 입고 정욕을 위하여 육신의 일을 도모하지 말라(롬 13:14).

는 이 말씀을 하나님의 음성으로 알고 과거를 청산했습니다. 그리고 새 생활을 시작했습니다.

그는 이 사실을 친구인 알리피우스에게 알리고 어머니 모니카(Monica)에게 알리려고 달려갔습니다. 아들을 위해 13년 동안 밤낮 눈물로 기도해 오던 어머니 모니카는 아들에게서 그 얘기를 듣고 기뻐 뛰며 주님을 찬양했습니다. 아우구스티누스는 아이들이 뛰놀면서 "들고 읽으라"는 소리를 예사소리로 듣지 않고 집에 가서 성경책을 펴서 읽고는 그것이 하나님의 음성이라고 받아들였습니다. 그래서 성령으로 거듭나서 후에 성 아우구스티누스가 되었습니다.

그런데 오늘 우리가 봉독한 두 개의 본문은 아이들의 소리가 아니라 직접 하늘에서 들려온 음성을 기록하고 있습니다. 먼저 마태복음 3장 16-17절을 펴서 다시 한 번 읽겠습니다.

> 예수께서 세례를 받으시고 곧 물에서 올라 오실새 하늘이 열리고 하나님의 성령이 비둘기 같이 내려 자기 위에 임하심을 보시더니 하늘로서 소리가 있어 말씀하시되 이는 내 사랑하는 아들이요 내 기뻐하는 자라 하시더라.

이 본문에 나타난 것을 보면 예수님이 공생애를 시작하시면서 세례 요한에게서 세례를 받으셨다는 것입니다. 여기서 우리의 질문이 생겨납니다. 세례 요한은 백성들을 회개시키기 위하여 물로 세례를 베풀었습니다(마 3:11).

그런데 죄 없으신 예수님이 어째서 요단강에 가셔서 세례 요한에게서 세례를 받으셨을까요? 여기 대해서 성서학자들은 몇 가지 해석을 해주고 있습니다.

1) 예수님은 구약의 마지막 예언자요 선구자인 세례 요한이 베푸는 세례를 받으심으로서 신, 구약의 교회를 연결시키는 동시에 성도들에게 교회의 바른 전통과 의식을 존중할 것을 모범적으로 보여주셨다는 것.
2) 예수님은 인간을 구원하시기 위해 인간의 몸을 입고 오셨고 죄인이 아니었으나 죄인들을 위해 회개의 세례를 몸소 받으심으로 자신을 죄인들과 동일시하셨다는 것.
3) 예수님은 인간을 대신하여 죽으심으로 인간을 하나님과 연합하게 하러 오셨고, 세례 의식은 바로 씻음과 연합을 골자로 하며 나아가서 성령세례에 의해 이것이 이루어진다. 그러니까 예수님은 성령세례의 예표요 외적 상징인 의미로서 요한의 세례를 받으셨다는 것.
4) 구약의 제사장들이 위임식 때 물로 씻는 사건과 연관시켜 신약의 유일한 제사장으로 오신 예수님도 공생애를 시작하는 의식으로 세

례를 받으셨다는 것.

그런데 놀라운 일이 일어났습니다. 예수께서 세례를 받으시고 곧 물에서 올라오시자 하늘이 열렸습니다. 헬라어 원문에는 "하늘이 열리고"라는 말 앞에 '이두'라는 말이 있는데, 이 말은 '보라'는 감탄사입니다. "하늘이 열리고", '에네오크데에산 호이 우라노이'라는 말은 하늘이 예수님에게 열렸다는 말이고, 이것은 하나님께서 개입하실 때 일어나는 사건입니다. 그러면 어떤 일이 일어났을까요? 두 가지 일이 일어났습니다.

1) "하나님의 성령이 비둘기 같이 내려 예수님 위에 임하셨습니다." 누가복음 3장 22절에는 "성령이 형체로 비둘기 같이"라고 기록되어 있는데, 이것은 눈으로 볼 수 있는 형태를 의미합니다. 따라서 이 말은 예수님 자신이나(막 1:10) 세례 요한(요 1:32-34)이 성령의 실체를 보았다는 것을 의미합니다. 한편 성경에서 비둘기는 평화와 순결을 상징하며 이것은 그리스도의 사역의 특징과 그 성품을 나타냅니다.

2) "하늘로서 소리가 있어 말씀하시되 이는 내 사랑하는 아들이요 내 기뻐하는 자라 하시니라." "하늘에서 들려온 소리" '포오네 에크 토온 우라논,' 이것은 하나님께서 직접 말씀하신 음성입니다. 이 말 앞에도 '이두'라는 감탄사가 있어서 한층 더 감명적입니다. 하나님께서 뭐라고 말씀하셨습니까? "이는 내 사랑하는 아들이요." '후토스 에스틴 호 후이오스 무 호 아가페토스,' This is my beloved son - 이 말은 시편 2편 7절의 인용입니다. 모든 유대인들은 이 구절을 오실 하나님의 능력 있는 왕, 메시아(Messiah)에 대한 서술이라는 것을 믿어 왔습니다. "사랑하는"이라는 말은 "아들"을 수식하는 말로 외아들, 독생자라는 뜻을 가집니다.

"내 기뻐하는 자." '엔 호 유도케사,' in whom I was well pleased —이 말은 무시제 부정과거로서 성자 예수님이 성부 하나님의 무한한 기쁨의 대상임을 나타냅니다. 이 두 말은 동시에 예수님의 메시야 임직을 임명하신 말씀으로 위로와 격려가 이 속에 포함되어 있습니다. 그러나 한 가지 더 궁금한 것이 있습니다. 예수님이 세례를 받으신 결과는 어떤 것인가 하는 것입니다. 그것은 성자 예수님이 성부 하나님과 보혜사 성령, 즉 삼위일체의 회동에 의한 하늘의 메시야적 승인이요 취임식이었습니다.

또한 구속사적으로 볼 때 성부께서 주관하시고 성자께서 수행하시며 성령께서 교통하시고 감화하시는 삼위일체적인 역사라는 것이 시사되어 있습니다. 그리고 하늘에서 들려온 음성은 모세가 율법을 받던 때(출 19, 20장)와 그 율법의 완성자이신 예수시대(마 17:5)를 긴밀하게 묶어 놓은 초자연적인 하늘의 계시였습니다. 다시 말하면 율법이 주어지고 복음이 주어지는 때에 하늘에서 동일한 승인의 음성이 들려왔다는 것은 율법과 복음이 하늘의 한 뜻으로 불가분리의 관계에 있다는 것을 보여주는 것입니다.

그러면 율법의 완성자이신 예수시대는 언제 열렸을까요? 그것이 오늘의 두 번째 본문 마태복음 17장 5절에 나와 있습니다. 본문을 찾아서 다시 한 번 읽겠습니다.

> 빛난 구름이 저희를 덮으며 구름 속에서 소리가 나서 가로되 이는 내 사랑하는 아들이요 내 기뻐하는 자니 너희는 저의 말을 들으라 하는지라.

이것은 예수께서 첫 번째 수난 예고를 하셨던 때로부터 엿새 후의 일입니다. 예수님은 베드로와 야고보와 요한을 데리시고 높은 산으로 올라 가셨습니다. 이 산을 일반적으로 변화산이라고 하는데 성서학자들은 레바논 산맥에 위치한 헤르몬 산일 것이라고 추정하고 있습니다.

그런데 이 산으로 올라가시면서 예수님은 그들 앞에서 변형이 되셨습니다. 예수님이 어떤 모습으로 변형되셨는지는 밝혀져 있지 않지만, 아마도 인성의 이면에 감추어져 있는 신성의 본질적 모습으로 변화되셨다는 것이 정설입니다. 그래서 예수님의 얼굴은 해 같이 빛나고 그의 옷은 빛과 같이 희어졌습니다. 그런데 바로 그 때에 모세와 엘리야가 거기에 나타나 예수님과 대화를 나누기 시작했습니다. 여러분도 아시는 대로 모세는 구약의 율법을 대표하는 인물이요, 엘리야는 구약의 예언자를 대표하는 인물입니다. 대화의 내용은 예수님이 고난 받으실 일에 대한 것이었고, 이 장면을 그 제자들에게 보여주신 것은 율법과 예언을 대표하는 모세와 엘리야를 통해서 예수님이 고난받으시는 것이 구원의 전제 조건인 것을 보여 주시려는 데에 있었습니다.

베드로는 그가 본 광경이 너무나도 황홀해서 조금이라도 그것을 연장하려는 단순한 생각에서 예수님에게 여쭈었습니다.

> 주여, 우리가 여기 있는 것이 좋사오니 주께서 만일 원하시면 내가 여기서 초막 셋을 짓되 하나는 주를 위하여 하나는 모세를 위하여, 하나는 엘리야를 위하여 하리이다(마 17:4).

베드로가 이 말을 한 것은 얼른 보기에는 순진하고 좋게 보이지만, 여기에는 베드로의 잘못된 인식이 들어 있다는 것을 알아야 합니다.

1) 예수님이 인간의 죄를 위해 죽으시고 의를 위해 부활하여 승천하셔서 영광을 얻으시기 전에 변화산의 영광 가운데 예수님을 모시려고 했다는 점, 2) 산 아래에는 아직도 고통당하는 영혼들이 많

이 있는데 그 영혼들을 구원해야 할 크나 큰 사명이 있음에도 불구하고 자기 세 사람만 산 위에서 안식을 얻으려 했다는 점, 3) 복음이 예루살렘을 중심으로 온 세계에 전파된 다음에야 영광스러운 세계와 안식이 올 텐데 그것을 미리 구했다는 점.

이 셋은 구속사적인 시각에서 볼 때 모두 잘못된 것이고 베드로의 인간적인 생각에서 비롯된 것입니다. 우리도 주님을 따른다고 하면서 가끔씩 베드로 같은 인간적인 생각을 가지고 주님께 청할 때가 있지 않습니까? 이것은 우리에게 좋은 교훈이 됩니다. 베드로의 말이 채 끝나기도 전에 홀연히 빛난 구름이 저희를 덮으며 구름 속에서 음성이 들려 왔습니다. 여기 '홀연히'라고 번역된 헬라 말은 앞에서도 나왔던 '이두'입니다. 보통 "구름", '네펠레스'는 하나님의 임재를 뜻하는 표적으로 이해되고 있습니다. 열왕기상 8장 10-11절을 보면,

> 제사장이 성소에서 나올 때에 구름이 여호와의 전에 가득하매 제사장이 그 구름으로 인하여 능히 서서 섬기지 못하였으니 이는 여호와의 영광이 여호와의 전에 가득함이었더라.

는 말씀이 기록된 대로입니다. 그런데 구약에 하나님의 영광과 함께 나타났던 구름은 어둡고 두꺼운 모양을 가졌는데(출 19:16) 본문에 기록된 구름은 빛난 구름으로 묘사되고 있습니다. 이것은 아마도 이스라엘 백성들과는 달리 하나님의 아드님 예수 그리스도가 산 위에 계셨기 때문에 특이한 양상으로 나타나신 것으로 보입니다. 그 때 "구름 속에서 소리가 났다"고 했습니다. 하나님께서 말씀하시는 음성입니다.

> 이는 내 사랑하는 아들이요 내 기뻐하는 자니,

이 말씀은 예수님이 요단강에서 세례 요한에게서 세례를 받으시고 물에서 올라오실 때 하나님께서 들려주시던 음성과 똑 같습니다. 그 때는 예수님의 메시야 사역 임직식을 알리시는 말씀이지만, 이번에는 예수님이 받으실 고난과 십자가, 그리고 부활과 승천을 통해서 그리스도 시대가 시작된 것을 알리시는 말씀입니다.

그러면 메시야 임직식과 그리스도 시대, 즉 메시야 시대의 시작에서 하늘로부터 들려온 음성은 무엇이 다를까요? 메시야 임직식 때는 하나님께서 그리스도 예수를 메시야로 인정하시고 임직하게 하신 말씀, 즉 그리스도 예수에게 하신 말씀입니다. 그런데 메시야 시대의 시작을 알리는 때의 말씀은 하나님께서 이제부터 직접 말씀하시지 않고 메시야이신 그리스도 예수를 통해 말씀하실 테니, "너희는 저의 말을 들으라"는 것입니다. "너희는 저의 말을 들으라." '아쿠에테 아우투,' 이 말씀은 매우 중요한 내용을 담고 있습니다. 그것은 세 가지 입니다.

1) 귀를 기울이라, 귀담아 들으라는 말씀입니다. 누가복음 9장 44절에 예수님께서 "이 말을 너희 귀에 담아 두라 인자가 장차 사람들의 손에 넘기우리라 하시되"라고 하셨고, 마가복음 4장 9절과 23절에서 "들을 귀 있는 자는 들으라"고 말씀하셨습니다. 세상에 귀가 없는 사람은 없습니다. 그러나 날 때부터 귀머거리가 되어 아무 소리도 듣지 못하는 사람이 있고 귀머거리는 아닌데 제대로 알아듣지 못하는 사람도 있습니다. 요한계시록에는 아시아 일곱 교회에 보내는 편지에서 매 교회마다 "귀 있는 자는 성령이 교회들에게 하시는 말씀을 들을찌어다"(계 2:7, 11, 17, 29, 3:6, 13, 22)라고 말씀하고 계십니다. 그러니까 '귀 있는자' 란 들을 귀가 있는 자, 주의하여 경청하는 자, 들은 것을 깨달아 아는 자라는 뜻입니다.

2) 믿고 순종하라는 말씀입니다. 베드로전서 1장 22절을 보면 "너

희가 진리를 순종함으로 너희 영혼을 깨끗하게 하여 거짓이 없이 형제를 사랑하기에 이르렀으니"라는 말씀이 있습니다. 여기서 "진리"는 무엇입니까? "진리," '알레테이아' 는 예수님께서 요한복음 14장 6절에서 "내가 곧 길이요 진리요 생명이니 나로 말미암지 않고는 아버지께로 올 자가 없느니라"고 하신대로 예수님 자신이 진리이십니다. 그러니까 우리가 진리이신 예수님께 순종함으로 우리 영혼이 깨끗해지고 거기서 믿음의 사람이 되는 것입니다.

   3) 따르라는 말씀입니다. 예수님은 요한에게서 세례를 받으시고 40일 동안 금식기도를 하시고 사탄에게서 시험을 받으셨습니다. 그러나 예수님은 이 시험을 모두 물리치셨습니다. 그리고 나서 천국복음을 전파하기 시작하셨습니다. 그 후에 갈릴리 해변에서 고기를 잡고 있는 시몬과 안드레를 보시고, "나를 따라 오너라, 내가 너희로 사람을 낚는 어부가 되게 하리라"(마 4:19)고 말씀하셨습니다. 그들은 즉시 그물을 버려두고 예수님을 따라 나섰습니다. 예수님의 제자가 된 것입니다. 주님을 따르는 데는 지금까지 붙잡고 있던 것을 모두 내려놓아야 합니다. 세상의 것을 손에 붙들고 주님을 따를 수는 없습니다. 제자들은 부르심을 받았을 때 모두 버려두고 따랐습니다. 그것만이 아닙니다. 예수님께서 말씀하셨습니다. 마태복음 16장 24절을 보십시오. 다 함께 찾아서 읽겠습니다.

> 이에 예수께서 제자들에게 이르시되 아무든지 나를 따라 오려거든 자기를 부인하고 자기 십자가를 지고 나를 좇을 것이니라.

   자기를 부인한다는 것은 결코 쉽지 않습니다. 거기다가 자기 십자가를 지고 예수님을 따른다는 것은 더욱 힘들고 어렵습니다. 그러나 이것이 주님을 따르는 제자의 길입니다.
   제자로 부르심을 받은 여러분!

여러분도 주님의 음성에 귀를 기울이시고 끝까지 주님을 잘 따르시기 바랍니다. 그래야 생명의 면류관이 여러분에게 주어집니다. 여러분 모두가 생명의 면류관을 받을 수 있기를 주님의 이름으로 축원합니다. 아멘.

 사순절

## 사순절의 교훈
### 요한복음 12장 20-26절

어떤 이방인이 유대인의 사상을 연구해 보겠다고 생각하고 유대인의 성서 중 첫 부분인 토라, 율법서를 어렵게 구해서 읽었습니다. 그러나 그는 유대인이 아니었기 때문에 아무리 공부해도 유대인을 알 수 없었습니다. 그러던 차에 유대인의 탈무드를 공부하지 않는 한 유대인을 알 수 없다는 말을 들었습니다. 그래서 어느 날 랍비의 문을 두드렸습니다.

자기를 찾아온 사람에게 랍비는 냉정하게 딱 잘라 말했습니다.

그대는 탈무드를 배우고 싶다지만 아직 그 책을 펼 자격이 없어.

찾아간 사람이 절을 하면서 말합니다.

저는 꼭 탈무드를 공부하고 싶습니다. 제게 그 자격이 있는지 없는지를 시험해 보십시오.

'글세 안 된다니까 그러네.'
'랍비 선생님, 제발 부탁입니다. 배우게 해 주십시오.'
'자네가 그렇게 소원이라면 간단한 시험을 하나 해보지.'

랍비는 이렇게 대답하고 문제를 냈습니다.

'두 사내 아이가 여름방학에 굴뚝 청소를 했다. 한 아이는 얼굴이 온통 새까맣게 되어서 내려왔고, 다른 아이는 얼굴에 전혀 검정을 묻히지 않고 내려왔다. 그대는 두 아이 중, 어느 쪽이 얼굴을 씻을 거라 생각하는가?"
'그야 물론 얼굴이 더러운 사내아이가 얼굴을 씻겠지요?'
'그러기에 그대는 아직 탈무드를 펼 자격이 없다고 하지 않았는가?'

그 사람은 공손한 태도로 말합니다.

네! 제가 아직 무식한 탓으로 깨닫지를 못했습니다. 바른 정답을 가르쳐 주십시오.

그러자 랍비가 말합니다.

'그대가 만일 탈무드를 공부한다면 이런 답을 할 것이다. 두 사내아이가 굴뚝 청소를 하고 했는데 하나는 말쑥한 얼굴로, 하나는 검정이 묻은 얼굴로 내려왔다. 얼굴이 더러운 사내아이는 말쑥한 얼굴의 아이를 보고 내 얼굴은 말쑥하다고 생각한다. 그러나 말쑥한 얼굴의 아이는 상대방의 더러운 얼굴의 아이를 보고 자기도 더럽다고 할 것이다.'

이 때 찾아간 그 사람은

네, 알았습니다. 다시 한 번 시험해 주십시오. 이번에는 정답을 알아 맞히겠습니다.

라고 했습니다. 그러자 랍비는 같은 질문을 했습니다.

두 아이가 굴뚝청소를 하고 하나는 말쑥한 얼굴로, 다른 하나는 검정이 묻은 얼굴로 내려왔다. 도대체 어느 쪽 아이가 얼굴을 씻을 거라고 생각하는가?

그 사람은 이미 정답을 알고 있었기 때문에,

그것은 두 말할 것도 없이 말쑥한 얼굴을 한 아이가 씻을 것입니다.

라고 대답했습니다. 이번에는 틀림없이 합격이 된 줄 알고 싱글벙글 하며 쳐다보고 있는 그 사람에게 랍비는 머리를 내저으며,

틀렸어, 그대는 아직 탈무드를 공부할 자격이 없어, 돌아가란 말이야.

라고 냉정하게 대답했습니다. 그러자 그 사람은 매우 낙담하여

그러면 도대체 탈무드에서는 무어라고 말하고 있습니까?

라고 물었습니다. 랍비가 대답했습니다.

두 사내아이가 굴뚝을 청소하고 있었다면 같은 굴뚝을 청소하고 있었겠는데, 한 사내아이의 얼굴은 말쑥하고 다른 사내아이의 얼굴은 더러워져 내려온다는 건 있을 수 없다.

이 지극히 단순한 것 같은 애기 속에는 매우 깊은 진리가 시사되어 있습니다. 사실 우리 중에도 랍비를 찾아간 그 사람처럼 굴뚝 청소를 하고 내려온 그 사내아이 중 누가 얼굴을 씻어야 할지를 모르면서 마치 성서를 다 알고, 세상을 다 아는 것 같은 얼굴을 하고 있는 사람들이 많이 있습니다.

오늘은 사순절(Lent) 셋째 주일입니다. 사순절은 성회 수요일(Ash Wednesday)부터 부활절(Easter) 전날까지 주일을 뺀 40일을 가리키는데, 이 40일간은 특별히 예수님의 수난과 십자가의 고난을 생각하며, 경건 훈련을 하는 기간입니다. 고대에는 금식기도와 절제 생활을 하며, 주님의 고난에 동참하려고 했던 크리스천들이 대부분이었습니다.

금년에는 성회 수요일이 2월 9일이어서 오늘이 사순절 셋째 주일이 됩니다. 그래서 오늘은 사순절이 주는 교훈을 배우는 것이 적절하리라고 생각합니다. 사순절이 주는 교훈은 여러 주일에 걸쳐서 배워야 하지만, 오늘은 그 중에서 두세 가지만을 함께 배우겠습니다.

### 1. 사순절은 역사의 전환점이 들어 있다는 교훈입니다

많은 사람들은 인류 역사의 전환점을 마태복음 1장 18-25절에 기록된 예수님의 탄생이라고 말합니다. 그것이 크게 틀린 말은 아닙니다. 왜냐하면, AD와 BC가 예수님의 탄생 시기를 기점으로 하고 있기 때문입니다. 그러나 제가 보기에는 더 엄밀하게 말해서 역사의 전환점은 우리의 본문인 요한복음 12장 20-26절에 있다고 생각합니다. 왜냐하면 실제로 하나님의 아드님이 역사의 방향을 돌려놓으신 곳은 골고다 언덕 위 십자가이고, 이 본문은 그 십자가 길에서 다른 길을 가실 뻔했던 갈림길을 보여 주고 있기 때문입니다.

본문을 봅시다. 요한복음 12장 20-22절,

> 명절에 예배하러 온 사람 중에 헬라인 몇이 있었는데, 저희가 벳새다 사람 빌립에게 가서 청하여 가로되 선생이여 우리가 예수를 뵈옵고자 하나이다 하니 빌립이 안드레에게 가서 말하고, 안드레와 빌립이 예수께 가서 여짜온대,

"도대체 왜 헬라인들이 예수님을 만나 뵙고 싶어 했는가?" 이것은 성서를 읽는 사람들에게 매우 궁금증을 일으키게 하는 질문입니다. 더구나 요한복음 기자는 여기에 대해 침묵을 지키고 있어서 알 길이 없습니다. 그런데 성서학자 중 한 사람인 버나드(John Lt. Bernard)는 흥미 있는 설명을 하고 있습니다.

> 예수께서 예루살렘에 올라가서 성전을 정결케 하시고, 돈 바꾸는 자들과 비둘기 파는 자들을 성전 뜰 밖으로 몰아내신 것은 그의 생애 중 마지막 주간이었다. 이 장사꾼들은 성전 첫 번째 뜰인 이방인의 뜰에 있었고, 이 광경을 예루살렘에 간 헬라인들도 직접 목격했을 것이다. 그리고 헬라인들은 이런 일을 할 수 있는 예수가 어떤 분인가를 좀 더 깊이 알고 싶어서 빌립에게 청을 드리도록 했을 것이다.

그러나 빌립과 안드레가 예수님에게 가서 이 사실을 여쭈었을 때, 예수님이 대답하신 말씀을 보면 헬라인들이 뵙겠다고 찾아온 이유가 그것만이 아니라는 것을 알게 됩니다.

> 인자의 영광을 얻을 때가 왔도다(요 12:23).

예수님의 이 대답 속에는 헬라인들이 분명 다른 요청을 했을 것

이라는 심증이 갑니다. 헬라인들은 예루살렘에 와서부터 심상치 않은 공기를 느꼈습니다. 유대인의 대제사장들과 장로들, 바리새인들이 백성을 선동해서 예수님을 십자가에 못박으려는 음모를 그들이 눈치 챈 것입니다. 그래서 헬라인들은 예수님을 몰래 헬라로 망명시켜 생명을 보존해 드리면, 예수님에게서 참으로 위대한 진리를 듣고 배울 수 있을 것이라는 생각을 했을 것이라는 말입니다. 왜냐하면, 고대로부터 헬라인들은 철학에 대한 관심이 깊었고, '인간이 무엇인가?'에 대해 늘 새로운 스승을 찾아가서 배우려고 해 온 사람들이기 때문입니다.

그러나 "인자의 영광을 얻을 때가 왔노라는 이 말씀은 헬라인들의 청을 단호히 거절하신 것으로 해석이 됩니다. 만일에 예수님이 그들의 요청을 받아들여 헬라로 망명하셨다고 가정해 보세요. 그랬더라면 그 모진 수욕과 십자가의 고통은 당하시지 않았을 것입니다. 그러나 그것은 역사 안으로 들어오는 길이 아니라 역사 밖으로 빠져 나가는 길입니다. 예수님은 이것을 아셨습니다. 그래서 사탄의 계략으로 멸망해 가는 역사를 되돌려 놓으시려고 역사에 도전하셨습니다. 이것이 "인자가 영광을 얻을 때가 왔도다"라는 말씀의 모티브입니다.

여기 "때가 왔도다"라는 말의 때 '호라'($\ὤρα$)는 시간입니다. 이 시간은 예수님이 인류를 위해 속죄의 죽음을 죽으시고 사흘 만에 부활하시는 그 시간, 그리고 하늘로 승천하셔서 하나님으로부터 영광을 얻으시게 되는 시간을 가리킵니다.

여기서 인류의 역사는 둘로 구분이 됩니다. 하나는 눈에 보이는 것들, 표면에 나타난 사실들을 나열한 역사, 이것이 히스토리(Historie)입니다. 그리고 다른 하나는 인간들의 눈에 보이지 않는 힘에 대해서 움직이고 있는 역사, 표면에 나타난 사건들의 의미를 담은 역사, 이것이 게쉬히테(Geschichte)입니다.

인간들의 홍망성쇠와 변천을 기록한 것이 세속역사(secular history), 세속사라면 역사의 배후에 선 하나님께서 인간 역사 속에 개입하신 사건을 기록한 것이 구속사(Heilsgeschichte)입니다. 예수님은 지금 이 구속사를 전개하시려고 비장한 각오를 하셨습니다. 그리고 바로 그 때, 그 시간, 역사의 전환점이 왔다고 선언하신 것입니다.

우리가 이 역사의 전환점을 자세히 연구해 보면 하나님께서 이 일을 위해 세속사 안에다가 몇 가지 준비를 미리 시켜 놓으신 것을 보게 됩니다.

1) 당시 로마의 지배 아래 평화가 대부분의 문명세계에 확장되어 있었고, 전에는 불가능했던 교통과 통상이 가능하게 되었습니다.
2) 당시 로마의 공용어로서 모든 지역에 널리 퍼진 헬라어가 여러 지방들을 밀접하게 연결시켜 주었습니다.
3) 당시 세상은 도덕적 혼란 속에 빠져 있어서 이교도들조차도 그런 혼란에서 빠져 나오고자 몸부림쳤으며, 모든 곳에 영적인 기근상태가 만연해 있었습니다.
4) 이와 같은 시대적인 배경은 그리스도께서 최상의 시기에 오셨으며, 동시에 원시 그리스도교의 복음전파가 매우 적절한 때에 이루어졌다는 것을 보여줍니다.


## 2. 둘째로 "한 알의 밀"에 대한 교훈입니다.

예수님은 "때가 왔도다"라고 하신 다음에 이어서

> 내가 진실로 진실로 너희에게 이르노니 한 알의 밀이 땅에 떨어져 죽지 아니하면 한 알 그대로 있고, 죽으면 많은 열매를 맺느니라(24절).

고 말씀하셨습니다. 무슨 말씀일까요? 이 비유는 죽음을 통해 보다 풍성한 삶을 얻는다는 역설적인 표현(paradoxical expression)입니다. 즉 아담 한 사람으로 말미암아 죄가 세상에 들어오고 이로 인해 사망이 모든 사람에게 이른 것같이 한 분 예수 그리스도의 대속적인 죽음으로 그를 믿는 사람은 모두 영생을 얻게 된다는 것을 뜻하는 말입니다.

로마서 5장 17절을 보세요.

> 한 사람의 범죄를 인하여 사망이 그 한 사람으로 말미암아 왕 노릇 하였은즉, 더욱 은혜와 의의 선물을 넘치게 받는 자들이 한 분 예수 그리스도로 말미암아 생명 안에서 왕 노릇 하리로다.

한 알의 밀은 그대로 보관된 상태로는 아무 쓸모가 없고 땅 속에 묻혀야 싹이 나고 열매를 맺는 것처럼 예수님이 십자가에서 죽으시고 무덤에 묻혀야 인류에게 생명과 기쁨의 풍성한 열매를 가져오게 된다는 말씀입니다. 이것은 자기 생명을 사랑하는 자는 잃어버릴 것이요, 생명을 바침으로써 생명을 보존할 수 있다고 하는 기독교의 역설(Paradox)입니다. 무릇 세상에서 자기 생명을 사랑하는 자는 두 가지 방향으로 움직입니다. 하나는 이기주의로 움직이고 다른 하나는 안전주의로 움직입니다. 자신의 출세와 육신의 안전이 자기를 몰아세우다 보면 결과는 생명을 얻는 것이 아니라, 잃게 된다는 진리입니다.

구약 이사야 55장 8절에,

> 여호와의 말씀에 내 생각은 너희 생각과 다르며, 내 길은 너희 길과 달라서 하늘이 땅보다 높음 같이 내 길은 너희 길보다, 높으며, 내 생각은 너희 생각보다 높으니라.

는 말씀이 있습니다. 이렇게 하나님의 생각과 길이 우리 인간들의 생각이나 길과 다른 것처럼 예수님의 생각과 길, 또한 인간들의 생각이나 길과 다릅니다. 그런데 인간들은 그것을 잘 알지 못하면서 자기 생각대로 하나님을 생각하고 제멋대로 예수를 믿고 있습니다.

그런데도 성경공부하는 일을 등한히 하고 어릴 때 주일학교에서 배운 것으로 성서를 모두 아는 것처럼 생각하는 이들이 있습니다. 신학교는 목사가 될 사람이나 가는 곳이고 성서대학은 특별한 사람만 가는 곳으로 생각합니다. 신학훈련이 제대로 안 되어 있고, 성서도 잘 모르는 목사들이 적지 않고, 교회가 무엇이며 제직의 직분이 무엇인지도 모르면서 폼(form)만 잡는 장로, 집사가 대부분입니다. 그리스도교의 기초부터 배워야 할 것이 엄청나게 많은데 배울 생각조차 안하는 것입니다.

그러니 모두가 자기 생각대로 예수를 믿고, 자기 멋대로 말하며 행동합니다. 내가 예수님을 따라가는 것이 아니라, 예수님에게 나를 따라오라고 합니다. "하나님의 뜻대로 하시옵소서"라고 기도는 곧잘 하는데, 하나님의 뜻을 모르니 자기 생각이 하나님의 생각이거니 하고 아주 편안하게 생각합니다. 이것은 예수 믿는 것이 아닙니다.

크리스티 이반스(Christie Evans)는 예수님이 자기를 대신하여 십자가에 달리신 것을 생각하니 그냥 안일하게 있을 수 없었습니다. 자기도 한 알의 밀이 되려고 복음을 들고 나섰습니다. 너무나 힘들게 전도하는 것을 보고 친구들이 말했습니다.

그렇게 힘들게 전도하지 말고 좀 편안하게 전도하게나.

이반스가 대답했습니다.

녹슬어 버리는 것보다는 타버리는 것이 훨씬 낫다네.

오늘의 크리스천들은 전도를 하지 않는 것이 특색입니다. 말씀을 받아먹기만 하고, 이기주의와 안전에 빠져 있습니다. 자기 영혼이 녹슬어 가고 있는데, 그것을 모르고 있는 것입니다. 사순절이 시작될 무렵 예수님은 제자들을 데리고 예루살렘으로 올라 가시다가 가이사랴 빌립보에 들리셨습니다. 거기서 예수님은 "사람들이 인자를 누구라 하느냐?"라는 질문을 하셨습니다. 그 때 베드로는 위대한 신앙고백을 했습니다. "주는 그리스도시요 살아 계신 하나님의 아들이시니이다"(마 16:16). 그러나 이어서 예수님이 고난당하실 것을 말씀하시자 하나님의 하시는 일을 알 수 없는 베드로, "주여 그리 마옵소서"라고 간했습니다. 그 때 예수님이 뭐라고 하셨습니까? 아주 단호한 어조로,

> 사탄아, 내 뒤로 물러가라, 너는 나를 넘어지게 하는 자로다. 네가 하나님의 일을 생각지 아니하고 도리어 사람의 일을 생각하는도다 (마 16:23).

라고 하셨습니다.

오늘, 본문의 전후 문맥을 보면 예수님을 뵙겠다고 찾아온 헬라인들이나 예수님의 제자인 빌립과 안드레 모두가 하나님이 하시는 일을 모르고 있습니다.

### 3. 끝으로 예수를 믿는 것이 무엇을 의미하느냐 하는 교훈입니다.

26절을 보세요.

> 사람이 나를 섬기려면 나를 따르라. 나 있는 곳에 나를 섬기는 자도 있으리니, 사람이 나를 섬기면 내 아버지께서 저를 귀히 여기시리라.

그러니까 예수를 믿는 것은 예수님을 섬기는 것이고 예수님을 섬기려면 예수님을 따라야 한다는 말씀입니다. 여기 "섬기다"라는 헬라말 '디아코네'(διακονη)는 serve한다는 의미입니다. 이 말은 종이 상전을 섬길 때 쓰이는 말이고, 하인이 주인을 섬길 때 사용하는 말입니다. 이 경우 종이나 하인은 자기 임의대로 행동하거나 자기 멋대로 할 수 없습니다. 상전이나 주인이 언제 어느 때에 부를는지 알 수 없기 때문에 항상 대기하고 있어야 합니다. 그리고 명령이 떨어지면 즉시 그것을 받들어 수행해야 합니다.

예수님은 누가복음 17장에서 이 "섬기는 종"에 대해 구체적인 예를 들어 가르치셨습니다. 누가복음 17:7-10절을 보세요.

> 너희 중에 뉘게 밭을 갈거나 양을 치거나 하는 종이 있어 밭에서 돌아오면, 저더러 곧 와 앉아서 먹으라 할 자가 있느냐? 도리어 저더러 내 먹을 것을 예비하고 띠를 띠고 나의 먹고 마시는 동안에 수종 들고 너는 그 후에 먹고 마시라 하지 않겠느냐? 명한대로 하였다고 종에게 사례하겠느냐? 이와 같이 명령 받은 것을 다 행한 후에 이르기를 우리는 무익한 종이라 우리의 하여야 할 일을 한 것뿐이라 할지니라.

우리가 예수를 믿는 것은 내가 편안하기 위해 믿는 것이 아닙니다. 우리는 예수님의 제자로 부르심을 받았고, 하나님의 명령을 따라 최선을 다해 섬겨야 합니다. 그런 후에도 "우리는 무익한 종이라 우리의 하여야 할 일을 한 것뿐입니다"라고 말해야 합니다. 만일에 일신의 평안이나 안일을 위해 예수를 믿고 교회생활을 하는 것이라면 이것은 기독교가 아닙니다. 예수님은 우리의 주님이요, 우리는 그분을 섬기는 종에 불과합니다.

예수님께서는 "사람이 나를 섬기려면 나를 따르라"라고 말씀하셨습니다. 여기 "따르라"는 헬라말 '아콜루데이토'(ἀκολουθειτω)는

Let him follow입니다. 예수님을 섬기려면 예수님을 따라야 하는데, 어떻게 따라야 하는 것일까요?

베드로 사도가 그 방법을 명시해 주었습니다. 베드로전서 2장 21절에,

> 이를 위하여 너희가 부르심을 입었으니, 그리스도도 너희를 위하여 고난을 받으사 너희에게 본을 끼쳐 그 자취를 따라오게 하려 하셨느니라.

그러니까 예수님을 따른다는 것은 예수님이 받으신 고난의 발자취를 따른다는 말입니다. 우리가 교회사를 보면 이 명령을 따라 수많은 성도들이 고난의 발자취를 남겼고, 순교자들이 영광스럽게 갔습니다. 주님을 섬기고 주님 가신 길을 따르려면 현실적으로 희생이 따릅니다. 자기를 포기해야 합니다. 나 자신과 내 가정, 내가 속한 교회가 전환점이 오려면 거기에 희생이 있어야 하고, 자기가 죽어야 합니다. 아무도 희생하는 사람이 없고, 모두가 자기만 살겠다고 하면 교회는 생명력을 잃어버립니다.

오늘 21세기를 살아가는 이 지구촌에는 수많은 인종과 언어가 있습니다. 문화가 다르고 생활양태도 천태만상입니다. 그러나 사회심리학자들은 이들을 크게 두 부류로 나누고 있습니다.

첫째 부류는 Pip Van Winkle이라는 전설에 나오는 인물처럼 지구촌에서 돌아가는 역사에 관심이 없는 사람들입니다. 윙클은 어느 날 허드슨 강 상류에 있는 어느 산 속에 들어갑니다. 거기서 진창 술을 마시고 취해서 곯아 떨어졌습니다. 얼마나 오래 잤던지 잠을 깬 후에 자기가 살던 마을에 내려와 보니 옛날에 함께 지내던 친구들은 다 늙어서 죽고 자기를 알아보지 못하는 낯선 사람들만 살고 있었습니다. 그는 전에 자기가 잘 가던 거리의 술집으로 갔습니다. 그런데 그동안 미국에는 독립전쟁이 일어나서 영국 장군의 초상화

가 걸렸던 자리에 미국의 초대 대통령 조지 워싱턴(George Washington)의 사진이 걸려 있었습니다. 이렇게 세상이 바뀌고 역사가 달라졌는데도 여기에 아랑곳없이 그저 자기 집과 일터만을 왔다 갔다 하는 사람들을 가리킨 말입니다.

둘째 부류는 현대 심리학자이며 사회학자인 에릭 프롬(Erich Fromm)의 표현대로 자기를 상품으로 내놓고 사는 사람들입니다. 이것은 20세기 후반부터 더욱 두드러진 현상입니다. 그는 말합니다.

> 현대인은 자기를 하나의 상품으로 보기 때문에 그의 안전은 그가 지배할 수 없는 상황에 놓여 있다. 그의 가치는 그의 사람됨에 의해서 판단되지 않고 수시로 변하는 경쟁시장의 시세에 따라 판단된다. 사람들은 노예처럼 성공을 추구하고 돈이 성공을 좌우한다. 그리하여 그가 유치원에서부터 대학까지의 전 교육과정을 통해 느끼는 것은 인간의 삶의 의미는 그때그때의 유행의 변화나 없어질 것에 달려있다는 느낌을 가지게 된다. 이것이 현대인의 비극인 것이다.

그러나 이 지구촌에는 사회심리학자들이 분류한 두 부류의 사람들만 살고 있는 것이 아닙니다. 제3의 부류가 있습니다. 오늘의 사회가 겉잡을 수 없으리만큼 혼란하고, 내일을 전혀 예측할 수 없는 불안 속에 쌓여 있지만, 그나마도 지구가 아직 멸망하지 않고 지탱하고 있는 것은 이 제3의 부류가 있기 때문입니다.

이들은 역사를 외면하지 않습니다. 자기를 상품화하지도 않습니다. 어떻게 하면 역사에 참여하면서 자기를 파는 일 없이 진실되이 살아갈 수 있을까? 어떻게 하면 보이지 않는 역사의 비밀을 캐면서 역사를 바로잡아 나갈 수 있을까? 하며, 애쓰고 고민하는 사람들입니다. 이들이 누구일까요? 크리스천들 중의 소수의 무리입니다.

이들은 역사의 정점에 하나님이 아드님을 보내셔서 역사의 방향을 바꾸어 놓으셨다는 것을 믿고 있습니다. 영원자이신 예수 그리스도께서 인간의 몸을 입고 역사 안에 들어오셨다는 것을 믿고 있습니다. 예수님은 베들레헴에서 탄생하셨고, 공생애 3년 동안 천국 복음을 전하시고 많은 병자를 고치셨으며 죽은 자를 살리셨다는 성서의 증언을 믿고 있습니다. 이런 사람들이 이 역사 속에 살면서 하나님을 의지하고 하나님의 자녀가 되기 위해 애쓰고 있기 때문에 하나님께서는 이 지구를 멸망시키시지 않고 종말의 날까지 기다리고 계십니다.

오하이오주 신시나티(Cincinnati) 태생인 조지 버나드(George Bernard) 목사님, 그는 어릴 때부터 목사가 되기를 원했으나, 가정 형편이 어려워 대학진학을 하지 못했습니다. 그러나 혼자서 독학으로 신학서적을 읽으면서 지식을 쌓아 갔습니다. 마침내 구세군 사관이 되어 교회를 섬기던 중 신학교육을 받고 감리교 목사가 되었습니다. 그는 많은 찬송가 시를 썼는데, 예수님의 고난과 십자가의 죽음을 생각할 때 너무나 감격하여 목이 매여 쓴 찬송가가 있습니다. On a hill far away라는 찬송입니다.

> On a hill far away, stood and old rugged cross. The emblem of suffering and shame. And I love that old cross, where the dearest and best. For a word of lost sinners was slain. So I'll cherish the old rugged cross, Till my trophies at last I lay down, I will cling to the old rugged cross. And exchange it some day for a crown.

제가 좋아하는 찬송가입니다. 유학생 시절에 혼자 와 있었기 때문에 자주 이 찬송가를 불렀고, 어떤 때는 눈물을 흘리면서 불렀습니다.

사랑하는 성도 여러분!

예수님은 이 사순절에 희랍의 아테네(Athens)로 가시지 않고 골고다의 언덕으로 가시기로 작정하셨습니다. 아테네로 가는 길은 망명의 길이요, 골고다로 가는 길은 죽음의 길입니다. 사탄은 아테네로 가라고 유혹했지만, 예수님은 이것을 뿌리치고 골고다를 향해 발길을 옮기셨습니다.

이제 여러분은 어느 길로 가려고 하십니까? 아테네의 길입니까? 골고다의 길입니까? 사탄은 오늘도 골고다로 가지 말고 아테네로 오라고 손짓합니다. 이 갈림길은 이제부터 여러분 개인과 이 교회의 역사의 전환점이기도 합니다. 우리 앞에 분명히 보이는 것은 주님이 가신 길은 골고다의 길이요 그 너머에는 부활의 아침이 동터 온다는 사실입니다.

그러므로 우리는 우리의 생각을 버리고 오늘 겸허하게 사순절의 교훈을 배워야 하겠습니다. 이 시간 주님을 섬기며 따르려고 결단하는 분들에게 성령의 능력이 함께 하시기를 주님의 이름으로 축원합니다. 아멘.

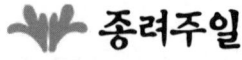 **종려주일**

## 돌아올 수 없는 지점
### 마태복음 21장 1-11절

오늘은 종려주일입니다. 그래서 우리는 종려주일에 해당하는 성경 말씀을 읽었습니다. 예수님이 나귀를 타시고 예루살렘에 입성하신 종려주일은 예수님의 생애에 있어서 마지막 주간의 첫날입니다. 이 주간에 예수님은 예루살렘에 계시면서 매우 바쁜 일정을 보내셨고, 마침내는 십자가에 달려 돌아가셨습니다. 그렇기 때문에 나귀를 타시고 예루살렘에 입성하신 오늘, 이 종려주일은 예수님에게 있어서나 오늘 우리에게도 결정적인 날입니다.

모든 장거리 비행에서 비행사는 기수를 되돌려 돌아올 수 없는 지점이 있다는 것을 알고 있습니다. 그 지점을 넘어갔을 때 그는 왔던 곳으로 되돌아 갈 수 없기 때문에 계속해서 비행할 수밖에 없습니다. 그는 귀환이 가능한 지점을 통과해 버린 것입니다.

아직도 우리 기억에 사라지지 않는 항공기 추락사건을 여러분은 알고 계실 것입니다. 승객 269명을 태운 대한항공이 소련 영공으로 잘못 들어갔다가 소련 군인들이 쏜 포탄에 맞고 무참하게 피해를 당한 사건입니다.

가끔 북한의 조종사가 비행기를 몰고 남한으로 내려온다는 얘기를 들었고, 중국의 미그기가 남한으로 비행해 왔다가 대만으로 망명했다는 얘기도 듣고 있습니다. 몇 해 전에는 북한의 의사 한 가족이 배를 몰고 다시 돌아갈 수 없는 지점을 넘어서 일본으로 갔다가 한국에 망명한 일도 있었습니다. 이들은 오랜 세월 동안 철의 장막을 탈출하기로 마음먹고 그 기회를 찾다가 위험을 무릅쓰고 넘어온 사람들입니다. 이와 같이 인간의 삶에도 되돌아 올 수 없는 지점이 있습니다. 그 지점에 이르면 되돌아오는 것이 불가능하기 때문에 그대로 전진할 수밖에 없습니다.

예수님에게 있어서, 오늘 우리가 봉독한 본문이 바로 되돌아 올 수 없는 지점입니다. 마태복음 21장 1-3절까지 다시 한 번 읽어 봅시다.

> 저희가 예루살렘에 가까이 와서 감람산 벳바게에 이르렀을 때에 예수께서 두 제자를 보내시며 이르시되 너희 맞은편 마을로 가라. 곧 매인 나귀와 나귀 새끼가 함께 있는 것을 보리니 풀어 내게로 끌고 오너라. 만일 누가 무슨 말을 하거든 주가 쓰시겠다 하라.

지금 예수님은 나귀를 타시고 예루살렘으로 입성하시려고 하고 계십니다. 예수님이 예루살렘에 입성하시면 그것은 영영 다시 돌아올 수 없는 마지막 지점이 되는 것입니다. 갈릴리로 다시 돌아가 팔복산에서 무리들에게 "심령이 가난한 자는 복이 있나니, 천국이 저희 것임이요"(마 5:3)라고 가르치실 수도 없습니다. 바닷가에 몰려든 군중들에게 배를 강단으로 삼으시고, 씨 뿌리는 비유를 다시 말씀하실 수도(마 13:1-9) 없습니다. 왜냐하면 이 예루살렘 입성이 예수님에게는 최후의 주간이 되기 때문입니다.

예수님은 오늘, 바로 이 종려주일에 나귀를 타시고 예루살렘으로 들어가셨습니다. 예수님이 이 종려주일을 선택하여 예루살렘에 입성하신 데는 커다란 이유가 하나 있습니다.

그 때는 마침 유월절이 시작될 무렵이었습니다. 이 때가 되면 예루살렘과 그 주변의 마을은 순례자들로 가득 메워집니다. 그 당시 로마의 한 총독이 예루살렘에서 도살되는 양의 수를 조사한 결과, 그 수가 무려 2만여 마리가 되었다고 합니다. 유월절 규정은 최소한 10명을 한 단위로 해서 양 한 마리씩을 바쳐야 했기 때문에, 이 숫자가 정확한 것이라면 유월절에는 20만 명이나 되는 사람들이 예루살렘에 모여들었다는 것이 됩니다. 예루살렘에서 20마일 이내에 사는 사람들 중 성인 남자들은 반드시 유월절을 지키러 와야 하는 것이 율법에 규정되어 있었습니다. 그러나 팔레스틴에 있는 유대인뿐만 아니라 세계 각국에 흩어진 유대인들이 그들의 민족적인 가장 큰 절기를 지키기 위해 예루살렘으로 모여들었습니다.

예수님은 이제 다시 돌아올 수 없는 지점을 선택하는데 있어서 이보다 더 좋은 극적인 순간이 앞으로는 없다고 생각하셨습니다. 종교적인 기대가 가장 고조된 사람들이 붐비고 몰려 들어온 그 날을 예수님이 택하신 것입니다. 이 순간을 택하신 것은 예수님이 갑작스레 작정하신 것이 아니었습니다. 미리부터 계획하고 준비하신 것입니다.

> 만일 누가 무슨 말을 하거든 주가 쓰시겠다 하라. 그리하면 즉시 보내리라 하시니(마 21:3).

이 말씀을 보면 예수님이 미리 준비하신 계획이 나타나 있습니다. 예수님은 제자들을 마을로 보내어 나귀와 나귀새끼를 끌고 오라고 하셨습니다. 우리의 본문은 벳바게에 이르렀을 때에 그 동리로 제자들을 보내신 것처럼 되어 있으나(마 21:1), 마가복음에는 베다니라고 말하고 있습니다(막 11:1). 제가 생각하기에 이 마을은 벳바게가 아니라 베다니가 옳을 것입니다.

> 제자들이 가서 예수의 명하신대로 하여 나귀와 나귀새끼를 끌고 와서 자기들의 겉옷을 그 위에 얹으매 예수께서 그 위에 타시니(마 21:6-7).

이제 예수님은 나귀를 타시고 예루살렘에 입성하셨습니다. 마가복음 11장 2절을 보면,

> 아직 아무 사람도 타보지 않은 나귀새끼,

라고 했습니다. 이것은 특별히 거룩한 목적을 위해서 준비된 것임을 말합니다. 구약성경 민수기 19장 2절이나 신명기 21장 3절에는 정결예식에 사용되는 붉은 암송아지는 아직 멍에를 메지 않은 짐승이어야 했고, 사무엘상 6장 7절에는 여호와의 법궤를 태울 수레는 한 번도 사용된 일이 없는 수레여야 한다고 했습니다. 아직 아무도 타본 일이 없는 이 나귀는 예수님의 예루살렘 입성의 거룩한 목적을 위해 준비된 것이었습니다.

예수님의 예루살렘 입성이 시작되자,

> 무리의 대부분은 그 겉옷을 길에 펴며 다른 이는 나뭇가지를 베어 길에 폈습니다(마 21:8).

이것은 예수님을 왕으로 영접하는 의식이었습니다. 열왕기하 9장 13절을 보면 예후가 왕으로 선포되었을 때 백성들이 자기들의 옷을 벗어 예후가 지나가는 길에 깔고 나팔을 불며 예후는 왕이라고 환

영했습니다. 그래서 예수님에게도 이렇게 한 것입니다. 사람들은 종려나무 가지를 꺾어서 흔들었고, 앞서가고 뒤따르는 무리가 소리 질렀습니다.

> 호산나, 다윗의 자손이여, 찬송하리로다. 주의 이름으로 오시는 이여, 가장 높은 곳에서 호산나(마 21:9).

종려나무 가지를 꺾어서 흔든 일은 구약 외경 마카비서 제1서 13장 1절에 나타나 있습니다. 시몬 마카비우스(Simon Macabaeus)가 가장 큰 승리를 거두고 예루살렘에 입성하던 때 군중들이 환영하면서 행하던 일이었습니다.

> 주의 이름으로 오시는 이여, 호산나

라는 말은 구약성경 시편 118편 26절에 있는 "여호와의 이름으로 오는 자가 복이 있음이여"라는 말과 같은 뜻인데, 이 말은 이스라엘 백성이 절기에 나올 때 예배자에게 드리는 인사말이었습니다. 그러므로 여기서는 예수님을 예배자로 영접한 것입니다.

군중들은 나귀를 타고 예루살렘에 들어가시는 예수님을 향해, '호산나!'라고 소리쳤습니다. 그런데 이 '호산나'란 무슨 말일까요? 호산나란 "이제 구원하소서"라는 말이며, 고난에 처한 백성들이 자기들의 왕이나 하나님에게 도움을 청할 때 외치는 말입니다. 군중들의 외침은 실제로 시편 118편 25절에 인용해 온 한 구절이었습니다.

> 여호와여 구하옵나니 이제 구원하소서. 여호와여 우리가 구하옵나니 이제 형통케 하소서.

"가장 높은 곳에서 호산나!"라는 말은 가장 높은 곳에 있는 하늘의 천사까지도 하나님께 "지금 구원하소서"라고 외치게 하라는 의미를 가지고 있습니다. 이렇게 다시 돌아올 수 없는 지점에서 오늘, 주일날에 예수님은 왕으로서 행동하셨습니다.

여러분은 종려주일에서 시작된 예수님의 마지막 주간 발자취를 더듬어 보신 일이 있으십니까? 예수님의 제자가 된 우리는 예수님께서 그 최후의 주간에 어디를 가셨고, 무엇을 하셨는지를 모르고 있어서는 안 됩니다.

사도 베드로는 베드로전서 2장 21절에서 무엇이라고 말씀하고 있습니까? 다 함께 찾아서 읽어 보시겠습니까?

> 이를 위하여 너희가 부르심을 입었으니, 그리스도도 너희를 위하여 고난을 받으사 너희에게 본을 끼쳐 그 자취를 따라오게 하려 하셨느니라.

그렇습니다. 그리스도의 발자취를 따르는 우리는 주님의 최후 주간의 발자취를 알아야 합니다. 오늘은 먼저 이것을 여러분에게 일러드리려고 합니다.

오늘 주일날은 예수님이 나귀를 타시고 예루살렘에 입성하셨습니다. 호산나의 환호성 속에서 우리 주님은 오늘 종려나무 가지를 흔들며 환영하는 무리들에게 둘러 싸여 왕으로 예루살렘에 입성하신 것입니다. 그리고 내일 월요일에 주님은 성전에 들어가셔서 장사꾼들을 내좇으셨습니다. 양과 비둘기를 파는 자들의 상을 둘러엎으시고, 돈을 바꾸어 주는 환전상들의 상과 의자를 모조리 뒤엎으셨습니다. 그리고 분노하시며 꾸짖으셨습니다.

내 집은 기도하는 집이라 일컬음을 받을 것이라. 하였거늘 너희는 강도의 굴혈을 만들었도다(마 21:13).

유대인의 율법은 미슈나(Mishna)에 있는 대로 아주 분명합니다.

누구든지 성전 언덕에 물건을 지고 신을 신고, 그 발에 먼지를 묻힌 채로 들어가지 말 것이며, 이곳을 지름길로 삼아도 안 되며, 침을 뱉는 것을 금지한다(Berekoth 9:5).

예수님께서 그 월요일에 성전에 들어가셨을 때, 거기서 벌어진 광경은 이것이 아니었습니다. 성전이 성전이 아니라, 돈떼기 시장이었습니다. 왜냐하면 대제사장들이 자기네 집안 사람들을 시켜 성전 안 첫 번째 장소에서 장사를 하고 있었기 때문입니다.

성전 안 성소에서 바칠 희생제물은 흠이 없는 것이어야 한다는 것이 율법에 규정되어 있습니다. 이것을 미끼로 대제사장들은 검사관을 두어 제물을 일일이 검사하게 했습니다. 성전 밖에서 사들여 오는 것은 이리저리 흠을 잡아 퇴짜를 놓기 일쑤였습니다. 그래서 성전에 이미 자기들이 갖다 둔 것을 사게 만들었는데, 그 값은 무려 4배에 가까운 것으로 폭리를 남겼습니다.

또한 성전 안의 궤에 넣는 돈은 유대인의 돈이어야 했습니다. 일반적으로 통용되는 돈은 로마 데나리온이었고, 성소 궤에 넣는 돈은 유대 세겔이어야 했습니다. 여기서 돈을 바꾸어 주는 환전상이 생겨난 것입니다. 그들 역시 대제사장들의 집안 사람들이었고, 그들은 돈을 바꾸어 주면서 몇 배를 더 받아들였습니다.

그러니까 성전 뜰은 착취와 말다툼과 떠드는 인간들로 소란할 수밖에 없었습니다. 예수님은 재판장처럼 이런 자들을 성전에서 모두 몰아내셨습니다.

구약성경 에스겔 9장 6절에,

> 내 성소에서 시작할찌니라

고 말씀하신 대로 주님은 성전 청결을 하셨습니다. 이것은 주님께서 심판권을 가지고 계신다는 것을 보여주신 것이기도 합니다. 주님은 성전의 책임자들을 심판하시고 책망하셨습니다.

> 내 집은 기도하는 집이라 일컬음을 받을 것이라 하였거늘 너희는 강도의 굴혈을 만들었도다(마 21:13).

이렇게 다시 돌아올 수 없는 지점에서 예수님은 월요일에 메시아로서 행동하신 것입니다.

그 다음 날인 화요일에 예수님은 질문을 가지고 찾아온 사람들과 몇 번이고 만나 주셨습니다. 그런데 이 사람들은 예수님에게서 교훈을 받거나 지도를 받으러 온 것이 아니었습니다. 예수님의 말씀에서 흠을 잡아 올무에 빠뜨리려고 온 자들이었습니다.

첫 번째 무리들은 성전에서 아이들이 예수님을 향해, "호산나! 다윗의 자손이여"(마 21:15)라고 환영을 하는 것이 못마땅해서, "저 아이들이 말하는 소리가 들리는가?"(마 21:16) 라고 질문했습니다.

두 번째 무리들은 예수님이 성전 안에서 백성들을 가르치시는 자리에 몰려온 자들인데 그들은 예수님에게

> 무슨 권세로 이런 일을 하느뇨, 또 누가 이런 권세를 주었느뇨(마 21:23)

라며 따지고 대들었습니다.

세 번째 무리는 세금 문제를 들고 온 자들입니다. 앞의 두 질문자들은 대제사장들과 유대인의 장로들이었습니다. 그런데 여기는 바리

새파 사람들이 보낸 자들이었습니다. 그들은 단단히 교육을 받고 와서 깍듯이 예의를 차리고 비단결 같은 말로 시작을 했습니다.

> 선생님이여, 우리가 아노니 당신은 참되시고 참으로써 하나님의 도를 가르치시고 아무라도 꺼리는 일이 없으시니 이는 사람을 외모로 보지 아니 하심이니이다(마 22:16).

이렇게 찬사를 하고 나서, 그 다음이 문제입니다.

> 그러면 당신의 생각에는 어떠한지 우리에게 이르소서. 가이사에게 세금을 바치는 것이 가하니이까? 불가하니이까?(마 22:17).

네 번째 무리는 사두개파 사람들이었습니다. 그들은 부활을 믿지 않는 자들이었는데, 괴상한 질문을 가지고 왔습니다.

> 선생님이여, 모세가 일렀으되, 사람이 만일 자식이 없이 죽으면 그 동생이 그 아내에게 장가들어 형을 위하여 후사를 세울찌니라 하였나이다. 우리 중에 칠형제가 있었는데, 맏이 장가들었다가 후사가 없이 죽었으므로 그의 아내를 동생에게 물려주고 둘째와 셋째로 일곱째까지 그렇게 하다가 최후에 그 여자도 죽었나이다. 그런즉 다 그를 아내로 취하였으니 부활 때에 일곱 중에 뉘 아내가 되리이까"(마 22:24-28).

다섯 번째 무리가 또 있습니다. 이것은 예수님이 사두개인들로 대답할 수 없게 하셨다는 말을 듣고 바리새인들이 직접 나선 것입니다.

> 그 중에 한 율법사가 예수를 시험하여 묻되 선생이여, 율법 중에 어느 계명이 크니이까(마 22:35-36).

이 모든 질문들은 예수님이 질문의 해답자이심을 보여주고 있습니다. 예수님은 이런 질문들에 대해 명쾌한 해법을 주셨습니다. 그러고 나서 주옥같은 교훈을 주셨습니다.

두 아들에 대한 비유(마 21:28-32)
혼인잔치 비유(마 22:1-14)
열 처녀 비유(마 25:1-13)
달란트 비유(마 25:14-30)
양과 염소의 비유(마 25:31-46)

이러한 비유들은 모두 화요일에 예루살렘 성전에서 가르치신 것입니다. 다시 돌아올 수 없는 지점에서 화요일에 예수님은 모든 질문의 해답자로서, 또 위대한 교사로서 행동하셨습니다.

그리고 수요일은 이 돌아올 수 없는 지점인 마지막 주간에서 단 하루 동안, 예수님에게 물 없는 사막에서 오아시스를 만나신 것과 같은 시원한 날이었습니다. 이 날은 예수님의 지상생애에서 가장 아름다운 날이기도 했습니다. 예수님은 베다니 마을의 한 가정에서 베풀어진 잔치에 초대되었습니다. 이 잔치는 예수님을 위한 잔치였습니다. 마태와 마가는 그 잔치집이 문둥이 시몬의 집이라고 했지만, 요한복음의 기록은 나사로의 집으로 나타나 있습니다.

팔레스틴에서 식사는 매우 공식적인 기회였습니다. 부유한 집에서는 사방이 트인 안 뜰을 만들고 그 안에 꽃밭이나 분수를 꾸미는 경우가 더러 있었습니다. 따뜻한 계절에는 안뜰에서 식사를 했습니다. 유명하고 훌륭한 선생이 손님으로 초대되었을 때 사람들은 안뜰로 몰려와서 그 선생의 지혜로운 말씀에 열심히 귀를 기울였습니다.

예수님이 초대받으신 곳이 바로 이런 잔치자리였습니다. 그 안뜰에 한 여인이 들어왔습니다. 이 여인은 예수님으로부터 영혼을 구원

받은 여자로서 예수님을 더 없이 사랑하고 있는 여인이었습니다. 요한복음에 의하면 이 여인의 이름은 마리아였습니다. 마리아는 예수님의 주위에 악의에 찬 사람들이 끼어 들어와서 음모를 꾸미고 있다는 것을 눈치 챘습니다. 그리고 이것이 돌아올 수 없는 지점이라는 것도 알았습니다.

마리아는 그 많은 사람들 앞에서 자기가 생각했던 행동을 실천했습니다. 그녀는 향유 한 옥합을 들고 예수님 곁으로 왔습니다. 그리고 이 옥합을 깨뜨리고 향유를 예수님의 발에 부었습니다. 그런 다음 그녀는 자기 머리털로 예수님의 발을 닦았습니다. 이것은 예수님에 대한 사랑의 행동이었습니다. 300데나리온의 향유! 그것은 어쩌면 가난한 마리아의 전 재산일지도 모릅니다. 마리아는 주님을 진정으로 사랑했습니다. 주님을 사랑한 마리아는 주님을 위해 아까운 것이 없었습니다. 수요일에 예수님은 세상 모든 여인들을 대표하는 한 여인의 아름다운 사랑을 받음으로써 사랑의 주님으로 행동하셨습니다.

이제 예수님의 생애 마지막 주간 목요일에 이르렀습니다. 그에게는 아주 짧은 시간이 남아있을 뿐이었습니다. 그 목요일에 예수님은 마가 요한의 어머니의 다락방에서 제자들과 함께 최후의 만찬을 잡수셨습니다. 그날 밤 만찬을 잡수시던 자리에서 예수님은 겉옷을 벗고 허리에 수건을 두르신 다음 대야에 물을 떠다가 제자들의 발을 씻겨 주셨습니다. 그리고 돌아올 수 없는 그 지점의 결정적인 순간에 예수님은 그리스도교 예배의 중심적 행위인 성만찬을 제정하셨습니다.

  저희가 먹을 때에 예수께서 떡을 가지사 축 떼어 제자들에게 주시며 가라사대, 받아먹으라. 이것이 내 몸이니라 하시고 또 잔을 가지사 사례하시고 저희에게 주시며 가라사대 너희가 다 이것을 마시라 이것은 죄 사함을 얻게 하려고 많은 사람을 위하여 흘리는바 나의 피 곧 언약의 피니라(마 26:26-28).

이렇게 예수님은 성만찬을 제정하시고 나서 그 밤에 겟세마네 동산으로 가셔서 피와 땀을 흘리시며 기도를 드리셨습니다. 겟세마네라는 말이 "기름 짜는 틀"이라는 뜻을 가지고 있는데, 예수님은 온 몸에서 기름을 짜듯 고민과 아픔을 가지고 하나님께 부르짖으셨습니다. 그 겟세마네가 돌아올 수 없는 마지막 지점이라는 것을 아셨지만, 그러나 이 최후의 순간에도 예수님은 견디다 못해 하나님께 부르짖으신 것입니다.

내 아버지여, 만일 할만 하시거든 이 잔을 내게서 지나가게 하옵소서. 그러나 나의 원대로 마옵시고 아버지의 원대로 하옵소서(마 26:39).

세 번이나 동일한 말씀으로 기도하시고, 예수님의 발걸음은 이미 돌아올 수 없는 지점을 넘어 서셨습니다. 가룟 유다가 대제사장들과 유대인의 장로들에게서 파송된 악당들을 이끌고 예수님을 잡으러 온 것입니다. 그날 밤, 예수님은 한잠도 주무시지 못하고 가야바의 법정으로 끌려가서 심문을 받으셨습니다. 이렇게 해서 다시 돌아올 수 없는 지점에서 목요일에 예수님은 원수들의 손에 넘기어 속죄의 길에 들어서셨습니다.

그리고 금요일 새벽, 빌라도의 법정에서 사형 판결을 받으시고, 금요일 오전 9시, 골고다 언덕 위에서 여러분과 저를 위해 십자가에 못박히셨습니다. 그래서 금요일에 예수님은 하나님의 어린 양이 되셔서 우리 대신 피를 흘리시고, 십자가 위에서 오후 3시까지 장장 여섯 시간을 고통을 당하시다가 죽으셨습니다.

1707년 아이삭 왓트(Isaac Watts)는 주님의 십자가를 생각하는 동안 눈물로 찬송가를 썼습니다. 141장에 있습니다.

  웬 말인가 날 위하여 주 돌아가셨나,
  이 벌레 같은 날 위해 큰 해 받으셨나
  내 지은 죄 다 지시고 못 박히셨으니,
  웬 일인가 웬 은혠가 그 사랑크셔라.

우리 다함께 우리 주님의 고난을 생각하며 감격한 마음으로 이 찬송을 부르시겠습니다.

 성만찬

## 나를 기념하라
### 고린도전서 11장 23-29절

오늘은 World Communion Sunday, 세계 성찬주일입니다. 전 세계에 흩어져 있는 개혁교회, 개혁파 교회들이 일제히 주님의 최후 만찬을 기념하고 성찬식을 거행하는 날입니다.

이 시간에 우리는 고린도전서 11장 23-29절 이하의 본문을 읽었습니다. 복음서에도 최후의 만찬에 대한 기사가 생생하게 기록되어 있는데, 고린도전서에 있는 본문을 우리가 읽은 데는 큰 이유가 있습니다. 그것은 두 가지입니다.

1) 첫째는 교회에서 가장 신성한 예배행위인 성찬식의 정당한 이유를 이 본문이 보여주기 때문입니다. 신약의 교회와 초대 교회는 성찬식을 거행할 때마다 이 본문을 봉독하였습니다.
2) 둘째로, 고린도전서는 복음서 가운데서도 가장 먼저 쓰인 마가복음보다도 먼저 쓰였고 우리가 아는 한 예수님의 말씀의 기록으로서는 여기에 나오는 것이 가장 오래된 것이기 때문입니다.

성찬식의 의미는 그것을 받아들이는 사람에 따라 각각 다릅니다. 주님이 제정하신 이 성만찬의 참 뜻을 알고 성찬에 참여하는 것과 별로 알지 못하고 참여하는 것과의 차이는 엄청난 것입니다.

사도 바울은 주님의 만찬을 교회에 가르치면서 이것을 예수님의 제자들에게서 전해들은 것이 아니라 주님에게서 직접 받은 것이라고 말하고 있습니다.

> 내가 너희에게 전한 것은 주께 받은 것이니 곧 주 예수께서 잡히시던 밤에 떡을 가지사(23절).

여러분 중에는 성경을 많이 읽으신 분이 계실 것입니다. 그런데 신약성경 전체를 통해 이처럼 우리의 심금을 잡아주는 곳은 없습니다. 이 구절은 우리에게 두 가지 행동을 제시하고 있습니다. 하나는, 우리를 주님의 식탁으로 초대합니다. 또 하나는, 우리 모두에게 각자 자기를 살피게 합니다.

> 그러므로 누구든지 주의 떡이나 잔을 합당치 않게 먹고 마시는 자는 주의 몸과 피를 범하는 죄가 있느니라(27절)

고 기록하고 있기 때문입니다. 이 본문을 보면 주님의 명령이 두 번 나옵니다. 그것은 "나를 기념하라"는 명령입니다. 주님께서는 떡을 떼어 제자들에게 주실 때 "나를 기념하라" 하셨고, 잔을 돌려주실 때도 "나를 기념하라" 하셨습니다.

이 시간 여러분은 주님께서 명령하신 말씀, 곧 "이를 행하여 나를 기념하라"는 말씀이 무엇을 의미하며 왜 주님께서 이 명령을 하셨는가를 먼저 알고 주님의 식탁에 참여해야 합니다. 그렇지 않고 아무 생각 없이 다른 사람이 하니까 나도 한다면 죄를 범하는 것이 됩니다.

그러면 "나를 기념하라"는 말씀은 무슨 뜻일까요?

누가복음 22장 19절에는 주님께서 떡을 떼시면서 "너희가 이를 행하여 나를 기념하라" 하셨고, 바울에게 나타나셔서는 잔을 주시면서 "이것을 행하여 마실 때마다 나를 기념하라"고 하셨습니다. 바울은 덧붙여서 여기에 이렇게 기록하고 있습니다.

> 너희가 이 떡을 먹으며 이 잔을 마실 때마다 주의 죽으심을 오실 때까지 전하라(고전 11:26).

따라서 "나를 기념하라"는 말씀 가운데는 과거와 미래가 현재라는 시점에서 종말론적으로 연결되어 있습니다. 여기서 과거는 무엇을 기념하라는 것일까요?

## 1. 갈보리 언덕, 십자가에 달리신 주님의 고난을 기념하라는 것입니다.

주님께서는 잡히시던 그 밤에 떡을 가지사 축사하시고 떼어 제자들에게 주시며 말씀하셨습니다.

우리말 개역성경은 "떡을 가지사 축사하시고"라고 번역하고 있는데, 사실은 한국식의 떡이 아니라 헬라어의 '아르토스'는 '브레드' (bread) 빵입니다. 우리는 개역성경에 익숙해 있기 때문에 "떡"이라는 말에도 아주 익숙해 있습니다.

'투우토 무 에스틴 토 소오마 토 휘피루 휘몬'
(이것은 너희를 위하는 내 몸이니)

이 말씀을 하실 때는 아직 주님께서 육체를 가지고 계셨습니다. 십자가에서 살을 찢기시기 전입니다. 그 시점에서 주님의 몸과 떡은 전혀 별개의 것입니다. 그럼에도 불구하고 주님은 떡을 떼어 제자들에게 주시며, "이것은 내 몸을 상징한다"고 말씀하시지 않았습니다. 떡을 가리켜 "이것은 내 몸이다"라고 말씀하셨습니다. 떡이 어떻게 주님의 몸이 될 수 있을까요? 여기 대해서 로마 가톨릭 교회와 프로테스탄트 교회 사이에 해석의 차이를 가지고 있습니다.

로마 가톨릭 교회에서 주장하는 것은 화체설입니다. 미사 때 성체성사를 거행하면 신도가 신부님으로부터 떡을 받는 순간 그 떡이 주님의 몸으로 변한다는 설입니다.

그러나 프로테스탄트 교회에서는 이 화체설을 거부합니다. 마태복음 3장 16절에서 "예수께서 세례를 받으시고 곧 물에서 올라오실 쌔 하늘이 열리고 성령이 비둘기 같이 내려 자기 위에 임하심을 보시더니"라는 말씀이 있고, 요한복음 1장 32절에는 "요한이 또 증거하여 가로되 내가 보매 성령이 비둘기 같이 하늘로서 내려와서 그 위에 머물렀더라"는 말씀이 있습니다. 이 말씀에서 둘 모두 성령이 보이는 형태로 비둘기 같이 임하셨다고 해서 비둘기가 성령이 아닙니다. 성령이 비둘기 같이 나타나셨다는 것은 사람들의 눈으로 볼 수 있게, 가시적인 모양을 나타내 보이신 것뿐입니다.

이 환유적인 방법이 떡에 적용되고 있습니다. 떡이 주님의 몸에 대한 표시이며 상징이기 때문에 비슷한 방법으로 사용되고 있다는 말입니다. 유월절 식사 때에 사용한 떡은 누룩 없는 굳은 빵이었는데 예수님은 이 떡을 제자들에게 떼어주시면서 "이것은 너희를 위하는 내 몸이니"라고 말씀하셨습니다. "너희를 위하는"이라는 헬라말은 '투 휘페르 휘몬'인데 영어성경 King James Version이 더 정확하게 번역하고 있습니다.

This is my body, which is broken for you.

그러니까 "이것은 너희를 위하여 찢긴 내 몸이니"라고 번역하는 것이 정확합니다. 그리고 예수님이 말씀하셨습니다. "투우토 포이에이테 에이스 텐 에멘 아나므네신", '이것을 행하여 나를 기념하라'는 말씀은 예수님께서 직접적으로 성찬의 의미를 부여하신 말씀입니다. 예수님이 십자가 위에서 우리 죄인들을 구속하시기 위해 희생제물로 찢겨진 당신의 몸을 성찬의 빵으로 상징하시면서 말씀하셨다는 말입니다.

여러분은 성찬식을 통해 예수 그리스도의 생애와 죽으심, 그리고 부활을 기념하고 예수 그리스도와의 상대적인 연합을 체험하게 됩니다. 이것은 예수님의 죽으심과 함께 여러분의 옛 사람이 십자가에 못 박히고 예수님의 부활과 함께 새 사람으로 부활하는 체험을 해야 한다는 말입니다. 또한 성찬식은 장차 예수님의 재림으로 완성되고 하나님의 나라에 들어가 다른 성도들과 함께 참여하게 될 어린 양의 혼인잔치를 상징합니다. 그렇기 때문에 여러분이 성찬에 참여할 때 성령께서 능력으로 역사하시고, 여러분이 그의 능력 안에 들어갈 때 여러분들은 참으로 그리스도의 몸에 참여하는 것이 됩니다. 예수님께서는 요한복음 6장 53절에서 이렇게 말씀하셨습니다.

> 내가 진실로 진실로 너희에게 이르노니 인간의 살을 먹지 아니하고 인자의 피를 마시지 아니하면 너희 속에 생명이 없느니라.

무슨 뜻일까요? 성찬식에 참여하여 빵과 포도주를 먹고 마시지 않으면 생명을 얻지 못한다는 말씀입니다. 주님은 이 최후의 만찬을 제정하시고 그 다음 날인 금요일에 십자가에 달리셨습니다. 십자가 위에서 당신의 몸을 찢으시고 피를 흘려 우리에게 주셨습니다.

생각해 보세요. 주님은 왜 십자가를 지시고 그 무서운 고초를 당하셨습니까? 일반적으로 죄수를 십자가에 처형할 때는 손과 발에 못을 박지 않고 굵은 밧줄로 묶어서 매답니다. 자기 힘으로는 풀지 못하게 양 팔을 가로 댄 막대기에 묶고 두 발은 치솟은 기둥에 단단히 묶어서 세워 둡니다. 낮에는 뜨거운 태양에 쏘이고 밤에는 찬 이슬에 젖으며 목이 타고 간장이 오그라들면서 서서히 죽어갑니다. 손발에 못을 박은 것은 아닌데도 견디기가 고통스럽습니다.

그러나 주님의 경우는 달랐습니다. 세 개의 녹슨 대못을 가지고 와서 양 손에 한 개씩, 그리고 양 발을 포개놓고 그 위에 더 굵은 못으로 내리쳤습니다. 망치소리가 들릴 때마다 그 굵은 못은 주님의 살을 뚫고 들어갑니다.

도대체 주님은 누구 때문에 그 죄 없으신 몸이 십자가에서 이런 고통을 당해야 했을까요?

구약 이사야 53장 4-5절을 펴시기 바랍니다. 거기에 기록된 말씀 중 '우리'를 '나'로 바꾸어서 읽겠습니다.

> 그는 실로 나의 질고를 지고 나의 슬픔을 당하였거늘 나는 생각하기를 그는 징벌을 받아서 하나님에게 맞으며 고난을 당한다 하였노라. 그가 찔림은 나의 허물을 인함이요 그가 상함은 나의 죄악을 인함이라 그가 징계를 받으므로 내가 평화를 누리고 그가 채찍에 맞으므로 내가 나음을 입었도다.

생각해 보세요. 예수님은 그 고귀하신 몸이 저와 여러분을 위해 손과 발에 대못이 박혀 피가 흐르고 질고와 슬픔을 당하셨습니다. 심령의 눈을 뜨고 바라보십시오. 예수님의 그 고귀하신 몸이 저와 여러분의 허물 때문에 애매하게 채찍에 맞으시고, 그 굵은 대못이 양손에 박히고 저와 여러분의 죄악 때문에 그 녹슨 못이 양 발에 박히셨습니다.
  로마의 잔인한 병정들은 우리 주님을 십자가 위에 눕혀 놓고 이렇듯 잔인하게 못을 내리쳐 박았습니다.
  복음성가 58장을 펴시기 바랍니다. 다 같이 부르겠습니다.

> 그 때 그 무리들이 예수님 못 박았네. 녹슨 세계의 그 못으로
> 망치소리 내 맘을 울리면서 들렸네 그 피로 내 죄 씻었네.

  여러분! 갈보리 언덕 십자가 위에 달리신 주님을 여러분의 영혼 깊은 곳, 내면세계에서 바라보십시오. 거기서 어떤 음성이 들려옵니까? 여러분의 영의 귀가 열린 사람은 이런 음성을 들을 수 있을 것입니다.

> 나는 너를 사랑하였노라. 너에게 그 많은 죄가 있음에도 불구하고 나는 너를 사랑하였노라. 보라. 여기 네가 보는 증거가 있지 않느냐? 나는 너에게 나의 사랑하는 독생자를 주었노라. 너를 살리기 위해 내 아들을 십자가에 못 박았노라.

  갈보리 언덕 위의 십자가! 그 위에서 당하신 우리 주님의 고난은 하나님이 우리를 얼마나 사랑하셨는가를 보여주신 사랑의 표현입니다. 그러기에 주님께서 "나를 기념하라"고 하신 것은 이러한 주님의 고난을 기념하라는 말씀입니다.
  로마서 5장 7-8절을 보시기 바랍니다.

> 의인을 위하여 죽는 자가 쉽지 않고 선인을 위하여 용감히 죽는 자가 혹 있거니와 우리가 아직 죄인이었을 때에 그리스도께서 우리를 위하여 죽으심으로 하나님께서 우리에 대한 사랑을 확증하셨느니라.

오늘 우리는 성찬에 참여할 때 주님의 고난을 기념하고, 주님께서 나를 위해 살을 찢으시고 피를 흘리신 사실을 감격하면서 참여해야 할 것입니다.

## 2. "나를 기념하라"는 말씀은 주님이 무덤에서 부활하시고 승천하셔서 다시 오실 것을 기대하면서 기념하라는 말씀입니다

마태복음 26장 29절을 보면 주님께서 성만찬을 제정하실 때,

> 내가 너희에게 이르노니 내가 포도나무에서 난 것을 이제부터 내 아버지의 나라에서 새 것으로 너희와 함께 마시는 날까지 마시지 아니하리라

고 말씀하셨습니다.

주님의 고난은 무덤으로 막을 내리지 않았습니다. 무덤에 묻히신 지 사흘 만에 주님은 무덤 문을 열고 부활하셔서 나오셨습니다. 그리고 40일 동안 세상에 계시면서 여러 번 여러 모양으로 제자들에게 나타나셔서 당신의 다시 사심을 보여 주셨습니다. 40일이 지나자 부활하신 주님은 영광 중에 하늘로 승천하셨습니다. 다시 오실 것을 약속하시면서 우리 주님은 하나님 우편으로 올라가셨습니다.

인간의 죽음은 인류의 조상 아담의 범죄로 인한 직접적인 결과요 형벌입니다. "불경건한 행동은 그 후에 부모를 닮은 많은 자손들을 남겨 놓는다." 이것은 이시루스(Iscirus)의 말입니다. 이와 같이 아담의 범죄는 그의 후손인 온 인류에게 그대로 유전되어 왔습니다.

그 결과 인간은 태어나는 그 날부터 죽음을 향해 걸어갑니다. 아무리 능력 있는 부모나 자식일지라도 그 자녀나 부모를 죽음의 문

턱에서 비켜나게 할 재주는 없는 것입니다. 모든 사람들이 더 오래 살겠다고 버둥대지만 그런 노력조차도 죽음으로 달려가는 시간의 한 토막에 지나지 않습니다. 죽음의 사슬이 인간들을 묶어서 그리로 끌고 가기 때문입니다.

그러나 주님께서 십자가에서 죽으시고 무덤에서 부활하셨을 때 이 사슬들은 다 끊어졌습니다. 사도 바울은 이 사실을 감격을 가지고 극적으로 선언하고 있습니다.

> 그러나 이제 그리스도께서 죽은 자 가운데서 다시 살아 잠자는 자들의 첫 열매가 되셨도다. 사망이 사람으로 말미암았으니 죽은 자의 부활도 사람으로 말미암는 도다. 아담 안에서 모든 사람이 죽은 것 같이 그리스도 안에서 모든 사람이 삶을 얻으리라(고전 15:20-22).

주님께서 무덤에서 살아 나오시는 그 순간은 인간 역사 속에 새로운 카이로스를 여는 순간이었습니다. 주님께서 죽은 자 가운데서 부활하여 잠자는 자들의 첫 열매가 되심으로 주님의 부활을 믿는 자들도 부활할 수 있게 된 것입니다.

> 이제부터 내 아버지의 나라에서 새 것으로 너희와 함께 마시는 날까지.

이 얼마나 큰 은총이요 복음입니까? 우리 주님께서는 열한 제자만이 아니라 그 후로 주님을 따르는 모든 제자들, 오늘 이 성찬상에 참여하는 여러분에게 이르기까지 "아버지의 나라에서 새 것으로 너희와 함께 마시겠다"고 약속하신 것입니다.

"나를 기념하라"고 하신 것은 이렇게 우리를 죽음에서 해방하여 부활의 영광과 하늘나라의 잔치 자리에 들어갈 약속을 믿고 기념하라는 말씀입니다.

사랑하는 교우 여러분!

이 시간 우리가 주님의 식탁에 참여할 때 주님께서 "이를 행하여 나를 기념하라"고 하신 말씀의 뜻을 깊이 마음속에 새기십시다.

여러분이 빵을 받고 잔을 받을 때 두 가지 사실을 기억하시기 바랍니다.

1) 주님께서는 친히 우리를 고난의 역사 속에서 승리할 수 있도록 우리 삶의 깊은 곳에 머물러 계신다고 하는 것.
2) 이 현실의 삶에는 고통과 죽음이 들어 있으나 이 고통과 죽음을 통과한 후에는 부활의 아침이 온다고 하는 것.

바울의 자랑은 오직 주님의 십자가 뿐이었습니다. 이것은 고난을 몸에 짊어지는 것을 의미했습니다. 그는 환난을 기뻐한 사람입니다. 견디는 정도가 아니라 즐거워한 것입니다. 환난 중에서만이 자기 신앙이 순금처럼 빛나게 된다는 것을 알았기 때문입니다. 그래서 그는 이렇게 말씀했습니다.

> 환난은 인내를, 인내는 연단을, 연단은 소망을 이루는 줄 앎이로다 (롬 5:3-4).

이 소망은 영광스러운 소망입니다. 죄와 죽음이 물러가고 해방과 영생이 주어지는 소망입니다. 거기에 우뚝 서 계시는 분은 주님이십니다. 주님이 생활의 전폭(全幅)을 지배하시는 것입니다.

이제 여러분이 할 일은 두 가지입니다.

하나는 복종이요, 다른 하나는 확신입니다. 이제 성찬에 참여하시는 여러분에게 이러한 복종과 확신이 있기를 주님의 이름으로 축원합니다. 아멘.

 십자가

## 주님은 왜 십자가를 지셨나?
로마서 3장 23-24, 5장 8절, 8장 2절

영국 London 대학병원의 외과 전문의인 엔드류 크로닌(Andrew J. Cronin) 교수가 의학박사 학위를 막 끝내고 병원에 들어갔을 때의 일입니다. 그가 최초로 맡게 된 것은 어린 소녀, 일곱 살 난 아기의 기도를 수술하는 일이었습니다. 어린 소녀는 목에 점액이 가득 차서 숨을 쉬는 기도가 거의 막힌 상태에서 병원에 실려 왔습니다. 소녀의 얼굴은 파랗게 질려 있었고 함께 온 부모들도 어찌할 바를 모르고 있었습니다. 그 소녀는 매우 심한 디프테리아에 걸려 있었던 것입니다.

크로닌 교수는 급히 예리한 수술기를 들고 소녀의 기도를 약간 절개한 다음에 튜브를 꽂았습니다. 파랗게 질려 있던 소녀의 얼굴에 생기가 돌아오는 것을 본 크로닌 교수는 자기가 그동안 열심히 공부해온 의학공부에 대해 하나님께 깊이 감사를 드렸습니다.

밤이 깊었을 때 크로닌 교수는 잠시 눈을 붙여야겠기에 간호사를 불렀습니다. 그 간호사는 아직 19살 밖에 안 된 시골 처녀였는데 간호대학을 졸업하자 곧 바로 대학병원에 취직이 되어 온 터였습니다.

샤론(Sharon)! 이 어린 환자를 잘 지켜볼 수 있겠어요? 그러면 내가 잠시 가서 눈을 좀 붙이고 오겠는데,
네, 걱정마세요. 제가 성의껏 돌보겠습니다.

그래서 크로닌 교수는 그 간호사에게 지시했습니다.

잘 들으세요. 샤론, 시간이 얼마 지나면 저 튜브가 점액으로 가득차서 막히게 될는지 몰라요, 그렇거든 그 튜브를 빼내세요. 그런 다음 튜브를 깨끗이 씻어서 다시 그대로 꼽아 주세요. 이 일을 하기에 시간이 넉넉하니 그 조치를 끝내고 나를 깨우시오!

크로닌 교수가 가서 잠든 사이, 그 튜브가 막혔습니다. 그런데 샤론은 당황한 나머지 의사가 지시한대로 하지 못하고 크로닌 교수에게 달려가서 그를 깨웠습니다. 크로닌 교수가 깨어서 달려와 보니 어린소녀는 이미 죽어 있었습니다.

크로닌 교수는 화가 머리끝까지 치솟아 20분 동안이나 그 간호사를 야단쳤습니다. 그리고 이튿날 아침 간호당국에 보내려고 긴 편지를 썼습니다. 그 간호사의 면허는 당장 취소되어야 하고 재차 면허가 발급되어서는 안 된다는 내용이었습니다.

크로닌 교수가 간호사를 불렀습니다. 그리고 자기가 쓴 편지를 읽어 주었습니다. 편지를 읽는 동안 샤론은 머리를 푹 떨어뜨리고 눈물을 흘리고 있었습니다. 불쌍하다는 생각이 들었지만 크로닌 교수는 편지를 봉투에 집어넣고 우표를 붙였습니다.

그 때 간호사는 그 자리에 무릎을 꿇고 울면서 애원했습니다.

교수님, 제가 아직 경험이 부족해서 실수를 저질렀습니다. 제발 용

서해 주시고 한 번만 더 기회를 주십시오. 이렇게 빕니다.

크로닌 교수는 편지를 책상 위에 놓으면서 다시 생각해 보겠다고 말했습니다. 그날 밤이었습니다. 크로닌 교수의 꿈에 계속 떨리는 가냘픈 목소리가 들려왔습니다.

제발 용서해주시고 한 번만 더 기회를 주십시오.

잠에서 깨어난 크로닌 교수, 일어나 앉아서 기도를 했습니다.

주 예수여, 그 말은 바로 제가 주님께 드려야 할 기도입니다. 주님, 저를 용서하시고 제게 다시 한 번 기회를 주십시오. 주님, 제가 저지를 뻔했던 저의 잘못을 용서해 주십시오.

이것은 크로닌 교수가 노후에 쓴 회고록에 실린 글입니다. 그는 이 글의 끝부분에서 이 간호사는 현재 영국에서 가장 큰 병원에서 간호부장이 되어 일하고 있다고 썼습니다.

우리 주님께서 하신 일이 바로 이와 같은 일입니다. 여러분과 나는 모두 죄와 사망에서 신음하다가 죽을 인간들인데 주님께서는 이러한 우리를 대신해서 십자가를 지셨습니다.

여러분은 예수를 믿은 그날부터 오늘까지 십자가에 대해 수많은 설교를 들어왔을 것입니다. 그런데도 "주님은 왜 십자가를 지셨나?" 하는데 대해서 별로 깊이 생각하지도 않은 채 십자가를 말하고 십자가 밑에 엎드립니다.

오늘 사순절 여섯째 주일, 즉 우리 주님의 고난주간이 시작되는 이 날에 "주님은 왜 십자가를 지셨나?" 하는 질문을 가지고 함께 그 대답을 찾으면서 우리 주님의 십자가를 한층 깊이 이해하고자 합니다.

그리스도 예수님은 역사의 정점에 인간의 몸을 입고 세상에 오셨습니다. 그리고는 33세라는 젊은 나이에 노예에게나 처형하는 십자가를 지셨습니다. 왜 그랬을까요? 여기에는 기본적인 세 가지 이유가 있습니다.

## 1. 죄의 노예가 된 우리를 구속하시기 위해서 입니다

우리가 봉독한 첫 번째 본문을 보세요. 로마서 3장 23-24절,

> 모든 사람이 죄를 범하였으매 하나님의 영광에 이르지 못하더니 그리스도 예수 안에 있는 구속으로 말미암아 하나님의 은혜로 값없이 의롭다하심을 얻은 자 되었느니라.

'모든 사람이 죄를 범하였으매' 라는 말은 이 세상에 사는 인간들은 누구나 예외 없이 죄를 범했고 다 죄인이라는 말입니다.
이것은 사도 바울이 로마서 1장 18절에서 3장 20절까지 지적해온 것입니다. 그는 세 가지를 지적하고 있습니다.

1) 인간들은 다 죄인이기 때문에 하나님의 진노 아래 있다는 것.
2) 의인은 이 세상에 하나도 없다는 것.
3) 율법은 인간이 하나님의 심판 아래 있다는 것을 가르쳐줄 뿐, 율법으로는 구원을 얻을 수 없다는 것 등입니다.

여기 '죄를 범하였으매' 라는 헬라말은 '하마르티온' 입니다. 이것은 집합적 역사적 부정과거입니다.
로마서 5장 12절을 보면,

이러므로 한 사람으로 말미암아 죄가 세상에 들어오고 죄로 말미암아 사망이 왔나니 이와 같이 모든 사람이 죄를 지었으므로 사망이 모든 사람에게 이르렀느니라.

는 말씀이 있습니다. 이 말씀이 곧 집합적 역사적 부정과거형인 '하마르티온'을 가리킵니다. 즉 인류의 조상 아담이 불순종하여 죄를 지음으로써 원죄가 온 인류의 죄 속에 흘러내려 왔고, 그 때문에 인류는 필연적으로 멸망에 이를 수밖에 없는 죄의 노예가 되어 살아가고 있다는 말입니다.

그 결과는 어떻게 되었을까요? "하나님의 영광에 이르지 못한" 것입니다. 이 영광은 일차적으로는 하나님께서 받으실 영광입니다. 그러나 이차적으로는 그리스도 예수 안에 있는 구속으로 말미암아 성도가 된 사람들이 장차 누리게 될 하늘의 영광입니다. 이것은 그리스도 예수께서 십자가를 지고 골고다에 올라가서 못박혀 죽으신, 그래서 죄와 사탄의 포로가 되고 노예가 된 우리를 구원해 주신 그 구속의 결과입니다. 십자가가 무엇입니까?

원래 십자가형은 노예들에게만 지우는 사형의 형틀이었습니다. 고대 역사가들의 기록에 따르면 노예가 어떤 중죄를 짓고 사형을 당할 때, 그는 유죄 판결을 받은 죄목을 서판에 쓴 나무기둥을 자기 등에 메고 사형장으로 가야 합니다. 거기서 사형 집행관들은 그 노예의 옷을 벗기고 미리 채찍으로 때리지 않은 경우에는 사형장에 가서 채찍을 가지고 내리 칩니다. 이 채찍은 보통 가죽 끈에다가 쇳조각을 붙여 만든 것이므로 등을 한 번 내리칠 때마다 살점이 떨어져 나가고 몸은 피투성이가 됩니다. 이렇게 사정없이 채찍으로 친 다음 죄수를 땅바닥에 눕혀서 양팔을 자기가 메고 간 나무기둥에 묶거나 못을 박아 고정시킨 다음에 그 횡목과 함께 죄수를 끌어올려 미리 세워둔 기둥에 매어답니다.

대개 죄수를 구경거리로 삼을 경우에는 약간 더 높이 달았으나 2m이상으로 높지는 않았습니다. 그래서 종종 들짐승들이 못박힌 자들을 물어뜯도록 했습니다. 대부분은 세워놓은 기둥 중간쯤에 버팀목이 있어 죄수가 자기 몸무게를 거기에 지탱하도록 해놓았습니다.

그런데 예수님이 지고가신 십자가 형틀은 양팔을 못 박는 횡목만이 아니라 형장에 세울 기둥까지 있는 완전한 십자가 형틀이었습니다. 아무리 30대의 건장한 남자라도 이 형틀을 혼자서 메고 가기에는 너무나도 무거운 것이었습니다.

그러나 로마의 군인들은 이 무거운 형틀을 우리 주님에게 메어서 갈보리산 언덕으로 끌다시피 해서 올라갔습니다. 주님은 그 전날 밤 겟세마네 동산에서 기도하시고 원수들에게 잡혀 밤새도록 끌려 다니셨습니다. 대제사장 가야바의 법정으로, 또 안나스의 법정으로 끌려 다니며 모진 고초와 심문을 받으셨습니다. 그러나 산헤드린 의회에는 사형 집행권이 없었기 때문에 그들은 새벽이 되자 빌라도의 법정으로 예수를 끌고 가 고소를 했습니다.

빌라도는 첫 번째 심문에서 죄목을 찾지 못하자 그 때 예루살렘에 와있던 분봉왕 헤롯에게 보냈고, 헤롯도 죄목이 발견되지 않아 다시 빌라도에게 보냈습니다. 빌라도는 예수님에게서 죄를 찾지 못해 놓아주려고 채찍으로 치게 했습니다. 예수님의 몸에서는 살점이 떨어져나가고 온 몸이 피투성이가 되었습니다. 이런 빌라도의 노력에도 불구하고 군중들이 "예수를 십자가에 못 박으라"고 아우성치기 때문에 소요가 일어날까 봐 빌라도는 사형을 선고했고, 예수는 십자가 형틀을 메고 골고다 길을 가시게 된 것입니다.

우리 주님은 그 무거운 십자가가 너무나 힘에 겨워 도중에 몇 번이고 쓰러지셨습니다. 그 때마다 로마 군인은 채찍으로 예수를 내리쳤습니다. 너무나 여러 번 쓰러지고 넘어져서 도저히 더 이상 가실 수 없게 되자 이곳을 향해 오고 있는 한 힘센 장정을 붙들어 그에게 예수의 십자가를 대신 메고 가게 했습니다. 그가 구레네 사람 시몬입니다.

주님은 마침내 골고다 언덕으로 올라가셔서 죄인인 우리를 구속하시려고 십자가에 못 박히셨습니다. 잔인한 로마 병정들은 예수님을 십자가 위에 눕혀놓고 굵은 대못으로 양손에 한 개씩 두 개와, 양발을 포개놓고 한 개 이렇게 세 개의 못을 박아서 십자가를 세웠습니다.

그 때 그 무리들이 예수님 못박았네 녹슨 세 개의 그 못으로
망치소리 내 맘을 울리면서 들렸네 그 피로 내 죄 씻었네.

복음성가 58장, 누구의 작사 작곡인지는 명시되어 있지 않지만 우리의 심령을 울리는 성가입니다. 함께 찾아서 부르겠습니다.

죄의 노예가 된 우리 인간들을 구속하시기 위해 주님께서 십자가를 지셨다고 했는데 이 구속이 무엇입니까? 구속이라는 헬라말 '아폴루트로세오스'는 영어의 redemption에 해당하는 말로 글자대로는 몸 값을 주고 사람을 사서 데려오는 것을 말합니다. 그러나 신학적으로는 그리스도에 의한 속죄(atonement)요, 구속(salvation)입니다.

그러니까 죄의 종이 되고 사탄의 노예가 되어 있던 우리 죄인들을 주님께서는 죄 없으신 그의 몸을 희생하셔서 십자가에 달려 피를 흘리심으로 그 피 값으로 우리 몸을 사셔서 우리 죄를 속해 주셨다는 말입니다. 그래서 죄악된 상태에서 값 없이 은혜로 의롭다고 인정해 주신 것입니다. 이것은 체질적인 변화이며, 의롭다하심을 입는 것은 어느 한 순간에서 끝나는 것이 아니라 계속적인 행동입니다.

## 2. 하나님의 사랑을 확증하시기 위해서입니다

두 번째 본문을 보세요, 로마서 5장 8절입니다.

> 우리가 아직 죄인이었을 때에 그리스도께서 우리를 위하여 죽으심으로 하나님께서 우리에게 대한 자기의 사랑을 확증하셨느니라.

"우리가 아직 죄인이었을 때에" – 이 말은 우리가 죄 가운데서 죽을 수밖에 없는 상태에 있을 때에라는 말입니다. 우리는 본래 나면서부터 의인이 아니고 선인도 아닙니다. 죄 가운데서 나서 날마다 죄를 지으며 살던 자들입니다. 그런데 이런 상태에 있는 우리를 위해 그리스도께서 대신 죽으신 것입니다. 우리 죄를 그의 온 몸에 걸머지시고 우리 대신 죽으심으로 우리의 죄를 사하신 것입니다.

그리스도께서는 우리를 위하여 죽으셨습니다. 여기 '위하여'에 해당하는 헬라말 '휘페루'는 ~을 대신하여, ~ 때문에로도 번역할 수 있는 단어입니다. 그런데 굳이 '위하여'라고 번역하고 있는 것은 예수 그리스도의 죽으심이 갖는 대속적 성격만을 강조하기보다는 이에 함축되어 있는 인간의 구원을 계획하신 하나님의 사랑을 드러내기 위한 것입니다.

"하나님께서 우리에게 대한 자기의 사랑을 확증하셨느니라"는 말씀에서 "자기의 사랑"이라는 헬라말 '텐헤해아우투 아가페'는 'His own love,' 곧 그 자신의 사랑입니다.

이것은 7절에 나와 있는 것과 같은 인간의 사랑을 넘어서는 초월적인 사랑이며 'Divine Love,' 신적인 사랑을 의미합니다. 이 사랑은 아가페의 사랑입니다. 아가페의 사랑이란 흘러넘치는 사랑입니다. 사랑할 이유가 없지만 무조건 사랑하시는 사랑입니다.

사실 여러분이나 저는 솔직하게 말해서 하나님의 사랑을 받을 자격이 없는 사람들입니다. 늘 하나님의 뜻을 거역하고 자기 중심으로 살며 입으로는 하나님의 영광을 위해 산다고 말하면서도 행동으로는 자기를 내세우고 살아가는 자들입니다. 그럼에도 불구하고 하나님께서는 이러한 우리에게 일일이 따지거나 캐묻지 않으시고 무조건 포용하시고 사랑하십니다.

"확증하셨느니라"는 헬라말 '수니스테에신'은 현재진행형 동사입니다. 이것은 그리스도 예수의 대속 사역을 통해 나타내 보이신 사랑이 오고 오는 세대에 걸쳐 모든 사람에게 계속적으로 부어지고 있다는 것을 의미합니다.

죄를 사하는 데는 값비싼 희생이 따릅니다. 사람이 남을 용서하는 경우에도 희생을 지불해야 하는 것입니다. 예를 들면 실수를 저지른 아들이나 딸을 아버지가 용서하는 경우, 눈물이라는 대가가 지불되는 것입니다. 그것은 눈물만이 아니고, 머리가 백발이 되고 얼굴에 주름살이 오고 창자를 에이는 듯한 아픔과 마음의 고통을 지불하게 됩니다. 이것은 그 밑바닥에 사랑이 깔려 있기 때문입니다.

하나님께서 그리스도를 세상에 보내어 십자가에 달리게 하신 것은 무엇으로도 비교할 수 없는 값비싼 희생입니다. 그 희생을 통해서 우리는 죄의 용서를 받았고 구원을 얻었습니다. 하나님께서는 이것으로 우리를 사랑하신 그의 사랑을 확증하신 것입니다.

어떻게 확증하셨을까요? 우리가 비록 죄인임에도 불구하고 우리를 정죄하시지 않으셨습니다. 그 근거가 어디 있을까요? 로마서 8장 1절에 있습니다.

> 그러므로 이제 그리스도 예수 안에 있는 자에게는 결코 정죄함이 없나니

여러분이 그리스도 예수 안에 있다면 정죄함이 없는 것입니다.

'정죄함'이라는 헬라어 '카타크리마'는 법적인 용어로 유죄 판결과 그에 따르는 형벌을 가리킵니다.

인간의 범죄에 대한 하나님의 유죄 판결은 사망, 영원한 사망입니다. 아담의 범죄로 모두가 부패해져서 선을 행할 능력이 상실된 것이 인간들입니다. 그런데 예수를 믿고 그의 십자가를 의지하는 사람은 정죄함이 없습니다.

이것은 예수를 믿는 자, 그리스도 예수 안에 있는 자들은 그 지위가 바꾸어진다는 말입니다. 계속해서 죄인 취급을 받지 않고 의롭다는 인정을 해주십니다. 의롭다함을 얻는다는 헬라말 '디카이오수네'는 'Justification'입니다. 이것은 법적인 용어인데, 죄가 아주 없어졌다는 말이 아니라 집행유예를 받았다는 말입니다.

그런데 하나님의 사랑은 여기서 그치지 않고 그리스도 예수를 죽음에서 부활하게 하심으로 여러분을 새 인간으로 바꾸어 주시고 부활에 동참하게 하십니다. 이것이 하나님의 사랑의 확증입니다.

### 3. 죄와 사망의 법에서 해방해주시기 위해서입니다

세 번째 본문을 보세요. 로마서 8장 2절입니다.

> 이는 그리스도 예수 안에 있는 생명의 성령의 법이 죄와 사망의 법에서 너를 해방하였음이라.

주님께서는 여러분을 정죄하시거나 형벌하시지 않고 죄와 사망의 법에서 해방하시기 위해 십자가를 지셨습니다.

"그리스도 예수 안에 있는"이라는 말은 그리스도께서 성취하신 구속사역을 말씀한 것입니다. 그리고 "생명의 성령의 법"이란 그리스도의 구속에 의해 그리스도를 믿는 자들을 거듭나게 하시는 성령의 사역을 의미합니다.

그러니까 이 구절은 그리스도께서 우리의 죄를 대속하시고 성령께서 믿는 자들의 심령에 거하심으로 성도가 된 자들을 영생의 길로 인도하시는 것을 말씀하고 있습니다.

"죄와 사망의 법"이 무엇입니까? 죄 때문에, 죄가 원인이 되어 사망에 이르는 원리입니다. 아담 한 사람이 범죄하여 사망이 왔고 아담의 후예들이 죄를 지었기 때문에 사망에 이르게 된 것입니다.

여기서 '법'이라는 헬라말 '노모스'는 모든 사람을 정죄하는 율법을 뜻하는 것으로도 볼 수 있으나 그 보다는 규칙성을 지닌 원죄로 보는 것이 올바른 해석입니다. 즉 혈통적으로 온 인류의 조상인 아담이 범죄한 이래 모든 사람이 죽음을 면치 못하게 된 것은 철칙이 되어 버린 것입니다.

그런데 그리스도 예수께서 친히 십자가에 달려 죽으심으로 "죄와 사망의 법"에서 풀어 주셨고 저와 여러분을 구원해 주셨습니다.

여기 "해방하였음이라"는 헬라말 '엘루우데로오셴'은 부정과거형 동사입니다. 이것은 그리스도께서 십자가에 못 박혀 죽으시고 피를 흘려 우리를 대속해 주신 그 유일회적 사건이 되어 오늘 우리를 해방해 주셨다는 말입니다.

어떻게 이런 일이 가능했을까요? 그것을 신학적으로 설명하면 두 가지입니다.

1) 하나는 죄 없으신 주님이 거룩한 삶을 통해서 육신에 있는 죄를 파괴하셨습니다. 죄가 있는 육신은 죄를 파괴할 수 없습니다. 죄를 더 짓고 죄를 증가시킬 뿐입니다. 그러나 하나님의 아드님은 죄 없으신 분이시기에 그의 거룩한 삶을 통해서 죄를 하나하나 파괴시키셨습니다.
2) 또 하나는 고통스러운 십자가의 죽음을 통해서 육신에 있는 죄를 파

괴하셨습니다. 히브리 9장 22절을 보면 "율법을 좇아 거의 모든 물건이 피로써 정결케 되나니 피흘림이 없은즉 사함이 없느니라"고 한 대로입니다.

아프리카에 가서 평생을 몸 바쳐 일한 성자 알버트 슈바이처(Albert Schweitzer) 박사가 휴가차 유럽에 돌아왔을 때 그의 나이는 80세였습니다. 신문기자가 생각을 해보니 자기에게는 도저히 이해가 안 되는 일이었습니다.

어째서 저렇게 훌륭한 분이 Europe의 편리한 문화생활과 명성을 다 포기하고 더위와 질병, 미개한 흑인들과 가난이 가득한 그 흑암의 땅에 가서 사서 고생을 하는가? 그의 나이가 이제 80인데 또 다시 아프리카의 렘브린(Lembrin)으로 다시 가서 위험을 감수할 필요가 어디 있는가?

그래서 기자는 그 이유를 슈바이처 박사에게 물었습니다. 그러자 그는 겸손한 자세로 대답을 했습니다.

주님께서 나를 위해 십자가를 지셨는데 나도 나를 구원해 주신 주님을 위해 무슨 일인가를 해야 했으니까요.

그는 베드로전서 2장 21절을 항상 자기 삶의 목표로 삼고 살았습니다. 무슨 말씀일까요? 다 같이 찾아서 읽겠습니다.

이를 위하여 너희가 부르심을 입었으니 그리스도도 너희를 위하여 고난을 받으사 너희에게 본을 끼쳐 그 자취를 따라오게 하려 하셨느니라.

하나님께서는 오늘 여러분을 위해 아프리카로 가라고 명령하시지는 않습니다. 그러나 여러분이 있는 장소에서 주님을 위해 무슨 일인가를 해야 하지 않느냐고 물으십니다. 여러분은 주님을 위해 무엇을 하시겠습니까?

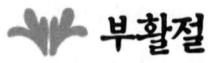 부활절

## 예수님은 부활하셨다
### 요한복음 20장 19-23절

　1970년 사순절의 어느 날이었습니다. 영국의 에딘버러(Edinburgh)시 프린스 스트리트(Prince Street)에 있는 한 예술품 상점에 많은 사람이 줄을 지어 모여 들었습니다. 그것은 유명한 화가가 그린 십자가의 그림이 진열되었다는 소문이 퍼졌기 때문입니다. 그 때 한 점잖은 신사가 그 상점을 찾아 왔습니다. 그는 한참 동안이나 움직이지 않고 이 그림을 보고 있었습니다. 주님께서 가시관을 쓰신 이마에는 피가 흐르고 있었습니다. 굵은 대못이 박힌 양손과 발에서는 붉은 피가 흘러나와 뚝뚝 떨어지는 것같이 보였습니다. 십자가 밑에는 로마 병정들과 군중들이 서 있습니다. 예수님의 어머니 마리아와 다른 여인들도 있었습니다. 예수님이 사랑하시던 제자 요한도 거기에 있었습니다.
　한참 동안 그림을 쳐다보고 있던 그 신사는 가슴이 뜨거워지는 것을 느꼈습니다.

아, 무죄하신 예수님이 나를 위해 이렇게 고난을 당하시고 피를 흘려주셨구나!

신사는 감격의 눈물을 흘렸습니다. 그가 눈물을 흘리는 것을 보고 같이 눈물을 흘리는 이들도 있었습니다.

그 때였습니다. 한 거지 소년이 끼어들더니 그림을 설명하기 시작했습니다.

있잖아요, 저기 십자가에 달린 분은 예수님이예요. 저 로마 병정들이 예수님을 십자가에 못 박고 가시로 만든 관을 억지로 머리에다가 씌운 거랍니다. 그래서 저렇게 피가 흐르고 있지요. 저분은 요, 아주 좋은 분이었어요. 착한 분이랍니다. 우리를 위해 저렇게 십자가에 달리신거죠. 저기 보세요. 예수님의 어머니 마리아가 그 밑에 서 있잖아요. 사람들이 하는 것들을 보고 있는 거예요. 마리아의 마음이 얼마나 아플까요? 예수님은 우리 죄를 위해 죽으셨어요. 그리고는 무덤에 묻히신 거예요.

얼마 후 신사는 손수건으로 눈물을 닦고 나서 그 상점을 나왔습니다. 그리고는 프린스 거리(Prince Street)를 천천히 걸어가고 있었습니다. 얼마 동안 가고 있는데 뒤에서 누가 양복저고리를 잡아당겼습니다. 돌아다보니 아까 열심히 그림 설명을 하던 그 거지소년이었습니다.

이 소년은 허겁지겁 말을 했습니다.

아저씨, 그만 깜박 잊은 게 있어서 달려 왔습니다. 예수님이 무덤에 묻히셨다는 얘기만 하고 다시 살아나셨다는 말을 하지 못했어요. 예수님은 요, 무덤에 묻히신지 사흘 만에 다시 살아나셨어요. 부활하셨단 말입니다. 그럼 안녕히 계세요.

예수님은 부활하셨다(요 20:19-23)

이렇게 일러준 거지 소년! 그는 비록 거지였지만 훌륭한 부활의 증인이었습니다. 그 후 거지 소년은 어떻게 되었을까요? 이 신사의 도움으로 중학교부터 시작해서 대학과 신학대학원을 졸업하고 선교사가 되었습니다. 이렇게 예수님의 부활을 믿고 복음의 증인이 된 사람들도 많이 있지만, 예수님이 다시 살아나신 것을 믿지 않는 사람들도 상당수 있습니다. 그들을 크게 분류하면 세 그룹으로 나눌 수 있습니다.

1) 예수님을 지금까지 역사 안에 있는 인물 중에서 가장 위대한 사람, 또는 가장 숭고한 영웅으로 보고 있는 자들입니다. 이 세상에서 가장 아름다운 생애를 살다가 간 사람이라고 생각하는 자들입니다.
2) 예수의 생애를 연구하고 그의 교훈을 깊이 음미할 만한 대상이라고 생각하는 자들입니다. 말하자면 기독교를 하나의 학문이나 연구의 대상으로 생각하는 자들입니다. 그래서 성경을 하나의 소설로 만들어 재미있게 써내고 돌아다니면서 사람들의 귀를 즐겁게 하는 자들도 있습니다. 그런 자리는 성황을 이루는데 기도회에는 전혀 나오지 않는 자들입니다.
3) 예수는 완전한 모범이라고 생각하는 자들입니다. 마치 글씨 교본처럼 생각하는 자들입니다.

그러나 예수님은 이 셋 중에 어느 하나에도 해당되지 않습니다. 예수님은 단순히 역사 안에 나타난 숭고한 영웅이나 연구 대상이나 모범이 아닙니다. 그는 인간을 구원하기 위해서 이 세상에 오신 하나님의 아드님이요, 십자가에 달려 죽으시고 부활하신 살아 계신 하나님이십니다.

우리가 복음서의 기록을 읽어보면 예수님이 십자가에 달리신 것은 유월절 기간인 금요일 아침 9시였습니다.

예수님은 그 전날, 목요일 밤에 예루살렘 마가 요한의 어머니 다락방에서 제자들과 함께 유월절 식사를 나누셨습니다. 그리고 이어서 최후의 만찬 곧 성만찬을 제정하셨습니다. 그 후에 예수님은 베드로, 요한, 야고보 세 제자를 데리고 겟세마네 동산으로 들어가셔서 피땀을 흘리며 기도하셨습니다.

기도가 끝날 무렵 반역자 유다가 원수들을 데리고 왔습니다. 예수님은 원수들에게 잡혀 대제사장 가야바의 법정으로 끌려가셨습니다. 그리고 밤새도록 가야바와 안나스의 법정에서 심문을 받으시고 금요일 새벽에 총독 빌라도 앞에 끌려 나가셨습니다. 거기서 매를 맞고 사형언도를 받아 십자가를 등에 메고 골고다로 올라가셨습니다. 도중에 몇 번이나 쓰러지시자 마침 시골에서 올라오던 구레네 시몬을 군인들이 붙잡아 십자가를 지게 했습니다.

로마 병정들은 골고다 언덕 위에서 예수님을 십자가 위에 눕히고 양손과 발에 굵은 대못을 박았습니다. 그리고는 다른 두 죄수 가운데 높이 십자가를 세웠습니다.

예수님은 십자가 위에서 장장 여섯 시간 동안, 말할 수 없는 고통을 겪으시고 오후 3시에 운명하셨습니다. 그러자 마리아와 아리마데 요셉이 니고데모와 함께 빌라도에게 요청하여 예수님의 시체를 내려다가 요셉의 새 무덤에 안장해 드렸습니다.

이 무덤은 동굴처럼 바위를 파서 만든 것인데 장정 20명이 달라붙어야 움직일 수 있는 큰 바위 같은 돌로 입구를 막았습니다.

한편 유대인들은 혹시 제자들이 예수의 시체를 훔쳐 부활했다는 말을 퍼뜨릴까봐 무덤 문을 인봉하고 보초를 세워 지키게 했습니다. 토요일인 어제는 유대인의 안식일이었고 아무도 무덤에 얼씬거리는 사람이 없었습니다.

안식일이 지난 오늘 새벽입니다. 무덤을 지키던 보초병들은 질겁하며 뒤로 나가 자빠졌습니다. 굳게 인봉해 둔 무덤 돌이 부적부적 소리가 나면서 저절로 굴러가고 있었던 것입니다. 하나님께서 무덤

예수님은 부활하셨다(요 20:19-23)

돌을 굴러내시고 예수를 죽은 자 가운데서 다시 살아나게 하신 것입니다.

보초병들은 혼비백산하여 대제사장과 장로들에게 가서 이 사실을 보고했습니다. 그러자 그들은 군인들에게 돈을 주며 "예수의 제자들이 시체를 도적질하여 갔다고 말하라"고 타일러 보냈습니다(마 28:11-14).

안식 후 첫날 이른 아침 아직 어두울 때였습니다. 예수님의 머리에 향유를 붓고 눈물로 발을 씻기던 막달라 마리아가 예수님의 무덤을 찾아 갔습니다. 마리아는 무덤에서 돌이 옮겨진 것을 보고 황급히 베드로와 요한에게 달려가서 이 사실을 알려 왔습니다. 무덤 안에 들어가 보니 예수님이 누우셨던 자리는 텅 비어있고 머리를 쌌던 수건이 세마포와 함께 놓이지 않고 딴 곳에 개켜 있었습니다. 제자들이 돌아간 뒤, 마리아는 무덤 밖에 서서 울고 있었습니다. 울면서 구부려 무덤 속을 들여다보니 흰 옷 입은 두 천사가 예수님의 시체 뉘었던 곳에 하나는 머리 편에, 또 하나는 발편에 앉아 있었습니다.

천사들이 마리에게 말했습니다.

  여자여, 어찌하여 우느냐?

마리아가 대답했습니다.

  사람이 내 주를 가져다가 어디 두었는지 내가 알지 못하기 때문입니다.

그리고 마리아는 뒤를 돌아다보았습니다. 그 때 그 자리에 예수님이 서 계셨습니다. 그러나 마리아는 예수님인 줄 알아보지 못했습니다. 예수님이 물으셨습니다.

    여자여, 어찌하여 울며 누구를 찾느냐?

마리아는 그를 동산지기인 줄로 알고 말했습니다.

    주여, 당신이 옮겨 갔거든 어디 두었는지 내게 이르소서. 그리하면 내가 가져 가리이다.

이 때 예수님이 말씀하셨습니다.

    마리아야!

마리아는 너무나도 놀랍고 기뻐서 예수님의 옷을 만지며 히브리말로 불렀습니다.

    랍오니여!

그 때 예수께서 말씀하셨습니다.

    나를 만지지 말라. 내가 아직 아버지께로 올라가지 못하였노라. 너는 네 형제들에게 가서 이르라. 내가 내 아버지 곧 너희 아버지, 내 하나님 곧 너희 하나님께로 올라간다.

  예수님이 무덤 밖으로 나오시던 그 시간, 유대인의 대제사장들과 장로들은 무엇을 하고 있었을까요? 아주 큰일이나 해낸 것처럼 안도감을 가지고 잠을 자고 있었습니다. 사탄은 어떻게 하고 있었을까요? 자기가 이겼다는 듯이 회심의 미소를 짓고 있었습니다.

그러나 생명의 주님은 무덤에서 부활하셨습니다. 그렇게도 유대인의 지도자들, 바리새인들과 율법학자들이 끈질기게 예수를 따라다니며 책잡을 구실을 찾으려 했고 마침내 거짓 증인들을 세워 십자가에 못 박았는데 그 일이 허사로 돌아갔습니다! 빌라도의 사형 언도도 휴지조각이 되었습니다. 무덤을 봉인하고 보초를 세워 지키게 했으나 소용이 없었습니다.

예수님은 이 모든 인간들의 궤계와 악마의 세력들을 부수고 무덤에서 부활하셨습니다. 이것은 하나님 아버지의 기존 방침이었고 일찍 모든 예언자들이 예언한 그대로 성취된 것이었습니다.

예수님이 무덤에서 부활하셨다는 소식이 예루살렘과 온 유대에 삽시간에 전해졌습니다. 여기에 당황한 유대 종교 지도자들은 예수님의 부활을 부정해 버리려고 온갖 수단과 방법을 동원했습니다. 여기서 만들어낸 선전이 다섯 가지였습니다.

1) 기절설이었습니다. 예수가 참으로 죽은 것이 아니라 기절했다가 깨어났다는 설입니다.
2) 도거설이었습니다. 예수의 제자들이 밤중에 무덤에 가서 몰래 도적질해 갔다는 설입니다.
3) 타묘설이었습니다. 예수가 묻힌 무덤은 다른 곳에 있다는 설입니다.
4) 허보설이었습니다. 예수의 제자들이 근거 없는 거짓말을 퍼뜨려 부활했다고 한다는 설입니다.
5) 강령설이었습니다. 죽은 예수가 다시 살아난 것이 아니라 예수의 유령이 나타나 보인 것이라는 설입니다.

그들은 이런 허위선전을 하기 위해 많은 돈을 없앴습니다. 예수님의 부활을 믿는 사람이나 전하는 사람을 붙잡아 감옥에 가두기도 하고 심한 고통을 주기도 했습니다.

그러나 이런 것도 다 소용이 없는 일이었습니다. 예수님은 이런 것을 미리 아셨음인지 부활하신 후에도 곧 승천하시지 않고 40일을 세상에 더 머물러 계셨습니다. 그리고 그 40일 동안 10여 차례 제자들에게 나타나 보이셨고, 손의 못자국과 옆구리의 창자국까지 만져보고 확인하게 하셨습니다.

이제 우리는 오늘의 메시지의 핵심 부분에 들어 왔습니다. 그것은 예수님의 부활은 오늘 우리에게 무엇을 가져다주느냐 하는 것입니다. 그것은 크게 두 가지입니다.

### 1. 예수님의 부활은 우리에게 환희를 줍니다

낙망과 슬픔에 빠져 있던 제자들은 부활하신 주님을 만났을 때 넘치는 환희를 경험했습니다. 왜 그랬을까요? 영영 못 볼 줄 알았던 주님을 다시 만났기 때문일까요? 주님이 이전과 같이 그들과 함께 또 다시 갈릴리 전도를 다니실 수 있다고 생각했기 때문일까요?

그것이 아닙니다. 부활하신 주님께서 그들의 눈에서 눈물을 씻어 주시고 그들의 마음에 환희, 곧 기쁨을 주셨기 때문입니다.

오늘의 본문 20장 19절 이하를 보세요.

> 이날 곧 안식 후 첫날, 저녁 때에 제자들이 유대인들을 두려워하여 모인 곳에 문을 닫았더니 예수께서 오사 가운데 서서 가라사대 너희에게 평강이 있을지어다. 이 말씀을 하시고 손과 옆구리를 보이시니 제자들이 주를 보고 기뻐하더라.

부활하신 주님은 두려움과 슬픔에 잠긴 그들을 찾아오셔서 평강을 주셨습니다. 21절에 너희에게 평강이 있을지어다("Peace be unto you").

이 말씀은 "너희들이 근심에서 해방될지어다"라는 것 이상의 뜻이 있습니다. 그것은 "하나님께서 너희에게 모든 선한 것을 마련하셔서 너희들로 하여금 염려 없이 살게 하여 주실 것이라"는 뜻입니다. 그리고는 제자들에게 새로운 사명을 주셨습니다. 제자들은 이제 할 일이 생겼습니다. 주님의 부활을 나가서 전파할 사명이 그들에게 주어진 것입니다. 그러고 나서 주님은 제자들 향해 숨을 내쉬시며 말씀하셨습니다.

'성령을 받으라.'
'라베테 푸뉴마 하기온.'
'Receive you the Holy Sprit.'

제자들은 기쁨으로 가득 찼습니다. 죽음에 대한 의미가 달라진 것입니다.

인큐만(Incuman) 전투에서 한 병사가 적군의 총탄을 맞고 쓰러졌습니다. 그는 있는 힘을 다하여 자신의 부대가 있는 쪽으로 기어갔습니다. 부대원들이 그를 발견했을 때 그는 이미 죽어 있었습니다. 그러나 그 죽은 모양이 특이했습니다.

그는 펼쳐진 성경을 꼭 붙들고 있었는데 이 성경은 그의 가슴에서 흘러나온 붉은 피로 얼룩져 있었습니다. 그는 성경을 붙들고 얼굴을 땅에 박은 채 쓰러져 있었습니다.

그의 손에 들려있는 성경은 부활장이 펼쳐져 있었고, 거기에는 부활에 대한 확실한 약속이 기록되어 있었습니다. 그는 손가락으로 이 구절을 가리키고 있었습니다.

이 병사의 시체는 후송되어 국군묘지에 장사되었고 그의 비석에는 그가 손가락으로 가리킨 성경 구절이 새겨졌습니다.

> 그러나 이제 그리스도께서 죽은 자 가운데서 다시 살아 잠자는 자들의 첫 열매가 되셨도다. 아담 안에서 모든 사람이 죽은 것 같이 그리스도 안에서 모든 사람이 삶을 얻으리라(고전 15:20, 22).

그는 부활의 환희를 안고 죽은 것입니다.

오늘은 예수님이 무덤에서 부활하신 부활주일입니다. 여러분의 심령 속에 주님의 부활을 기뻐하며 찬양하는 환희가 있습니까? 여러분도 장차 그리스도 안에서 부활하게 된다는 믿음이 있고 소망이 있습니까? 그렇다면 부활의 찬송을 부릅시다.

> 주님께 영광 다시 사신 주 사망권세 모두 이기시었네.
> 흰 옷 입은 천사 돌을 옮겼고 누우셨던 곳은 비어 있었네.
> 주님께 영광 다시 사신 주 사망 권세 모두 이기시었네.

찬송가 155장입니다. 이 찬송은 에듀워드 버드리(E. L. Budry)가 1884년에 작사하고 헨델(George F. Handel)의 곡에 붙인 것입니다. 다 함께 155장을 펴서 1절과 2절을 부르겠습니다.

사도들에게 있어서 주님의 부활은 그것 없이는 십자가의 희생이 전혀 무가치할 뻔 했습니다. 바울은 이것을 고린도전서 15장 17-18절에서 이렇게 기록해 놓았습니다.

> 그리스도께서 다시 사신 것이 없으면 너희의 믿음도 헛되고 너희가 여전히 죄 가운데 있을 것이요 또한 그리스도 안에 잠자는 자도 망하였으리니 ….

그리스도는 무덤에서 부활하심으로 죄 가운데서 우리를 구원해 주셨습니다. 그리고 우리의 죽을 몸을 다시 살려 주셨습니다. 부활이 없었더라면 골고다의 뜻은 달라졌을 것이고 모든 것이 낡은 그대로 남아 있었을 것입니다. 죄와 고통 가운데 마귀의 종이 되어 신음하다가 죽고 말 것입니다. 그러나 그리스도께서 부활하심으로 우리를 이런 죄와 고통과 슬픔에서 해방하셨습니다. 그래서 우리에게 환희의 삶을 주신 것입니다. 사도들은 이 기쁨을 나가서 전하지 않을 수 없었고 그들은 생명을 내어놓고 주님의 부활을 증거했습니다.

## 2. 예수님의 부활은 우리에게 소망을 줍니다

죄 아래 있는 인간들은 본래 소망이라고는 없었습니다. 정말(丁抹)의 철학자 쇠렌 키에르케고르(Søren Kierkegaard)는 인간에게 두 가지 가능성 밖에 없는데 그 하나는 인간은 반드시 죽는다는 것이고, 다른 하나는 그러나 인간은 아직은 죽지 않고 살아있다는 가능성이라고 했습니다.

"인간은 죽음을 향한 존재이다." 이것은 철학자 마르틴 하이데거(Martin Heidegger)의 말입니다. 그런데 죽음을 향해 있으면서도 죽지 않으려고 온갖 힘을 쓰고 있는 여기에 인간들의 비극이 있고 갈등이 있습니다. 절망이 있고 허무가 있습니다.

그러나 이런 암흑과 악과 멸망의 세계에서 소망을 잃어버리고 살던 불쌍한 인간들에게 예수님은 부활하심으로 새로운 세계를 열어 주셨습니다. 산 소망을 주신 것입니다. 부활하신 예수님이 우리의 소망이 되신 것입니다.

사도 바울은 골로새서 1장 27절 이하에서 이렇게 말씀했습니다.

하나님이 그들로 하여금 이 비밀의 영광이 이방인 가운데 어떻게 풍성한 것을 알게 하려하심이라. 이 비밀은 너희 안에 계신 그리스도니 곧 영광의 소망이라.

여기서 말씀한 영광의 소망이 무엇입니까? 우리도 그리스도 안에서 부활할 수 있고 영원한 생명을 누릴 수 있다는 소망입니다. 죽은 것과 다름 없는 우리를 살리셔서 그리스도 안에서 산 소망을 가지고 살게 하신 것입니다. 부활의 생명이 우리 속에 주어졌기 때문입니다. 그러나 이 생명은 죽음 이후에만이 아니라 지금 살아 있는 이 세상에서도 누리게 됩니다.

그런즉 누구든지 그리스도 안에 있으면 새로운 피조물이라 이전 것은 지나갔으니 보라. 새것이 되었도다(고후 5:17).

부활하신 그리스도가 내게 오시면 내가 살고, 부활하신 그리스도가 내 가정에 오시면 내 가정이 삽니다. 부활하신 주님이 우리 교회에 오시면 우리 교회가 살고, 부활하신 주님이 우리 사회에 오시면 우리 사회가 삽니다.

부활하신 그리스도가 바울에게 오셨을 때 로마에 복음이 전파되었습니다. 부활하신 주님이 마르틴 루터(Martin Luther)에게 오셨을 때 프로테스탄트(Protestant)의 개신교가 시작되었습니다. 부활하신 그리스도가 에이브라함 링컨(Abraham Lincoln)에게 오셨을 때 450만 흑인노예가 해방되었습니다. 부활하신 그리스도가 리빙스턴(D. Livingstone)에게 오셨을 때 미개한 대륙 아프리카 땅에 복음이 전파되었습니다.

저 북유럽의 덴마크(Denmark)를 보십시오. 한국 땅의 5분의 1밖에 안 되는 작은 나라입니다. 1854년 독·불 전쟁에 휩쓸려 국토의

3분의 1과 인구 4분의 1, 그리고 자산의 5분의 1을 잃어버린 비참한 운명에 빠졌습니다. 그 때 부활하신 그리스도가 그룬드비(Nicolai Frederick Severin Grundvig)에게 오셨습니다. 그러자 그룬드비는 세 가지 슬로건을 내걸고 일어났습니다.

1) 하나님을 사랑하라.
2) 사람을 사랑하라.
3) 땅을 사랑하라.

그는 초등학교에서부터 국민고등학교, 대학에 이르기까지 부활의 생활의 씨앗을 심어 나갔습니다. 그래서 다 기울어지고 쓰러져가는 덴마크를 새로운 나라로 일으켜 냈습니다.

사랑하는 성도 여러분!
오늘 이 부활주일에 우리 주님 예수 그리스도의 부활 안에서 여러분 모두가 영원한 생명을 받고 기쁨과 소망을 가지고 신앙생활을 하시기를 주님의 이름으로 축원합니다. 아멘.

# 부활 이후

## 엠마오의 석양 길
누가복음 24장 13-35절

영국의 작가 가운데 토마스 하디(Thomas Hardy, 1840-1928)가 있습니다. 그는 비관주의적인 숙명론을 그의 신념으로 받아들인 사람이었기 때문에 사물을 비관적으로 보았습니다. 그의 사상을 알기 쉽게 설명하면

이 우주는 거대하고 강력한 어떤 힘의 작용으로 모든 인과응보가 미리 정해져 있다는 것입니다.

그는 이것을 '내재 의지'(immanent will)라고 불렀습니다. 인간들의 경영이나 행위는 이 힘의 작용에 아무런 영향을 미치지 못합니다. 그저 가느다란 거미줄 끝에 매달려서 정확하고 무자비한 이 힘의 조절을 받을 뿐입니다. 이 내재 의지는 선한 의지가 아니라 악한 의지여서 아무도 그 힘에 대항할 수 없고 인간은 그렇기 때문에 모두가 삶이 비극으로 끝난다는 것입니다.

요컨대 하디는 이 세상에서 활개치고 있는 악의 힘, 즉 사탄의 힘만을 보았습니다. 이 비극의 세계, 저편에 있는 다른 힘, 내재 의지가 아닌 '초월 의지'(transcendent will)는 보지 못했습니다. 아니 볼 수 있는 눈이 그에게는 없었습니다. 그러기에 그는 비관주의에 빠졌고 그의 작품도 비관적이요 숙명론적인 것뿐입니다.

그의 작품 하나를 봅시다. 《귀향》(*Return Home*)이라는 작품입니다. 이 작품의 여주인공 이스테이샤(Yusteisha)는 이교적인 아름다움을 지닌 여자입니다. 그녀는 전통적인 도덕에 항거하면서 정열적으로 자기 충실을 추구하는 여자입니다. 황무지에 태어나서 어떻게든 그곳을 벗어나 도시로 나가려고 몸부림칩니다.

이스테이샤는 본래 조그마한 항구도시인 바르드무스(Bardmus)에서 태어났습니다. 그곳에 주둔하고 있는 해군 군악대장의 딸입니다. 아버지는 지중해의 코후(Cohu) 섬 태생으로 훌륭한 음악가였습니다. 마침 명문 가족의 딸이 자기 아버지 해군 대위와 함께 이 섬에 유람 여행을 왔다가 이 군악대장을 만났고, 군악대장은 해군 대위의 데릴사위로 들어갔습니다. 거기서 태어난 딸이 이스테이샤입니다.

이스테이샤의 머리 속에는 지난날 자기 아버지가 군악대장으로 있을 때의 생각이 떠나지 않습니다. 군악대와 장교들, 멋쟁이들이 우글거리는 산책도로의 그 석양 길에 대한 낭만적인 추억을 할 때마다 지금 그녀가 살고 있는 이그돈(Igdon) 황야가 싫어졌습니다.

그런데 어느 날 난데없이 이 황무지에 한 젊은 손님이 나타났습니다. 요브라이트(Yorbright)라는 이 청년은 도시의 뜬 구름 같은 영화와 사람들의 위선에 염증을 느낀 젊은이였습니다. 그래서 그는 어릴 때 아버지를 따라 떠났던 이그돈으로 다시 돌아온 것입니다. 이스테이샤에게는 손님으로 보였지만 사실상 요브라이트는 고향으로 돌아온 것입니다. 요브라이트는 격정적인 피가 속에서 끓고 있는 이상주의자였습니다.

쓸쓸하고 황량한 땅이지만, 그곳의 풀 한포기, 버러지 한 마리가 그에게는 새롭고 고맙고 신비스럽기까지 했습니다. 순박한 농민의 자녀들을 모아 야간학교라도 해보겠다는 생각에서 돌아온 것입니다. 그래서 그 일을 준비하느라 분주했습니다.

어느 날입니다. 해가 서산에 기울어지고 황혼이 깃든 석양 길에 집으로 오다가 그는 아름답고 탐스럽게 생긴 이스테이샤를 만납니다. 두 사람은 생각이 다르고 보는 관점이 다른데 숙명적으로 결혼을 합니다. 물과 기름처럼 전혀 어울릴 수 없는데도 두 사람은 부부가 되어서 삽니다. 아마도 전원생활에 향수를 느끼면서도 마음 한 구석에 도시에 대한 애착을 못 버리는 모순이 이스테이샤 같은 도시형적인 여자를 아내로 택했는지 모릅니다.

그러나 이 두 사람의 결혼은 처음부터 석양 길을 걸어가고 있었습니다. 곧 해가 지고 어두운 밤이 올 텐데 거기에 대한 대비가 그들에게는 없습니다. 요브라이트의 어머니는 이것을 누구보다도 잘 알고 있었기 때문에 아들의 결혼을 처음부터 반대했고 야간학교 계획도 반대했습니다. 이것을 안 이스테이샤는 시어머니를 학대하게 되고, 마침내 시어머니는 집을 나가 자살을 합니다.

시어머니의 죽음에 대해 양심의 가책을 느끼면서도 끝까지 그것을 말살하려던 이스테이샤도 마침내 궤도를 벗어난 유성처럼 사라지고 요브라이트만 혼자 외롭게 남습니다. 그는 인간의 숙명이라는 무거운 십자가를 지고 비극의 무대인 이그돈에서 산상설교를 하는 장면으로 이 소설은 끝이 납니다.

우리가 이 세상을 살아가면서 경험하는 것도 이 소설에 나오는 것과 같은 것입니다. 이스테이샤와 요브라이트의 만남처럼 서로를 잘 보지 못하고 만나서 석양 길을 가고 있는 것입니다. 결혼도 그렇고, 공부도 그렇고, 사업도 그렇고, 직장도 그런 경우가 대부분입니다. 이것은 인간의 눈이라는 것이 본래부터 정확하지 않기 때문입니다. 아무리 시력이 좋은 사람이라도 잘못보고, 잘못 판단하게 마련입니다. 우리의 눈을 가리는 것이 무엇일까요? 안개도 있고, 흑암도 있고, 장벽도 있습니다. 그러나 안개는 곧 걷히고 흑암은 곧 밝은 아침이 됩니다. 장벽도 무너질 날이 옵니다.

그런데 문제는 우리 속에 있습니다. 인간은 분노로 흥분하면 앞에 보이는 것이 없습니다. 잘못된 사상에 감염되면 시야가 좁아집니다. 자기 속에 편견이 있으면 항상 삐딱하게 봅니다. 교만이 도사리고 있으면 안하무인이 됩니다. 그렇기 때문에 중요한 것은 내적인 눈입니다. 심령의 눈이 밝아야 사물을 바로 봅니다.

오늘 우리의 본문에도 석양 길을 걸어가는 두 사람의 이야기가 나옵니다. 그러나 이 석양 길은 토마스 하디의 《귀향》에서 묘사된 것 같은 석양 길이 아닙니다. 여기에는 내재 의지가 아니라 초월 의지가 개입되어 있기 때문입니다.

우리의 본문은

> 그 날에 저희 중 둘이 예루살렘에서 이십 오리 되는 엠마오라 하는 촌으로 가면서

라는 말로 시작되어 있습니다. 그 날이 어느 날입니까? 예수님이 무덤에서 부활하시던 날입니다. 그 두 사람은 누구입니까? 그 중 한 사람은 본문 18절에 글로바라고 밝혀져 있고 다른 한 사람은 성서 고증 문헌에 글로바의 아들 시므온이라고 되어 있습니다. 글로바는 마리아의 남편 요셉의 동생이었다니까 시므온이 글로바의 아들이라면, 글로바는 예수의 삼촌이고, 시므온은 사촌동생입니다. 그 두 사람은 나중에 예수님의 제자가 되어 큰 기대를 걸고 있던 사람들입니다.

그 두 사람은 지금 엠마오를 향해 석양 길을 걸어가고 있습니다.

그들은 예수님이 십자가에 달리신 일로 슬픔을 금할 수 없었고, 길을 가면서 시종 예수님에 대한 얘기를 주고받았습니다. 그들이 주고받은 얘기의 줄거리는 크게 나누어 두 가지 입니다.

하나는 그렇게도 선하시고 착한 예수님, 세상에 와서 사람들에게 좋은 일만 하신 분을 왜 유대인의 종교 지도자들이 빌라도에게 끌고 가서 십자가에 죽게 했는가? 우리는 그 분이 이스라엘을 구속할 자로 믿고 기대해 왔는데 도무지 알 수 없다는 것이고, 또 하나는 그 예수님이 분명히 십자가에 못 박혀 죽고 장사되었는데, 여인들이 무덤에 가보고 와서 예수가 부활하셨다는 천사의 말을 전했다니 도무지 믿을 수 없다는 것입니다.

앞의 얘기는 희망이 다 깨어졌다는 절망적인 내용이고, 뒤의 얘기는 그 여인들의 얘기를 믿어야 할지 믿지 말아야 할지 알 수 없다는 회의적인 내용입니다.

이렇게 저물어 가는 석양 길에서 절망과 회의의 얘기를 하면서 가고 있는데, 언제 어디서 나타났는지 길손 하나가 그들과 같이 길을 걸으며 그들의 대화 속에 끼어들었습니다.

너희가 길 가면서 주고받는 얘기가 무엇이냐(17절).

두 사람은 자기들의 대화 속에 뛰어들어 물어온 제 삼자의 간섭이 부질없고 귀찮게 여겨졌습니다. 그래서 퉁명스럽게 대답을 했습니다.

당신이 예루살렘에 우거하면서 근일 거기서 된 일을 홀로 알지 못하느뇨?(18절).

"홀로 알지 못하느뇨?" 이 말 속에는 "세상 사람들이 다 아는 얘기를 당신 혼자만 모르고 있다면 뭔가 당신은 잘못된 게 아니오? 귀가 먹었거나 멍청이거나 둘 중 하나가 아니오?"라는 빈정대는 의도가 들어 있는 듯이 보입니다.

그러나 길손은 그 말에 대해 아무런 반응도 보이지 않고 다만

　　　무슨 일이뇨(19절).

라고만 짤막하게 묻고 있습니다. 이 때 글로바는

　　　나사렛 예수의 일이니

라고 서두를 꺼내어 지금까지 아들과 주고받은 얘기를 절망적으로 들려주었습니다. 그러면서 그는 말했습니다.

　　　우리는 이 사람이 이스라엘의 구속할 자라고 바랐노라(21절).

그런데 바랐던 것은 지나간 얘기이고 지금은 다 틀렸다는 것입니다. 걸었던 기대가 무너지고 지금은 절망적이라는 얘기입니다. 토마스 하디의 비관적인 절망이 나타나고 있습니다. 꿈과 소망이 산산이 부서진 엠마오의 석양 길! 희망이 말살되어 버렸고 앞으로 어떻게 살아갈 것인가가 막연한 그 두 사람의 석양 길은 참으로 어둡고 적막한 길이었습니다.

그러나 엠마오의 석양 길은 이스테이샤와 요브라이트가 걸어가던 석양 길과는 달랐습니다. 사탄적인 내재 의지가 작용한 것이 아니라 부활하신 예수님의 신적인 초월 의지가 개입해 오셨기 때문입니다. 글로바와 시므온, 두 사람의 절망적인 얘기를 다 듣고 난 길손은 그 때부터 얘기를 시작했습니다.

미련하고 선지자들의 말한 모든 것을 마음에 더디 믿는 자들이여 (25절).

길손은 이 두 사람을 미련하고 불신앙의 사람이라고 먼저 책망했습니다. 이 말은 인생 길을 걸어가는 사람에게 매우 중요한 말입니다. 왜냐하면 우리를 포함해서 인간은 모두 미련하고 불신앙의 사람들이기 때문입니다. 그래서 내재 의지에는 쉽게 넘어가고 빠져들어 곧 비관하고 절망하지만 초월 의지에 대해서는 미련하여 깨닫지 못하고 예언자들의 말을 믿지 않습니다. 초월 의지를 받아들이고 그것을 깨닫고 믿으려면 먼저 자기가 미련하다는 것을 알아야 합니다. 자기가 똑똑하다고 생각하고 있는 한 초월 의지는 깨달을 수 없습니다. 깨달을 수 없을 뿐 아니라 초월 의지가 그런 사람에게 개입해 오지 않습니다.

글로바와 시므온은 그 말을 듣는 순간, 자기들이 과연 미련했고 불신앙의 사람들이었다는 것을 깨달았습니다. 그래서 길손의 다음 말에 귀를 기울일 준비를 했습니다.

길손은 그 두 사람을 보면서 말을 이었습니다.

그리스도가 이런 고난을 받고 자기의 영광의 들어가야 할 것이 아니냐(26절).

그러면서 모세와 모든 선지자의 글로 시작하여 모든 성경에 쓴 바 그리스도에 관한 것을 자세히 설명했습니다.

어느 덧, 날은 저물었고 그들은 엠마오에 도착했습니다. 그러나 길손은 행선지가 아직 더 있는 듯 길을 가려고 했습니다. 이 때 글로바와 시므온이 길손을 붙잡고 말했습니다.

우리와 함께 유하사이다. 때가 저물고 날이 이미 기울었나이다(29
절).

본문을 보면 이 말 앞에 "저희가 강권하여 가로되"라는 말이 있습
니다. 이 말의 헬라어 '파레비아산토'는 강요해서 붙잡았다는 말입니
다. 길손은 계속 가려고 했고 그들은 이 손님을 억지로라도 붙잡아
그 밤을 함께 지내려고 했습니다. 길손은 하는 수 없이 그들에게 붙
잡혀서 한 집에 들어갔습니다. 이윽고 저녁식사 때가 되었습니다.
"저희와 함께 음식 잡수실 때에 떡을 가지사 축사하시고 떼어 저
희에게 주매" 30절입니다.

저희 눈이 밝아져 그인 줄 알아보더니 예수는 저희에게 보이지 아
니하시는지라(31절).

떡을 받는 순간, 그들의 눈이 밝아져 길손이 누구인지를 알아보
게 되었다는 말입니다. 석양 길을 걸어오면서 줄곧 얘기를 나눈 화
제의 주인공이었습니다. 바로 사흘 전에 십자가에 달려 죽으시고 무
덤에 장사되었다가 부활하신 예수님이었다는 말입니다. 여기에 초월
의지가 슬픔에 잠긴 인간에게 개입해 오신 역사가 있습니다. 사탄적
인 내재 의지 때문에 비관과 숙명론에 빠진 인간의 상황을 바꾸어
희망을 주고 새로운 장을 열어 놓은 초월 의지의 찾아오심이 있습
니다.
그들이 예수님을 알아보자 예수님은 그들을 떠나 가셨습니다. 글
로바와 시므온, 이제 그들은 기쁨이 충만했습니다. 기쁨이 충만하자
대화도 달라졌습니다.
저희가 서로 말하되 길에서 우리에게 말씀하시고 우리에게 성경을
풀어주실 때에 우리 속에서 마음이 뜨겁지 아니하더냐(32절).

말씀을 듣고 마음이 뜨거워지는 것은 성령의 역사입니다. 성령께서 역사하시면 차디 찬 마음이 녹아지기 시작하면서 차츰 온기를 갖게 되고 마침내 뜨거워 집니다. 이 일은 자기 마음을 먼저 열어놓는 데서부터 시작됩니다. 마음을 열고 말씀을 받아들이겠다는 자세가 되어 있어야 합니다. 그래야 성령께서 마음속에 들어오셔서 역사하십니다. 닫힌 마음에는 성령이 들어가시지를 않습니다.

엠마오의 석양 길! 두 제자가 눈이 밝아진 것은 마음이 뜨거워진 경험을 한 이후입니다. 이 순서는 바뀌지 않습니다. 먼저 마음이 뜨거워져서 마음의 눈, 심령의 눈이 열려야 그 다음에 육신의 눈이 밝아집니다. 심령의 눈이 열려서 어두운 현실이 소망으로 바뀔 때 눈앞에 나타나는 증거들을 새로운 눈으로 바라보게 되며 결국에는 살아계신 그리스도를 바라보게 됩니다. 자기를 찾아오신 주님을 생명으로 가득 찬 분으로, 세상 그 무엇보다도 귀중한 분으로 바라보게 되는 것입니다.

미국의 세계적인 정신분석학자 칼 메닝거(Karl Menninger, 1893-1966)는 매우 의미 깊은 말을 우리에게 남겼습니다.

> Attitude is more important than fact
> ("태도는 사실보다 더 중요하다").

그렇습니다. 사물을 보는 마음의 자세는 사실보다 훨씬 더 중요합니다. 실례를 하나 들어 봅시다. 세계 제2차 대전 때의 일입니다. 유럽의 연합군 포로수용소에서 군의관들이 만들어 낸 새로운 병명 하나가 있습니다.

**Barbed-wire sickness**, '가시 철망병'이라는 것입니다. 이 증세는 극도로 우울하고 몸이 쇠약해져서 누워만 있어야 하는 병입니다. 원인을 모르고 치료방법도 없었습니다. 그런데 수용소에 있는 포로들이 모두 이 병에 걸린 것은 아닙니다. 걸리지 않은 사람들도 많이 있었습니다. 그 원인을 조사했습니다. 그 결과, 하루 종일 가시 철망만 바라보고 한숨을 짓는 사람은 그 병에 걸리고 철망 너머의 푸른 하늘과 철망 밑에 피어 있는 아름다운 꽃을 본 사람들, 그리고 내일에 대한 희망을 마음에 품은 사람들은 그 병에 걸리지 않았다는 것입니다. 이것은 가시 철망병만이 아닙니다.

지난 4월 7일 아침, TV 뉴스에 '유다복음서'가 발굴되었다는 보도가 있었습니다. 이 유다복음서는 2세기 경에 이단이며 영지주의(Gnosticism)의 한 분파인 가인파(Cainites)에 의해 만들어진 것으로 보고 있습니다.

그런데 이번에 공개된 것은 원래 헬라어로 된 것을 4세기 당시 이집트에서 사용하던 곱트어로 번역해 파피루스에 적은 것으로 추정되고 있습니다.

그 유다복음서에 기록된 것 중 대표적인 것은,

1) 유다 이스카이옷, 즉 가롯 유다가 예수를 반역한 것이 아니라 예수가 요청해서 반역했고 그래서 원수들에게서 돈을 받고 팔아 넘겼다는 것
2) 예수는 총각으로 십자가에 못 박힌 것이 아니라 막달라 마리아와 결혼을 해서 자녀를 낳았고 그 자손들이 지금도 살아남아 있을 것이라는 것
3) 가롯 유다는 죽은 것으로 알려져 있으나 죽지 않고 아라비아 사막으로 도망가서 오래 살았다

는 것들입니다.

영지주의자들은 초기 그리스도교 시대에 영과 육을 가르고 영만을 중요하게 생각한 사람들인데, 그들은 예수의 Incarnation, 곧 성

육신을 믿지 않고 예수가 영으로 제자들에게 나타났던 것뿐이라고 주장한 이단들입니다.

그러나 성경은 이런 허구를 정면으로 반박하고 있습니다.

1) 누가복음 22장 3-6절을 보면,

> 열 둘 중에 하나인 가룟인이라 부르는 유다에게 사단이 들어가서 이에 유다가 대제사장들과 군관들에게 가서 예수를 넘겨 줄 방책을 의논하매 저희가 기뻐하여 돈을 주기로 언약하는지라 유다가 허락하고 예수를 무리가 없을 때에 넘겨줄 기회를 찾더라.

고 기록하고 있습니다. 이것은 예수의 요청이 아니라 사탄이 유다 속에 들어갔기 때문에 예수를 배반한 것입니다.

2) 예수가 막달라 마리아와 결혼했다는 근거는 성경에서도 다른 고대 어느 문헌에서도 찾을 수 없습니다. 또한 사복음서의 가장 큰 핵심은 십자가와 부활인데 하나님의 아들이 창녀인 막달라 마리아와 결혼했다는 것은 신성모독이요 씻을 수 없는 죄를 짓는 일입니다.

3) 사도행전 1장 18-19절에 가룟 유다의 죽음을 가리킨 기록이 나오는데,

> 이 사람이 불의의 삯으로 밭을 사고 후에 몸이 곤두박질하여 배가 터져 창자가 다 흘러나온지라 이 일이 예루살렘에 사는 모든 사람에게 알게 되어 본 방언에 그 밭을 이르되 아겔다마라 하니 이는 피밭이라는 뜻이라.

고 했습니다. 그러니 가룟 유다가 아라비아 사막에 도망가서 오래 살았다는 말은 새빨간 거짓말입니다. 결국 가룟 유다는 태도가 사실보다 더 중요하다는 것을 모르고 잘못 살다가 지옥으로 간 대표자

입니다.

　엠마오의 석양 길을 가던 두 제자! 주님을 만난 그들은 어떻게 했습니까? 그 길로 예루살렘으로 되돌아 갔습니다. 밤중에 차도 불빛도 없는 캄캄한 길을 세 시간이나 걸어서 간다는 것이 쉬운 일은 아니었습니다. 그러나 그들은 기쁨에 찼기 때문에 어두움을 개의치 않고 갔습니다. 본문 33-34절을 보면,

　　　열한 사도와 및 그와 함께 한 자들이 모여 있어 말하기를 주께서
　　　과연 살아나시고 시몬에게 나타나셨다 하는지라.

고 했습니다. 두 제자도 예수님을 만난 것을 증거하며 함께 하나님을 찬양했습니다.

　지금 여러분이 걸어가는 길은 어떤 길입니까? 한낮입니까? 석양입니까? 요새는 수명이 길어졌다고 하지만 30대가 된 사람은 오후 1시 15분, 40대는 3시 30분, 겨울해로 치면 이미 석양 길에 들어 선 것입니다. 그러나 사람마다 이 공식에 맞는 것은 아닙니다. 20대 후반에 어렵사리 박사과정과 힘든 논문을 다 끝내고 논문 구술시험을 며칠 앞두었는데 숨을 거두는 사람을 보았습니다. 그러니 석양 길은 나이와도 관계가 없는 것입니다.

　사랑하는 성도여러분! 두 가지를 명심하십시오.

　1. 예수 그리스도를 자신의 주인으로 모시고 있는 사람에게는 엠마오 길에 나타나셨던 부활하신 주님이 찾아와 주신다는 것,
　2. 말씀을 듣고 가슴이 뜨거워지는 경험을 하려면 내가 미련하다는 것과 더디 믿는 사람이라는 것을 깨닫고 마음을 열어 성령의 도우심을 구해야 한다는 메시지입니다.

여러분의 석양 길이 엠마오의 석양 길이 되는 축복이 있기를 주님의 이름으로 축원합니다. 아멘.

## 부활 이후

## 디베랴 바다의 아침
요한복음 21장 1-7, 15-17절

오늘 우리가 읽은 본문은 디베랴 바다에서 일어났던 일을 기록하고 있습니다. 디베랴 바다는 팔레스틴 북부, 갈릴리 지방에 있던 민물 호수로 남북이 20.8km, 동서가 12.8km의 크기입니다. 여호수아 12장 3절에는 긴네렛이라 불리었고 누가복음 5장 1절에는 게네사렛 호수로, 요한복음 6장 1절에는 갈릴리 바다라고 불리었습니다. 본문과 같이 디베랴 바다라고 불린 것은 주후 25년경 헤롯 안티버스(Antipas)가 갈릴리 호수 서안에 도시를 세우고 당시 황제 티베리우스(Tiberius)에게 경의를 표시하기 위하여 도시 이름을 디베랴(티베리우스의 여성명사)라고 붙인데서 온 것입니다.

이 디베랴 바다에 베드로가 다른 몇 제자들과 같이 고기를 잡으러 갔습니다. 베드로는 본래 직업이 어부였는데 예수님이 "나를 따라 오너라"(마 4:19)고 부르셨을 때 배와 그물을 버리고 예수님을 따라서 제자가 된 사람입니다. 3년 동안 예수님을 따라 다니며 많은 기대를 걸었는데 예수님이 한마디 저항 없이 원수들에게 잡혀 십자가에 달려 죽으시자 좌절과 실망에 쌓여 어찌할 바를 몰랐습니다. 그리고 마침내 고기나 잡겠다고 디베랴 바다로 간 것입니다. 그러나 그 밤에 한 마리의 고기도 잡지 못했습니다.

밤이 새도록 허탕을 치고 허탈감에 빠져 있는데 이른 새벽에 부활하신 주님이 그곳을 찾아 오셨습니다. 여러분은 이 본문을 여러 번 읽으셨을 것이고 설교도 들었을 것입니다. 그러나 이 아침에 우리는 여기서 새로운 사실을 찾고자 합니다. 두 가지 질문을 해봅시다.

1. "그렇게도 실수를 많이 하고 예수님을 부인까지 한 베드로를 주님은 버리셨는가?" 하는 것이고,
2. 고기를 잡던 어부를 불러내어 사람을 낚는 어부가 되게 하셨는데 다시 고기잡이로 되돌아가버린 베드로, "주님은 그의 자격을 박탈하셨는가?" 하는 것입니다.

그런데 우리가 여기서 발견하는 것은, 첫 번째 질문에도 그 대답이 없고, 두 번째 질문에도 대답이 없다는 것입니다. 주님은 베드로를 버리시지 않으셨고 그의 자격을 박탈하시지도 않았습니다. 오히려 이런 형편없는 인간을 다시 등용하셔서 주님이 예정하신대로 그에게 사명을 맡겨 일하게 하셨다는 사실입니다. 바로 이러한 분이 오늘 우리가 믿는 주님이시요, 베드로 뿐 아니라 그 이후에 주님의 제자가 된 모든 사람에게 이와 똑같이 대해 주신다는 것을 생각할 때 얼마나 고맙고 감사한 일인지 말로 다 표현할 수 없습니다.

그 다음으로 우리가 보는 또 하나의 사실이 있습니다. 부활하신 주님이 그 새벽에 디베랴 바다로 찾아 오셨을 때 베드로에게 새로운 일이 일어났다는 사실입니다. 베드로가 앓고 있던 심한 좌절감과 자기가 저주스러울 정도로 미워져서 살 의욕조차 잃어버렸는데, 그 중병이 그 아침에 깨끗이 치료를 받고 있습니다. 이것은 베드로 한

사람 만이 아니라 함께 고기를 잡던 다른 제자들, 즉 디두모라는 도마, 갈릴리 가나 사람 나다나엘, 세베대의 두 아들 야고보와 요한, 그리고 이름이 밝혀져 있지 않은 다른 제자들도 베드로 못지않게 실망과 좌절감과 허탈에 빠져 있었는데, 그들도 일제히 치료를 받은 것입니다.

어떻게 그들의 중병이 이렇게 치료를 받고 이런 변화가 왔을까요? 그것은 생명의 주인이신 부활하신 주님이 그들을 찾아오셨기 때문입니다. 이제 "디베랴 바다의 아침"은 더 이상 실망이나 좌절이 있을 수 없었습니다. 어떻게 그런 변화가 왔을까요? 디베랴 바다에 달이 뜨고 해가 돋아오는 것은 어제와 다른 것이 없는데 어떻게 살 의욕을 잃어버린 인간들에게 새 희망이 솟구쳐 올랐을까요? 그것은 이 실망의 현장에 찾아오신 부활하신 주님을 그들이 만났기 때문입니다.

사실 어제까지만 해도 예수가 십자가에 달린 사실은 하나님의 패배로 보였습니다. 그러나 바로 패배로 보인 이 십자가는 영원한 패배가 아니었습니다. 하나님은 사흘 만에 천사들을 보내어 돌문을 굴러 내시고 아드님을 무덤에서 부활하게 하셨습니다. 그리하여 패배와 치욕의 십자가를 승리와 영광의 십자가가 되게 하신 것입니다.

이 엄청나게 놀라운 비밀을 베드로는 예수님이 부활하시던 그 새벽에 여인들에게서 듣고도 깨닫지 못했습니다. 요한과 함께 무덤으로 달려가 빈 무덤을 보고서도 예수님이 살아나셨다는 것을 믿지 못했습니다. 그날 저녁 남아 있던 제자들이 문을 닫고 겁에 질려 있을 때 부활하신 주님이 그 곳을 찾아 가셨습니다. 문도 열지 않고 방안에 나타나신 주님을 베드로가 보았지만 도무지 믿을 수 없었습니다.

그로부터 여드레 후 도마가 같이 있는 자리에 부활하신 주님은 다시 나타나셨습니다.

> 내 손가락으로 그의 손의 못 자국을 만져보고 내 손으로 그의 옆구리의 창자국을 확인해 보기 전에는 믿지 않겠다

고 한 도마에게 주님이 말씀하셨습니다.

> 도마야, 네 손가락을 이리 내밀어 내 손을 보고, 네 손을 내밀어 내 옆구리에 넣어보라. 그래서 믿음 없는 자가 되지 말고 믿는 자가 되라(요 20:27).

이 때 도마가 고백했습니다.

> 나의 주시며, 나의 하나님이시니이다.

도마는 주님이 부활하신 것을 자기 눈으로 보고 확신했습니다. 그 자리에는 베드로도 같이 있었습니다. 그럼에도 불구하고 베드로는 아직도 부활의 비밀을 깨닫지 못했습니다.

그러나 그 디베랴 바다의 아침! 실망과 좌절로 더 이상 살 의욕마저 잃어버렸던 그 새벽! 밤새 고기 한 마리 잡지 못하고 허탕만 쳤던 베드로는 그 아침에 가서야 비로소 부활의 비밀과 그 현실성을 깨달은 것입니다.

이 비밀을 깨닫기까지 인간 베드로에게는 하나의 고비가 있었습니다. 어릴 때부터 고기잡이로 뼈가 굵은 직업적인 어부! 디베랴 바다라면 바다 밑을 환히 들여다 볼 정도로 고기잡이에 능한 베드로가 이제 그 일마저도 할 수 없다고 느낀 그 심한 좌절감의 고비였습니다. 너무나도 익숙해 있는 자기 전문직, 상식적으로 어느 누구에게 물어볼 필요도 없는 그 일이 이제 더 이상 자기 지혜나 능력으로는 해낼 수 없다고 느낀 그 무능력감의 고비였습니다.

디베랴 바다의 아침(요 21:1-7, 15-17)

이런 고비를 겪은 후에 베드로는 부활하신 주님을 다시 만났습니다.

그물을 배 오른 편에 던지라(요 21:6).

이런 고비가 없었다면 베드로는 결코 이 말을 받아들이지 않았을 것입니다. 고기잡이라면 이 디베랴 바다에서 자기를 능가할 사람이 없는데 누가 나더러 "그물을 배 오른편에 던지라"고 하는가? 그물을 배 오른 편에 던지는 일은 그 밤에 수십 번을 되풀이 한 일이요 매 번 허탕을 친 일인데 고기가 어디에 있담! 베드로의 상식은 이럴 수밖에 없습니다.

한 번 생각해 보십시오.

"그물을 배 오른 편에 던지라"고 말한 사람은 어부가 아닙니다. 고기 한 번 잡아 본 일이 없는 사람입니다. 그의 직업은 목수였고 서른 살이 되기까지 톱과 대패와 장도리를 가지고 살아온 직업적인 목수입니다. 이러한 목수 출신이 어부 출신에게 "그물을 배 오른 편에 던지라"고 말한 것입니다.

그런데 베드로는 이 목수 출신의 말을 들었습니다. 상식으로는 수긍할 수 없는 그 말을 받아들인 것입니다. 그리고 그의 말대로 순종하고 그물을 던졌습니다. 그러자 놀라운 일이 베드로의 눈앞에 벌어졌습니다. 밤 새 애를 썼는데도 한 마리의 고기도 잡지 못한 그곳에서 그물이 찢어질 만큼 고기가 잡힌 것입니다. 지금 베드로의 심정이 어떠했을까요?

베드로는 속으로 생각했습니다.

신앙이란 상식이 아니구나. 내 판단이나 내 상식이 여기에는 아무런 소용도 없게 되었다. 그럼 신앙이란 무엇인가? 신앙이란 내 판단과 상식을 넘어선 저 편에서 들려오는 음성에 나를 꺾고 그것을 받아들이며 복종하는 것이다.

　　베드로는 자기 배에 탄 동료들만으로는 그물을 끌어올릴 수 없어서 다른 배의 동료들을 불렀습니다. 그래서 그들은 일제히 합세하여 고기가 가득 담긴 그물을 육지로 끌어올렸습니다. 고기를 배에 담으면서 세어보니 큰 고기만도 153마리나 되었습니다(요 21:11). 다른 때 같으면 이렇게 많은 고기가 들면 그물이 찢어졌을 텐데 그물은 그대로 있고 고기 한 마리 새 나가지 않았습니다. 베드로는 놀라움에 놀라움을 더해 갔습니다.
　　베드로가 육지에 올라와 보니 또 다른 광경이 그의 눈앞에 전개되어 있었습니다. 누가 갖다 놓았는지 거기에 숯불이 피워있고 숯불 위에 생선이 놓여 있었으며 떡도 있었습니다. 베드로는 그저 놀라울 뿐이었고, 두려움마저 느꼈습니다.
　　그 때 부활하신 주님께서 베드로에게 말씀하셨습니다.

　　　　지금 잡은 생선을 좀 가져오라(요 21:10).

　　드디어 조반 준비가 끝나자 예수님은 떡을 가지사 축사하시고 제자들에게 주신 다음, 생선도 그와 같이 하셨습니다.
　　디베랴 바다의 아침! 그들의 실패의 밤에 그곳을 찾아오신 부활하신 주님과의 만남, 주님과의 아침 식사, 여기서 비로소 베드로는 왜 예수님이 십자가에서 죽으셔야 했는지를 알게 되었습니다. 영원한 삶을 모든 사람에게 약속하시고 구원하시기를 원하셨던 하나님의 계획을 비로소 알게 되었다는 말입니다.
　　이 만남! 부활하셔서 찾아오신 예수님과의 만남에서 비로소 베드로의 실망과 좌절은 새로운 소망과 새로운 환희로 바뀌어질 수 있었습니다. 그 날 아침부터 베드로는 직업으로 되돌아갔던 그물을 내어 던져버리고 새로운 생활, 사도직을 수행했습니다.

부활의 기쁨을 축하하고 예배드리는 이 시간! 이 본문이 우리에게 주는 메시지가 무엇일까요? 실망과 좌절이 우리 생활에도 있고 때때로 삶의 의미마저 회의를 느끼는 오늘의 현실에서 우리에게 들려오는 새로운 메시지(message)는 무엇일까요? 부활하신 주님이 우리를 찾아오셨다는 메시지입니다.

실의와 절망 속에 찾아오시는 부활하신 주님을 "저분이 주님이시다"라고 알아볼 수 있는 눈을 우리도 가지라는 메시지입니다. 그래서 그분이 찾아오셨는데도 못 본체 하거나 지나가는 손님인 양 못 알아보고 놓치지 말고 주님을 우리의 생활 속에 영접하는 일, 주님을 만나는 일입니다. 베드로가 경험했던 것처럼 부활하신 주님과의 만남에서 하나님의 역전승을 보고, 하나님의 영원하신 사랑의 나라와 소망을 깨닫는 일입니다. 깨닫고 감격하는 일입니다.

부활의 소망을 안고 하나님께 경배 드리고 있는 사랑하는 교우 여러분! 여기에 새로운 사실 하나가 더 있습니다. 제자들과 함께 바닷가에서 조반을 잡수신 후에 예수께서 시몬 베드로에게 물으셨습니다.

> 요한의 아들 시몬아, 네가 이 사람들보다 나를 더 사랑하느냐?(요 21:15).

허무와 답답증에 걸렸던 베드로에게 새로운 사명을 주시려는 예수님의 물음입니다.

> 주여, 그러하외다. 내가 주를 사랑하는 줄 주께서 아시나이다(요 21: 15 중반절).

베드로는 이 대답 한 마디로 이미 허무와 답답증으로부터 탈피했습니다. 진정 사랑할 수 있는 대상인 주님을 다시 찾았기 때문이었습니다. 여기 권태증에 걸려 있는 우리 현대인 모두가 다시 한 번 찾아야 할 생의 현실의 길이 있습니다. 예수님의 부활에서 확증된 영원한 생명! 하나님께서 약속하신 이 생명 앞에 우리의 답답해진 삶을 조건 없이 헌신할 수 있을 때, 비로소 답답증이 극복될 수 있기 때문입니다.

베드로의 대답은 이제 호언장담이 아니고 자기 기만도 아니었습니다. 자기가 주님을 사랑하는 것, 그것은 자기가 아는 것이 아니라 주님께서 아신다는 대답이었습니다.

우리의 본문을 보면 이 질문과 대답은 세 번이나 반복되고 있습니다.

'네가 이 사람들보다 나를 더 사랑하느냐?'
'네가 나를 사랑하느냐?'
'네가 나를 사랑하느냐?'
'그러하외다 내가 주를 사랑하는 줄 주께서 아시나이다.'
'그러하외다 내가 주를 사랑하는 줄 주께서 아시나이다.'
'내가 주를 사랑하는 줄 주께서 아시나이다.'

우리 말 성경을 읽으면 예수님의 질문이나 베드로의 대답이 모두 사랑, 사랑으로 되어있어 똑같은 말을 반복한 것으로 밖에는 보이지 않습니다.

그러나 신약성서 원문인 헬라어 성경을 보면 똑같지가 않습니다. 자! 보실까요 예수님은 첫 번째 질문에서 '시몬 요안누, 아가파스 매 풀레온 투우톤.'

요한의 아들 시몬아, 네가 Agape의 사랑으로 이 사람들보다 나를 더 사랑하느냐?

그러니까 예수님은 베드로에게 아가페의 사랑을 요구하고 계십니다. 우리말에는 '사랑'이라는 단어가 하나 밖에 없기 때문에 개념이 모호하여 무엇이 사랑인지를 잘 모릅니다. 그래서 한국 사람들은 사랑을 제대로 할 줄 모릅니다. 영어에도 'love'라는 단어가 하나 밖에 없어 그저 애정 표현이나 하는 게 사랑인 줄 알고 있습니다. 그러나 헬라어에는 '사랑'이라는 단어가 뚜렷하게 셋으로 구분되어 있습니다.
1) 아가페(Agape)입니다. 아가페는 댓가를 바라지 않는 사랑입니다. 사랑할 자격이 없는데도 사랑하는 사랑입니다. 흘러넘치는 사랑이요 무조건적인 사랑입니다. 이것이 하나님의 사랑입니다.
2) 에로스(Eros)입니다. 에로스는 주고받는 사랑입니다. 사랑할 가치가 있으면 사랑하고 없으면 그만 두는 사랑입니다. 조건부 사랑이고 주는 것보다는 받으려는 사랑입니다. 이것은 주로 이성간의 사랑입니다.
3) 필레오(Philew)입니다. 필레오는 아낌없이 주려고 하는 사랑입니다. 도와주고 일으켜 주고 세워 주는 사랑입니다. 형제 사랑이 이것입니다.

첫 번째 질문에서 예수님이 아가페의 사랑으로 나를 사랑하느냐고 물으셨을 때 베드로는 차마 아가페의 사랑으로 사랑한다고 대답할 수 없었습니다. 아가페는 흉내도 낼 수 없기에 베드로는 필레오의 사랑, 형제 사랑으로 사랑한다고 대답했습니다. 그러나 그것마저도 감히 자신 있게 대답할 수 없어 "주님께서 아십니다"라고 대답했습니다.
두 번째 질문은 어떠했을까요? 첫 번째 질문과 같았습니다. 베드로는 똑같이 필레오의 사랑으로 사랑한다고 대답했습니다.

그러자 예수님은 세 번째 질문에서 사랑이라는 용어를 아가페에서 필레오로 바꾸어 물으셨습니다. 네가 두 번이나 필레오의 사랑으로 나를 사랑한다고 대답했는데 그게 사실이냐는 것입니다. 베드로는 겁이 났습니다. 아가페가 아니라 적어도, 필레오의 사랑으로는 예수님을 사랑한다고 생각했는데 그것마저도 아니라는 말인가?

베드로는 두 손을 들었습니다. 예수님 앞에 완전히 거꾸러지고 말았습니다. 이제 나의 삶은 내 생각에서 지배되는 것이 아니라 주님의 손에 잡히게 되었구나!

베드로는 대답했습니다. 뭐라고 했을까요?

> 주여 모든 것을 아시오매 주님께 무엇을 숨기오리이까? 형제 사랑으로 주님을 사랑한다고 두 번이나 대답을 드렸는데 이것마저도 주님께서 아시고 사랑하게 하소서.

라는 대답이었습니다.

저는 여기서 여러분에게 매우 중요한 것 하나를 알려 드리려고 합니다. 그것은 "예수를 믿는다는 것이 무엇이냐?" 하는 것입니다. 여러분은 이미 예수를 믿은 지 오래입니다. 10년이 넘은 분이 대부분이고 어떤 분은 평생 예수를 믿어 왔습니다. 그러나 "예수를 믿는다는 것이 무엇입니까?"라고 물으면 정확한 대답을 잘 못합니다. 왜냐하면 모두가 자기 방식대로 믿고 있기 때문입니다.

"예수가 하나님의 아들이다"라고 믿는 것이 예수를 믿는 것이냐? 아닙니다. 예수가 2000년 전에 십자가에 달려 죽으시고 부활하셨다는 것을 믿는 것이 예수를 믿는 것이냐? 아닙니다. 왜 아닐까요? 이것을 믿는 것으로 자기와 아직 직접 부딪친 경험을 하지 못하기 때문입니다.

디베랴 바다의 아침 (요 21:1-7, 15-17)

그래서 많은 사람이 머리로만 예수를 믿고 있습니다. 지식적으로 믿고 교리적으로 믿고 있습니다. 예수에 대해서 아는 것은 제법 많은데 자기 삶에는 변화가 없습니다. 10년 전이나 지금이나 하나도 달라진 것이 없는 사람은 모두 이런 자기 식의 예수를 믿는 사람입니다.

그러면 어떻게 믿는 것이 예수를 믿는 것일까요? 내가 예수님의 발 앞에 완전히 거꾸러졌다는 것을 믿는 것입니다. 더 나아가서 십자가에서 내가 죽었다는 것을 믿는 것입니다. 십자가는 바라만 보는 것이 아니요 구경하고 끝나는 것도 아닙니다. 십자가는 자기 죽음을 선언하는 형틀입니다.

> 내가 그리스도와 함께 십자가에 못박혔나니 그런즉 이제는 내가 산 것이 아니요 오직 내 안에 그리스도께서 사신것이라. 이제 내가 육체 가운데 사는 것은 나를 사랑하사 나를 위하여 자기 몸을 버리신 하나님의 아들을 믿는 믿음 안에서 사는 것이라(갈 2:20).

이 말씀이 나의 고백이요 나의 선언이 될 때. 비로소 예수를 믿는다고 할 수 있습니다.

이 디베랴 바다의 경험 이후 베드로는 아주 다른 사람이 되었습니다. 주님을 사랑하는 일에 자기 생명을 내어 놓은 것입니다.

오늘, 부활 주일 후 둘째 주일! 저는 분명히 믿고 있는 것 하나가 있습니다. 예수님이 원수들에게 잡혀 매를 맞고 십자가에 달리시는 것을 보고 좌절감을 느꼈던 베드로! 하나님께서 아드님을 무덤에서 일으켜 부활하게 하시고, 디베랴 바다에서 그를 다시 만나주심으로, 하나님께서는 베드로 한 사람만이 아니라 거기 있던 제자들, 그리고 500여 신도들, 그 이후로 수많은 성도들과 오늘 우리에게 이르기까지 새로운 환희와 소망을 주시고 새 삶을 살게 해주셨다는 바로 이 사실입니다.

사랑하는 교우 여러분!
여러분의 이민생활이 지루하고 고달픕니까? 여러분에게 권태가 있고 무기력함이 있습니까?
이 시간 부활하신 주님께서 여러분의 삶 속에 찾아와 주시기를 바랍니다. 여러분이 부활의 주님을 만나서 베드로처럼 환희에 찬 삶으로 바꾸어지기를 바랍니다. 할 일이 없어졌던 베드로에게 이제야말로 사람을 낚는 어부로 나설 수 있는 새로운 일이 주어졌던 것처럼, 여러분에게도 새로운 할 일이 주어져서 의욕에 찬 삶을 살아갈 수 있기를 주님의 이름으로 축원합니다. 아멘.

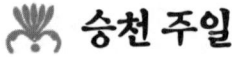 승천 주일

# 승천하신 예수님
### 사도행전 1장 3-5, 9-11절

프랑스의 신학자이며 철학자였던 르낭(Ernest Renan)은 1847년에 《예수전》(*Vie de Jesus*)이라는 책을 썼습니다. 우리말로 옮기면 《예수의 생애》라는 책입니다. 그는 이 책을 쓰면서 복음서에 기록된 예수님의 생애를 그 탄생부터 자기 식으로 고쳐서 하나의 소설을 만들었습니다. 말하자면 예수님의 탄생부터 십자가와 부활, 승천에 이르기까지 철저하게 인간 예수만을 그려낸 소설입니다. 그래서 예수는 베들레헴에서 탄생한 것이 아니고 나사렛에서 태어났으며, 십자가도 세상의 구세주로서가 아니라 하나의 숭고한 선도자의 죽음으로 묘사했습니다.

그는 "예수의 죽음"이라는 대목에서 이렇게 썼습니다.

> 숭고한 선도자여, 이제는 그대의 영광 속에 안식하라. 그대의 사업은 완성되었고 그대의 신성은 세워졌노라…우리의 투쟁의 깃발인 그대는 그 둘레에서 가장 치열한 전투가 전개되는 표지가 되리라.

그래서 이 책에는 예수의 무덤에서 그 생애는 끝나고 부활도 승천도 없습니다. 그는 일찍이 성직의 소명을 버리고 하나의 종교 사학자가 되어 기독교를 순수한 인문주의(Humanism) 종교로 만들어 버렸습니다. 이 책이 나오자 기독교의 정통파에서는 르낭을 가리켜 악마, 가룟 유다, 위선자, 13번째의 사도라고 비난을 했습니다. 아프리카의 성자 슈바이쳐(Schweitzer) 박사는 이 책을 가리켜 "르낭이 예수에게서 신성을 빼앗고 감상적인 인물로 만들어 버리고 말았다"고 평했습니다.

르낭의 《예수전》은 아마도 그 보다 일세기 전에 나온 슐라이어마허의 《예수전》에서 다소 영향을 받은 것이 아닌가 생각됩니다. 슐라이어마허(Schleiermacher)는 1768년에 태어나서 독일 베를린 대학을 창설한 사람입니다. 그는 신학자로서 그 대학의 신학부 교수를 했으며, 삼일교회의 설교자로서도 이름이 나 있습니다. 그가 쓴 《예수전》 역시 예수님에게서 하나님의 신성을 다 빼버리고 인간 예수를 그려낸 책입니다.

슐라이어마허는 이 지구를 하나의 거대한 수레로 묘사했습니다. 그 수레 위에는 전 인류가 올라 타 있습니다. 그리고 수레는 지금 산비탈 길을 내려가고 있습니다. 오른 쪽은 꺾어 세운 듯한 절벽이고 왼쪽 역시 천 길 낭떠러지입니다. 그 절벽 밑에는 깊은 강이 굽이쳐 흐르고 있습니다. 그리고 그 경치는 그림처럼 아름답습니다. 수레에 올라 탄 인간들! 오른 쪽은 아무것도 볼 수 없으니까 왼쪽 경치를 보겠다고 온통 왼쪽으로 몰려들었습니다. 그 바람에 수레는 균형을 잃어버리고 왼쪽 낭떠러지로 기울어지기 시작했습니다. 조금만 더 있다가는 절벽 밑으로 굴러 떨어지고 맙니다. 수레에 올라탄 사람들은 죽겠다고 소리를 쳤습니다. 온 인류가 몽땅 절벽 아래로 떨어져 강물 속으로 빠져 죽기 직전이었습니다. 인간들의 아우성 소리를 들으신 하나님께서는 사정이 너무나도 급해서 아드님을 내려 보내셨습니다.

보이지 않는 신성을 벗어 던지고 인간이 되어 오셨습니다.

인간이 되어 오신 예수! 그는 이 예수를 '역사적 예수'(Historische Jesus)라고 불렀습니다. 역사적 예수는 우선 낭떠러지로 굴러가는 역사의 수레를 오른쪽으로 돌려 세워야 했다고 그는 말합니다. 왼쪽으로 기울어지는 수레를 오른 쪽으로 돌려 세우기 위해 예수는 왼쪽 바퀴를 붙잡았다고 했습니다. 그런데 수레 위에는 전 세계 인류가 모두 올라타고 있어서 인간 예수 혼자 힘으로는 그 바퀴를 돌려 세울 수 없었습니다. 수레는 왼쪽 바퀴를 붙잡은 예수를 그냥 깔고 지나가 버렸습니다.

그런데 예수의 몸은 피투성이가 된 채로 죽어서 그 바퀴에 붙어 버렸다는 것입니다. 그는 말합니다,

> 예수가 역사의 바퀴를 붙잡고 바퀴에 붙어 버린 것이 기원 37년! 그 때부터 지금까지 역사의 수레는 왼쪽 설벽 아래로 굴러 떨어지려다가 오른쪽으로 돌려 세워지곤 했다. 그것은 왼쪽 바퀴에 역사적 예수의 시체가 붙어서 떨어지지 않고 있기 때문이다. 그래서 오른쪽으로 돌려 세워질 때마다 역사의 바퀴는 덜컹덜컹 소리가 난다. 이렇게 해서 인류의 역사는 덜컹거리는 역사가 된 것이다, 이 때문에 아직 낭떠러지에 굴러 떨어지지 않고 가고 있다.

참으로 상상력이 비상한 "예수전"입니다. 그러나 이 예수전에도 예수의 생애와 죽음이 있을 뿐, 인간 구원을 위한 십자가와 그 다음에 이어지는 부활과 승천은 빠져 있습니다. 생명이 없는 예수전입니다. 르낭이나 슐라이어마허는 한 세기 또는 두 세기 전에 "예수전"을 내놓아 물의를 일으킨 사람들이지만 최근에 와서는 이들보다 더 파격한 사람들이 생겨나 미국과 세계를 혼란하게 하고 있습니다.

1990년 4월 8일자 *Time*지를 보신 분들이 계시겠지만 "Jesus

Seminar"파들의 얘기를 싣고 있었습니다. 그 후 10여 년 동안 Jesus Seminar파들은 자기들의 주장을 일반 대중들에게 보급시키기 위해 끈질기게 활동해 왔습니다. 그러자 이들 급진주의자들과 보수주의 학자들을 비롯한 모든 신학자들이 열띤 논쟁을 벌이게 되었습니다. 1993년에 Jesus Seminar가 "제5복음"이라는 책을 내놓자 에모리대학교의 신약학자인 존슨(Luke Timothy Johnson) 박사는 《참된 역사적 예수에 대한 그릇된 탐구, 그리고 전통적 복음서들의 진리》를 출판했습니다. 존슨 박사는 이 책에서 "Jesus Seminar 사람들이 근본적인 중요사를 왜곡시키고 있다"고 공격했습니다.

그런데 문제는 이 쟁점이 당시 인터넷(inter-net)에까지 퍼져 나오고 있다는 데에 있었습니다. 그리고 예수 탐구에 대한 책들이 수십권이 이미 출판되었고 출판 도중에 있습니다. 케이블 TV Cinema X는 "예수복음"이라는 프로그램을 방영하는데 이름 있는 배우들과 보통 사람들을 등장시켜 미첼(Steven Mitchel)이라는 작가가 편집한 성경구절을 암송하게 합니다. 그는 예수님의 말씀의 많은 부분과 그 생애에 하신 역사의 대부분을 빼어 버렸습니다. "예수님이 실제로 말씀하셨는지 확신할 수 없어서 그랬다"는 것입니다.

얼마 전에는 National Geographic사에서 Herbert Krosney가 쓴 소설을 《잃어버린 복음》(*The Lost Gospel*)이라는 이름으로 내놓았습니다. '유다 이스카리옷의 복음에 대한 의문'이라는 부제가 붙은 이 책은 여러 가지 문제들을 던져주고 있습니다. 주후 2세기경 영지주의에 빠진 자들 중 소위 가인(Cain)파 사람들이 썼다는 이 책의 문제점은 첫째, 유다는 예수를 배반한 후 죄책감에 빠져 자살한 것이 아니라 반대로 예수가 지시한 일을 한 영웅적인 인물이라는 것입니다. 그러니까 예수는 유다가 예수를 십자가형에 넘겨줌으로써 다른 제자들보다 더 나은 제자라는 것을 인정하셨다는 것입니다. 그리고 유다 이스카리옷은 예수를 원수들에게 넘겨준 후 아라비아 사막으로 피신해서 여생을 보냈다는 것입니다.

둘째, 예수는 막달라 마리아와 결혼을 해서 아들딸을 낳았는데 그 자손들이 지금도 어디엔가 살고 있을 것이라 얘기입니다. 성경의 복음서를 뒤엎는 이 괴상한 얘기는 적그리스도가 아니라면, 또 악마의 앞잡이가 아니라면 도저히 할 수 없는 얘기들입니다.

또한 Dan Brown이 쓴 소설 《다빈치 코드》(*Da Vinci Code*)가 화제를 일으키며 많은 사람들을 미혹시키더니 그것을 영화로 만들어 5월 19일에 개봉을 했답니다. 또 얼마나 많은 사람들을 혼란에 빠뜨릴까요? 모두가 악마들의 장난입니다.

과거에 Jesus Seminar파들이 성경구절을 투표로 뺏다 넣었다 했다니 유다복음서나 다빈치 코드의 저자도 자기네 마음대로 성경구절을 뜯어 고쳤습니다. 생각해 보십시오. 도대체 성경구절이 인간들 몇 사람의 투표로 결정된 성질의 것입니까? 요한계시록 22장 19절을 보면,

> 만일 누구든지 이 책의 예언의 말씀에서 제하여 버리면 하나님이 이 책에 기록된 생명나무와 및 거룩한 성에 참예함을 제하여 버리시리라

고 기록되어 있습니다. 그러니까 Renan, Schleiermacher, Jesus Seminar group, Herbert Krosney, Dan Brown, Da Vinci Code 영화 출연배우, National Geographic 출판 관계자들을 보면 오늘 우리가 살고 있는 이 세대는 악해질 대로 악해진 말세지말의 때라고 하지 않을 수 없습니다.

이런 때에 우리는 어떻게 해야 할까요? 전보다 더 열심히 성경을 읽고 배우며 믿음을 지켜야 합니다.

요한계시록 1장 3절을 보면,

이 예언의 말씀을 읽는 자와 듣는 자들과 그 가운데 기록한 것을 지키는 자들이 복이 있나니 때가 가까움이라.

고 말씀했습니다.

오늘은 예수님이 하늘로 올라가신 승천주일입니다. 예수님이 무덤에서 부활하시고 승천하신 기록은 사도행전 1장에만 있는 것이 아닙니다. 히브리서 4장 14절에는 "그러므로 우리에게 큰 대제사장이 있으니 승천하신 자 곧 하나님의 아들 예수시라 우리가 믿는 도리를 굳게 잡을지어다"라고 말씀했고,

베드로전서 3장 22절에는,

저는 하늘에 오르사 하나님 우편에 계시니 천사들과 권세들과 능력들이 저에게 순복하느니라.

고 기록하고 있습니다.

이렇게 승천은 하늘로부터 내려오신 하나님의 아드님이 그의 사역을 모두 마치시고 하늘로 다시 올라가신 자연스러운 일이며 사도들과 500여 신도들이 다 보는 앞에서 들리어 올라가신 역사적인 사건입니다. 그러므로 승천은 예수님의 부활과 함께 그리스도교 신앙의 중심적인 내용입니다.

우리의 본문 사도행전 1장 3절을 보면,

해 받으신 후에 또한 저희에게 확실한 많은 증거로 친히 사심을 나타내사 사십일 동안 저희에게 보이시며 하나님 나라의 일을 말씀하시니라.

고 기록되어 있습니다.

예수님께서는 무덤에서 부활하시던 날 즉시 하늘로 올라가시지 않았습니다. 40일 동안을 더 머물러 계셨습니다. 이 40일 동안 예수님은 무엇을 하셨을까요? 두 가지 중요한 일을 하셨습니다.

1) 하나님이 죽은 자 가운데서 다시 살아나신 것을 여러 번 여러 사람들에게 확실한 증거로 보여 주셨습니다.
2) 하나님 나라의 일을 말씀해 주시고 사도들에게 복음을 위탁해 주셨습니다.

이 일은 참으로 중요한 일이었습니다. 하나님의 아드님이 세상에 오셔서 성취하신 구원사업을 아무도 의심할 수 없게 확증해 주신 것입니다. 이 일을 하시는데 예수님은 40일이라는 기간이 필요하셨습니다. 40일 동안 부활하신 예수님은 한 두 사람에게 만이 아니라 수많은 사람들에게 당신이 무덤에서 살아나심을 보여 주셨습니다. 예수님의 부활을 목격한 사람들은 막달라 마리아와 여인들만이 아닙니다. 게바를 위시한 열한 제자들, 엠마오로 가던 두 제자, 500명이 넘는 신도들, 이것이 어떻게 Jesus Seminar 사람들이 투표로 결정할 수 있는 일입니까?

이 40일의 기간이 다 찼을 때, 예수님은 사도들과 제자들에게 "예루살렘을 떠나지 말고 약속하신 성령을 기다리라"고 분부하셨습니다. 예루살렘은 유대교의 성지일 뿐 아니라 그리스도교의 본산지입니다. 솔로몬이 여기에 성전을 세웠고, 예수님은 여기서 십자가에 달려 죽으셨습니다. 예수님께서 "예루살렘을 떠나지 말라"고 말씀하신 데는 세 가지 이유를 찾을 수 있습니다.

첫째, 신앙적인 상황을 견지하라는 뜻입니다

제자들은 신앙적 상황과 열망에 이끌려 주님을 따라 나섰고 갈릴리에서 예루살렘까지 왔습니다. 십자가에 주님이 달리시자 그 신앙적 상황과 열망을 잃어버렸습니다. 그리고 사방으로 흩어질 위기에 있었던 것입니다. 이것은 여러분도 마찬가지입니다. 오늘 여러분도 신앙적 상황과 열망을 잃어 버리지 않으려면 예루살렘을 떠나지 말아야 합니다. 오늘의 예루살렘은 어디입니까? 성전이 있는 이곳입니다. 오늘 여러분은 이곳에 밤낮으로 모여 있을 수는 없습니다. 각기 생업에 종사해야 하고 가정생활도 해야 합니다. 그러나 신앙적 상황과 열망을 견지하게 위해 여러분은 부지런히 이곳으로 와야 합니다. 여러분이 직장과 가정 또는 학교에가 있을 때도 주님을 향한 열망은 이곳으로 집중되어 있어야 합니다.

둘째, 단결하라는 교훈입니다

예루살렘을 떠나 제 각기 자기 곳으로 가버리면 제자들의 단결은 잃어버리고 교회는 설 수 없는 것입니다. 그리고 단결의 초점과 장소는 예수님이 십자가에 달리시고 부활하신 그 곳 예루살렘이었습니다.
우리나라가 해방이 되던 1945년 8월 15일, 우리 민족은 해방의 감격도 잠시 뿐, 서로 자기가 정치를 하겠다고 정당을 만들어 댔습니다. 너무나 많은 정당이 일어나 국민들은 분열되고 갈라졌습니다. 그해 9월에 고국으로 돌아온 이승만 박사는 이 광경을 보고 국민들에게 호소했습니다. "뭉치면 살고 흩어지면 죽는다." 그래서 많은 이들이 뭉치기 시작하고 대한민국이라는 나라를 세웠습니다.
예수님은 오늘도 여러분에게 "예루살렘을 떠나지 말라"고 하십니다. 단결하라는 말씀입니다. 교회가 단결하려면 모이기를 힘써야 합니다. 열심히 집회에 참석하여 함께 말씀을 듣고 함께 기도해야 합니다. "나 하나쯤이야" 하는 생각은 버려야 합니다. "내가 나와서 다른 사람과 함께 단결해야지!" 하는 생각으로 바꾸어야 합니다. 교회는 단결하는데서 교회가 되는 것입니다.

셋째 "예루살렘을 떠나지 말라"고 하신 것은 함께 모여 성령을 기다리라는 말씀입니다

예수님은 십자가를 앞에 두고 제자들에게 여러 가지로 말씀을 하시는 중에 보혜사 성령을 약속하셨습니다.
요한복음 14장 16절을 보세요.

> 내가 아버지께 구하겠으니 그가 또 다른 보혜사를 너희에게 주사 영원토록 너희 함께 있게 하시리니 저는 진리의 영이라.

또 14장 26절을 보세요.

> 보혜사 곧 아버지께서 내 이름으로 보내실 성령 그가 모든 것을 너희에게 가르치시고 내가 너희에게 말한 모든 것을 생각나게 하시리라.

예수님이 자기들 곁을 떠나실까봐 몹시 불안해하는 제자들을 향해 이렇게 말씀하셨습니다.
요한복은 16장 7절을 보세요.

> 그러나 내가 너희에게 실상을 말하노니 내가 떠나가는 것이 너희에게 유익이라 내가 떠나가지 아니하면 보혜사가 너희에게로 오시지

아니할 것이요 가면 내가 그를 너희에게 보내리라.

다음 주일은 교회력으로 성령강림 주일입니다. 그러므로 여러분도 함께 모여 성령강림을 기도해야 합니다. 예수님께서 "너희가 몇 날이 못 되어 성령으로 세례를 받으리라"고 하신대로 제자들은 예루살렘을 떠나지 않고 말씀을 순종했기 때문에 마침내 오순절에 성령으로 세례를 받았습니다.

본문 9절을 보면,

이 말씀을 마치시고 저희 보는데서 올리워 가시니 구름이 저희를 가리워 보이지 않게 하더라.

고 했습니다. 그러니까 예수님은 부활하신지 40일이 되자 하늘로 올라가신 것입니다. 승천이라는 말이 현대인들에게는 가장 이해하기 어려운 말 중의 하나입니다. "올리워 가셨다"라는 말의 헬라어 '에패루데'는 He was taken up입니다. 하나님께서 천사들을 보내어 예수님을 모시고 하늘로 올라간 것입니다. "구름이 저를 가리워"라는 헬라말, '네펠레 휘펠라벤 아우톤'은 a cloud received him입니다. 구름이 예수님을 영접해서 사람들의 눈에서 보이지 않게 되었다는 것입니다.

구약성경에서 구름은 하나님의 영광과 임재를 상징하는 매개물로 자주 등장했습니다(출 19:16, 왕상 8:10, 단 7:13). 그리고 신약성경에도 예수님이 세 제자를 데리시고 변화산에 올라가셨을 때(마 17:5, 막 9:7, 눅 9:34, 35) 주님의 재림을 묘사하는 곳(마 24:30, 막 13:26, 눅 21:27, 살전 4:17)에서 등장하고 있습니다. 따라서 본문에 나오는 이 말은 하나님의 영광과 임재를 나타내는 것으로 해석하는 것이 옳습니다.

예수님에게 있어서 승천은 땅 위에 오셔서 3년간 공생애의 천국 복음을 전파하시고 하나님 본연의 자리로 올라가시는 위대한 사건입니다.

사도 바울은 로마서 8장 34절에서 이렇게 기록하고 있습니다.

> 누가 정죄하리요, 죽으실 뿐 아니라 다시 살아나신 이는 그리스도 예수시니 그는 하나님 우편에 계신 자요 우리를 위하여 간구하시는 아시니라.

승천하신 주님은 하나님 우편에 앉으셔서 우리를 위하여 중재의 기도를 드리신다는 말입니다. 주님께서 승천하실 때 많은 제자들이 주님의 승천하시는 광경을 쳐다보고 있었습니다. 그 때 흰옷을 입은 두 천사가 그들에게 말했습니다.

> 갈릴리 사람들아, 어찌하여 서서 하늘을 쳐다보느냐? 너희 가운데서 하늘로 올리우신 이 예수는 하늘로 가심을 본 그대로 오시리라 (행 1:11).

천사가 말한 이 말의 중심 메시지가 무엇입니까? 승천하신 예수님은 반드시 재림의 영광중에 구름을 타시고 재림하신다는 약속입니다. 인류의 역사는 지금 종말의 소용돌이 속에 들어가 있습니다. 멀지 않아 주님은 다시 오실 것입니다.

사랑하는 교우 여러분!
오늘 승천주일에 다시 오실 주님을 기다리는 재림의 신앙을 돈독히 하시기 바랍니다. 그래서 주님께서 영광 중에 재림하실 때 여러분 모두가 주님을 영접하며 하늘나라의 잔치에 참여할 수 있기를 주님의 이름으로 축원합니다! 아멘.

# 오순절

## 펜테코스테의 경험
### 사도행전 2장 1-4절

　미국교회가 쇠퇴의 길을 걷기 시작한 것은 지금으로부터 40년 전 1965년부터입니다. 세계 제2차대전 때는 어느 정도 상승세를 보여 오다가 1950년대에는 평행선을 유지했고 1960년대 중반 들어서면서 점차로 기울기 시작한 것입니다.
　1989년 5월 22일자 *Time*지 종교란에는 "맥이 빠진 주류 교단들"이라는 제목 아래 무려 3페이지에 걸쳐 사양길에 들어간 미국 교회의 모습을 실었습니다. 미국 교회의 주류는 그 시초가 개신교입니다. 그런데 지난 2세기 동안 그 중심부가 쓰러져가고 있다는 것입니다. 1965년 이래 연합그리스도교회(United Church of Christ)가 20% 감소되고, 장로교회가 25%, 성공회가 28%, 감리교회가 18%, 가장 심하게 줄어든 교회가 Christian Church로 43%, 이 다섯 교단을 합치면 520만이 줄어든데 반해 인구 증가는 4,700만 명으로 나와 있습니다. 당시 미국 연합장로교회의 증경 총회장인 로저스(Isabel Rogers) 목사는 "이제는 교회가 미국 사회에서 더 이상 우선적인 가치에 들지 못하고 있다"고 말했습니다.

특히 이 기사에서 주일학교는 지난 2세기 동안 큰 교단들 안에서 55%나 줄어들었다고 했습니다. 이렇게 주일학교가 줄어든 원인을 시카고 신학교의 Dorothy Bass 교수는 "그리스도교의 의미와 감동을 한 세대가 다른 세대에, 한 사람이 다름 사람에게 전해주는 데 실패한 때문이다"라고 지적했습니다.

1세기 전만 해도 미국의 대학들은 개신교의 주류들이 운영했고, 확고한 신앙 문화적인 영향을 끼치는 가장 중요한 채널(channel)이었습니다. 그러나 점차적으로 중요한 대학들은 세속적인 캠퍼스(campus)들과 구별할 수 없게 되었고, 개신교의 고등교육을 복음적인 것에서부터 이탈시켜 버렸습니다. Duke대학교의 역사학자인 George Marsden 교수는 "이 혁명은 아무도 주목하지 않고 아무도 유의하지 않은데서 일어난 것이다"라고 말하고 있습니다.

거기에는 두 개의 대조적인 예배 광경을 찍은 사진이 실려 있었는데 회중교회는 500명 좌석에 70명 정도가 서 있는 광경이고, Pasadena에 있는 나사렛 교회는 700명 이상 들어가는 좌석이 만원이었고, 성가대만도 100명이 넘어 보였습니다. 교회가 줄어드는 이유는 앞에서 두 대학의 교수가 지적한 것 외에도, 가장 큰 것은 앞문으로 들어온 교인들이 뒷문으로 빠져나가기 때문이라는 것입니다. 이것은 과거에 이미 여러 조사 보고에서 지적되어 온 것입니다. 지금까지 나온 조사 보고들을 종합해 보면 새로 나온 교인들이 앞문으로 들어와서 뒷문으로 빠져나가는 원인을 두 가지로 분석하고 있습니다.

첫째는, 교회의 분위기입니다. 새로 나온 교인들이나 다른 교회에 다니던 사람들은 교인들의 분위기에 상당한 영향을 받습니다. 그들은 대부분 목사의 설교를 듣기 위해 오는 것이 아니라 분위기를 보고 옵니다. 훈훈하고 따뜻한 분위기, 온 교인들이 자기에게 관심을 보여주는 친절한 교회, 서먹서먹한 기분을 전혀 느끼지 않게 해주는 교회는 뒷문으로 빠져 나가는 교인이 없다는 것입니다. 그러나 교회에 가도 자기에게 관심을 보이지 않거나 만나는 사람들끼리만 모여 앉아 애기하거나 회의 때만 되면 분위기를 살벌하게 만들어 놓는 사람이 있는 교회는 뒷문을 열어 놓고 있는 교회라고 했습니다.

또 하나는 성령으로 하나가 되어 있지 않는 교회입니다. 통계에 나온 것을 보면 교회 안에서 말이 많고 불평을 떠벌리는 사람들은 평교인이 아니라 항상 제직이라는 것입니다. 성령으로 녹아져서 완전히 하나가 되지 못하고 서로 시기하고 인간적인 우월감을 가지고 있는 사람들도 처음 나오는 교인들이 아니라 오래 믿고 집사가 된 사람들이라 했습니다. 그래서 이들이 파당을 만들고 찬물을 교회 안에 끼얹어서 교회가 냉담해지고 성령의 역사를 방해하기 때문에 뒷문을 열어놓은 결과가 된다고 했습니다. 그 대신 모든 제직들이 성령 안에서 하나가 되어 있는 교회, 사랑으로 뭉쳐 있는 교회는 뒷문을 닫아놓은 교회와 같다고 했습니다. 이런 교회는 모든 제직들이 시간마다 빠지지 않고 출석하는 교회요 모이기를 힘쓰는 교회입니다. 평교인이나 새로 나온 교인들이 집회에 나왔을 때 자기가 아는 제직들이 미리 나와 앉은 것을 보고 이들은 더욱 힘을 얻는다는 것입니다.

그러나 나와야 할 제직이 나와 있지 않을 때, 그 사람은 실망을 하고 제직도 안 나오는데 내가 나갈 필요가 있는가 하는 의혹을 갖게 된다고 했습니다. 그러므로 제직이 성령으로 하나 되고 교회 집회에 참석한다는 것은 대단히 중요한 일입니다. 제직이 하나 되지 못하거나 제직의 입에서 교회에 대한 불평이 새어 나오거나, 제직이 집회에 참석하지 않은 것은 그것 자체가 교회에 뒷문을 열어놓은 결과가 된다고 합니다. 오늘 우리는 이것을 남의 애기로 들어서는 안 되겠습니다. 우리 자신의 애기로 받아들이고 우리 교회도 뒷문을 열어놓은 사람들이 없어야 하겠습니다.

성령강림주일을 맞이한 오늘 우리는 오순절에 사도들과 거기에 모인 사람들이 다 같이 경험했던 펜테코스테의 경험을 우리도 해야 하겠습니다. 펜테코스테는 헬라말이며 '오순절'이라는 뜻입니다. 영어의 pentecost도 이 헬라말에서 온 것입니다. 이 말에는 원래 '50'이라는 뜻이 들어 있습니다. 이 날은 유월절 파스카 주간의 안식일로부터 50일째 되는 날에 지키는 유대인의 3대 절기 중 하나입니다. 유대의 3대 절기란 '파스카' 유월절, '펜테코스테' 오순절, '에오르테 스케논' 초막절입니다. 오순절은 유월절 기간 동안 처음 익은 보리 곡식단을 제단에 드린 날부터 시작하여 밀 추수로 시작하여 49일, 즉 7주간의 추수기간 다음 날이기 때문에 칠칠절, 초실절이라고도 합니다(출 34:22; 신 16:10).

또한 이 날은 처음 수확한 밀로 떡을 만들어 제사를 드리는 절기이므로 맥추절이라고도 합니다. 그러나 주후 1세기경부터 하나님께서 모세를 시내산에 불러올리셔서 율법을 주신 것을 기념하는 명절로 지키게 되었는데(희년서 1:1; 6:17) 출애굽기 19장 1절에 암시한 연대를 추론해 볼 때 율법을 받은 날이 오순절이 자명하다는 것입니다. 이 절기가 유대인의 달력으로 사반월 16일에 해당되고, 태양력으로는 5월말이나 6월 초순이 됩니다. 이 날이 디아스포라(diaspora), 즉 흩어져 사는 유대인들이 모두 예루살렘으로 와서 처음 익은 보리로 떡을 만들어 성전에서 제사를 드렸습니다.

유월절이 그리스도의 수난과 부활을 예표하는 것이라면 오순절은 신약시대에 교회의 시작으로 영적 의미를 가집니다. 사도행전 1장 5절을 보면 이 명령을 받고 함께 모인 사람들의 수는 열한 사도를 포함해서 120명이나 되었습니다. 그들은 이 날부터 다락방에 모여서 열심히 한 마음으로 기도하며 성령강림을 기다렸습니다.

성령이여 오시옵소서, 약속하신 성령이여 오시옵소서.
그래서 우리가 다 성령을 받고 부활의 증인으로 나설 수 있게 하시옵소서.

그들의 기도는 진지했습니다. 그리고 거기에는 조금도 잡념이 없었습니다. 오로지 그리스도의 복음만을 증거하는 증인으로 나설 수 있기 위해 합심해서 기도했습니다. 성경을 보면 이렇게 합심해서 기도하는 그 자리에 성령이 강림하신 것은 그로부터 열흘 후였습니다. 예수님이 승천하시고 나서 열흘 후, 오순절 날에 성령이 그들에게 강림하신 것입니다.

오늘 우리가 봉독한 본문은 바로 그 날, 그 오순절 날 아침에 성령이 강림하신 광경을 기록하고 있습니다.

오순절 날이 이미 이르매 저희가 다 같이 한 곳에 모였더니,

사도행전 2장 1절에 기록된 말씀 속에는 세 가지 의미가 들어 있습니다. 첫째로, 오순절은 이스라엘의 종교적인 절기로 각지에 흩어져 있는 하나님의 백성들을 예루살렘으로 불러 모으는 때라는 뜻입니다. 다시 말하면 구약성서의 전통 있는 종교적 절기로서 유월절은 십자가 사건과 관련된 것처럼 오순절은 복음 선포와 관련을 갖게 된 절기라는 의미입니다.

둘째로, 오순절은 맥추절일 뿐 아니라 하나님께서 모세를 시내산에 불러 올리셔서 십계명을 두 개의 돌판에 새겨주신 사건을 기념하는 날이었습니다. 따라서 오순절은 시내산 계약이 모세를 통하여 이스라엘 백성에게 임했던 것처럼 마가의 다락방에 성령이 강림하셔서 온 세계 만민에게 복음을 선포하는 절기가 되었다는 의미입니다.

셋째로, 오순절은 한 주간의 첫 날로서 예수님이 주간 첫날 이른 새벽에 무덤에서 부활하셔서 교회가 탄생하는 날이 되었다는 의미입니다.

이렇게 뜻 깊고 역사적인 날에 하나님의 백성인 사도들과 제자들은 한 곳에 모였습니다. 그들이 한 곳에 모인 것은 이미 예수님이 승천하신 그 날부터 이미 열흘이나 되었습니다. 이 열흘 동안 그들은 합심해서 기도했고 그들 120명의 제자들 마음은 완전히 하나가 되어 있었습니다. 몸만 한 곳에 모여 있는 것이 아니라 마음도 한 곳에 모여 있었습니다. 이것이 바로 성령강림을 기다리는 준비 자세입니다. "예루살렘을 떠나지 말고 내게 들은 바 아버지의 약속하신 것을 기다리라 요한은 물로 세례를 베풀었으나 너희는 몇 날이 못되어 성령으로 세례를 받으리라"(행 1:4-5)고 하신 주님의 명령에 순종하여 그들은 오로지 성령 세례를 받기 위해 한 곳에 모여 일심동체가 되어 있었던 것입니다.

이러한 준비가 되어 있던 그 오순절 아침 마침내 약속하신 성령이 강림하셨습니다.

그 광경이 본문 2절 이하에 기록되어 있습니다.

> 홀연히 하늘로부터 급하고 강한 바람 같은 소리가 있어 저희 앉은 온 집에 가득하여,

오순절 성령강림은 신비스럽고 놀라운 능력으로 나타났습니다. 그것은 2절 처음에 나와 있는 말대로 '홀연히' 갑자기 성령께서 강림하신 것입니다. 인위적인 계획이나 사회적인 요청에 의해 강림하신 것이 아니었습니다. 하나님 편에서는 이미 오래 전부터 계획하시고 준비하신 것이었지만 땅 위에 있는 인간들에게는 전혀 예상하지 못한 때에 갑자기 강림하신 것입니다.

하나님이 하시는 일은 우리 인간들의 눈에는 언제나 홀연히, 갑자기 나타나십니다. 예수 그리스도의 탄생도 갑자기 마리아에게 천사가 나타나 성령으로 잉태된 것을 알렸습니다. 예수 그리스도의 부활도 주간 첫날 새벽 갑자기 무덤 돌이 굴러 나가고 무덤 속에서 부활하여 나오신 것입니다. 우리가 지금 기다리고 있는 예수님의 재림도 그 어느 날, 우리가 전혀 예측하지 못하는 시간에 갑자기 오실 것입니다. 이 세상의 종말도 그 어느 날 갑자기 오는 것이며 역사의 심판도 갑자기 오는 것입니다.

그런데 이렇게 갑작스럽게 성령이 오시는데 있어서 제일 먼저 나타난 현상은 "급하고 강한 바람 같은 소리가 있어 온 집에 가득하였다"는 사실입니다. 이것은 성령의 신적, 신비적인 능력이 인간들에게 임해올 때 나타나는 현상입니다. 이 "급하고 강한 바람 같은 소리"는 인간을 압도하는 성령의 힘이며 권능입니다. 이 힘, 이 권능이 사도행전 2장, 3장, 4장에 연결되어 나타납니다. 베드로가 이 능력을 받고 유대인들 앞에서

> 이스라엘 온 집이 정녕 알지니 너희가 십자가에 못 박은 이 예수를 하나님이 주와 그리스도가 되게 하셨느니라(행 2:36).

고 담대하게 외쳤을 때 그들은 마음에 찔려 "형제들아 우리가 어찌 할꼬?" 하며 그 능력 앞에 꺼꾸러졌던 것입니다. 이 능력이 사람들을 회개시켜 그날에 3,000명이나 세례를 받게 했습니다. 이 능력이 사람들로 하여금 하나님을 두려워하게 하고 사도들의 가르침을 받아 서로 교제하며 떡을 떼는 신앙공동체를 형성하게 했습니다. 이 능력이 자기 것을 팔아 가난한 자를 구제하게 했고, 이 능력이 날마다 성전에서 모이기를 힘쓰는 예배 공동체를 만들었습니다. 이 능력이 성전 미문에 앉아 구걸하는 앉은뱅이를 일으켜 걸어서 성전으로

들어가게 했습니다.

이 능력이 어부인 베드로로 하여금 능력 있는 설교자가 되게 했습니다. 이 능력이 대제사장 안나스와 가야바를 위시하여 예수를 죽인 자들의 박해에도 불구하고 사도들로 하여금 담대히 복음을 증거하게 했고, 이 능력이 믿는 사람들의 수를 날마다 증가시켰습니다.

사도행전 4장 12절에 베드로가 "다른 이로서는 구원을 얻을 수 없나니 천하 인간에게 구원을 얻을만한 다른 이름을 우리에게 주신 일이 없음이라"고 제사장들과 그 군중이 모인 가운데서 외친 것도 이 능력에서 온 것입니다. 이렇게 급하고 강한 바람 같은 소리가 온 집 안에 가득한 후에 어떤 일이 벌어졌습니까?

3절을 보세요.

> 불의 혀 같이 갈라지는 것이 저희에게 보여 각 사람 위에 임하여 있더니,

이것은 성령께서 인간들의 부정한 것을 정결케 하시는 성화의 역사입니다. "갈라지는 혀 같은 불"은 죄와 악, 부정과 불의를 태우고 깨끗하게 하시는 역사입니다. 이 역사는 급하고 강한 바람 소리 같은 역사와는 다르게 나타났습니다. 강력한 능력이 온 집 안에 가득한 것이 아니었습니다. 각 사람 위에 임하였습니다. "임하여 있더니"라는 말은 불의 혀 같이 갈라진 성결케 하시는 역사가 금방 임했다가 떠나간 것이 아니라 얼마 동안 머물러 있었다는 말입니다.

인간들의 죄를 태우고 악을 제하여 성결케 하시는 역사는 순간적으로 되는 것이 아니라 시간이 걸립니다. "임하여 있었다"는 말을 헬라어 원문을 보면 '에카디센 에프'라 했습니다. 그래서 RSV 영어 성경은 "it sat upon each of them"이라고 옮겼습니다. 이것은 성령께서 인간들의 죄와 악을 정결케 불로 태우고 떠나버리신 것이 아니

라 인간들 위에 머물러 계셔서 순결과 열정을 가지고 성령의 "급하고 강한 바람 같은" 능력에 순종하게 하시기 위한 것입니다.

불의 혀 같이 갈라지는 것이 각 사람 위에 임한 이 성령의 역사는 사도행전 5-7장으로 연결되어 나타납니다. 믿는 무리가 한 마음과 한 뜻이 되어 모든 물건을 서로 통용하고 유무상통하는 신앙공동체가 형성되어 가면서 많은 사람들이 자기 소유를 팔아 사도들의 발 앞에 가지고 왔습니다. 그 때 아나니아와 삽비라도 자기들의 토지를 팔아 사도들에게 가져왔습니다. 그러나 이 부부는 하나님께 바치기 위해 토지를 팔았는데 돈을 손에 쥐고 보니 아까운 생각이 들었습니다. 그래서 절반은 감추어 놓고 절반만 가지고 왔습니다. 그리고는 이것이 전부라고 사도들을 속인 것입니다. 성령의 역사를 받은 베드로가 이것을 모를 리가 없습니다. 베드로가 아나니아에게 말합니다.

> 아나니아야, 어찌하여 사탄이 네 마음에 가득하여 네가 성령을 속이고 땅값 얼마를 감추었느냐? 땅이 그대로 있을 때는 네 땅이 아니며 판 후에도 네 임의로 할 수 없더냐. 너는 사람에게 거짓말을 것이 아니라 하나님을 속인 것이라(행 5:3-4).

베드로의 말이 떨어지자 그는 그 자리에서 죽어 시체가 되었습니다. 이 일을 알지 못하고 온 아나니아의 아내 삽비라도 땅 값이 전부라고 속이다가 죽었습니다.

사도행전 5장은 우리가 조심해서 읽어야 합니다. 어떤 교회에서는 십일조, 주정헌금을 가지고 마음대로 감사헌금을 바쳤다가 건축헌금으로 바쳤다가 하는 교인들이 있습니다. 또 자기가 교회에 나오는 날만 헌금하고 안 나오는 날을 빼먹는 교인들도 있습니다. 아무 생각 없이 하는 이 행위는 성령을 속이는 행위가 된다는 것을 알아야 합니다. 십일조나 주정헌금, 주일헌금은 일단 작정했으면 사람과 작정한 것이 아니고 하나님과 약속한 것입니다.

불의 혀 같이 갈라진 성령의 역사는 사두개 당파들이 감옥에 가두어둔 사도들을 밤 중에 주의 사자를 보내어 옥문을 열고 나오게 하여 복음을 전하도록 했습니다. 이 역사는 6장에서 가서 일곱 집사를 선택하여 세웠고, 7장에서는 일곱 집사 중의 한 사람인 스데반이 성령이 충만하여 하늘을 우러러 보았을 때 하나님의 영광과 예수께서 하나님의 우편에 서신 것을 보게 했습니다. 그는 사도가 아닌 집사인데도 훌륭하게 복음을 전하다가 신약 최초의 순교자가 되었습니다.

본문 4절에 "저희가 다 성령의 충만함을 받았다"는 것은 이러한 능력의 성령, 성화시키는 성령의 충만함을 받았다는 말입니다. "저희가 충만함을 받았다"는 헬라말 '에플레스데산'은 성령 세례와 다른 것입니다. 성령 충만은 여러 번 반복될 수 있습니다. 그러나 성령 세례는 일회적입니다. 물 세례를 받을 때 동시에 받는 사람이 있고 그 후 어느 순간에 받는 사람도 있습니다. 사도행전 8장 17절을 보면 베드로와 요한이 사마리아에 파송을 받고 간 사실이 기록되어 있습니다. 사마리아의 그리스도인들은 예수의 이름으로 세례, 물 세례만 받았을 뿐이었습니다. 그런데 두 사도가 그들에게 안수하자 그들이 성령을 받았습니다. 이것은 성령 충만이라기보다 성령 세례라 할 수 있습니다.

그러면 성령 충만이란 무엇을 의미하는 것일까요? 사도 바울은 13 서신을 썼는데도 성령 충만에 대해서는 에베소 5장 18절에 단 한 번 기록하고 있습니다.

술 취하지 말라. 이는 방탕한 것이니 오직 성령의 충만함을 받으라.

사도 바울의 '성령장'이라고 불리는 로마서 8장에서도 성령 충만이라는 용어는 쓰지 않고 있습니다. 그 대신 그는 성령의 인도, 성령의 지배라는 말을 사용하고 있습니다(롬 8:5, 9, 11, 14 참조). 그러므로 바울의 경우 성령 충만은 성령의 인도를 받고, 성령의 지배를 받는 상태를 의미합니다. 성령이 공간적으로 채워지거나 다시 들어오는 것을 의미하지 않습니다. 왜냐구요? 성령은 삼위일체 하나님의 한 위이신 성령 하나님이요 인격 신이며, 에너지가 아니기 때문입니다.

따라서 성령 충만을 받은 사람은 항상 성령의 인도와 지배를 받는 사람입니다. 이 사람은 갈라디아 5장에 나타나있는 성령의 아홉 가지 열매를 늘 맺어가는 사람입니다. 성령의 활기 있는 사역을 기쁘게 해가는 사람입니다. 바울은 로마서 8장 9절에서 "누구든지 그리스도의 영이 없으면 그리스도의 사람이 아니라"고 했습니다. 교만하고 질투가 강한 사람, 호전적인 사람, 이런 사람은 그 속에 그리스도의 영이 없기 때문입니다.

사랑하는 교우 여러분!
오늘 성령강림 주일에 저는 여러분이 옛날 오순절에 있었던 펜테코스테의 경험을 할 수 있기를 주님의 이름으로 축원합니다. 아멘.

… 성령강림주일

## 성령강림의 역사
사도행전 2장 1-13절

사도행전 2장에 기록된 오순절 사건은 이 지구 위의 역사를 변화시켜 놓은 빅 이벤트(big event), 큰 사건이었습니다. 그 일은 예수님이 승천하시고 열흘이 지난 오순절 날 아침에 일어났습니다. 그 일은 예루살렘 마가 요한의 어머니의 다락방에서 일어났습니다. 이 다락방은 예수님이 열두 제자와 함께 유월절 식사를 하시던 곳이며 주의 만찬을 제정하신 장소입니다.

예수님이 승천하시고 나서 사도들을 중심한 120명의 제자들은 줄곧 이곳에 모여 주님이 약속하신 성령강림을 기다리고 있었습니다. 그런데 오순절 날 아침에 그들이 모인 자리가 흔들리고 성령이 불의 혀 같이 갈라져 각 사람에게 임했습니다. 그 시각은 베드로의 설교에 나타난 대로 유대인의 시각으로 제3시, 지금 시간으로는 아침 9시였습니다. 이렇게 오순절 아침에 내린 성령강림은 그 자리에 모였던 120명의 제자들을 근본적으로 변화시켜 놓았습니다. 그들을 그리스도인으로, 성령의 사람으로, 복음의 증인으로 만들어 놓은 것입니다.

사실 오순절 이전의 사도들과 신도들은 몇 번이고 불안과 절망에 빠져 있었습니다. 로마의 식민지가 되어 눌리고 학대받은 민족적 굴욕이 그들에게 있었습니다. 형식적이고 탐욕적인 종교 지도자들에게 농락당한 원한이 그들에게 맺혀 있었습니다. 말라기 선지 이후 예언자의 음성이 끊어졌던 그 암흑시대에 이들은 하늘의 음성을 전혀 듣지 못하고 살아 왔습니다. 그러다가 문득 혜성처럼 나타난 세례 요한에게 군중들은 미친 듯이 몰려들었습니다. 그러나 그 일도 잠시, 세례 요한이 목 베임을 당하자 그들은 예수에게로 몰려갔습니다. 앉은뱅이가 일어서고, 소경이 눈을 뜨고, 문둥병자가 깨끗함을 받고, 오병이어로 5,000명이 먹고도 열두 광주리의 부스러기가 남은 기적이 연달아 일어났을 때, 백성들은 구세주를 만났다고 날뛰었습니다. 그러나 그 일도 불과 3년뿐이고 예수는 원수들에게 잡혀 아무런 반항 없이 십자가에 달려 죽으셨습니다. 이런 경험을 연거푸 한 그들은 걸었던 기대와 소망의 줄이 끊어지고 뚫고 나갈 희망조차 보이지 않았습니다. 그 전보다도 더 큰 두려움과 불안, 좌절과 허무가 그들 앞에 높은 산처럼 막아섰습니다.

예수님이 무덤에서 부활하신 후 사도들에게 나타나셨을 때도 이런 것들이 그들을 내리 덮고 있었기 때문에 가장 가까이서 따르던 사도들마저도 반신반의 상태였습니다. 그 때문에 부활하신 주님은 즉시 하늘로 올라가시지 않고 40일이나 세상에 머물러 계시면서 여러번 사도들에게 당신이 살아나심을 보여주셨습니다. 그리고 40일이 지나자 예수님은 500여 신도들이 보는 앞에서 하늘로 들리어 올라가셨습니다.

예수님이 승천하신 후 사도들을 중심한 제자들의 무리는 예루살렘을 떠나지 않고 약속된 성령을 기다렸습니다. 주님이 승천하실 때 그들에게 일러주신 말씀을 그들이 기억하고 한 곳에 모여 기도하고 있었습니다. 이 자리에, 이런 심령들에게 성령이 강림하셨습니다. 얼었던 대지에 봄 기운이 돌고 앙상한 나뭇가지에 움이 돋아나듯이 그들의 얼어붙었던 심령에 생기가 돌아왔습니다. 굳어버린 율법 종교의 시대가 막을 내리고 복음과 은혜의 새 시대가 열린 것입니다. 이것은 마치 힌놈 골짜기의 마른 뼈들이 서로 붙어 힘줄이 생기고 살이 올라 여호와의 군대가 된 것과 같았습니다(겔 37:1-10).

오순절에 강림하신 성령! 그 성령께서는 그 곳에 오셔서 무엇을 하셨던가요? 이 질문은 오늘 우리가 성령을 이해하는 데 대단히 중요한 물음입니다. 왜냐하면 오늘처럼 성령에 대한 그릇된 이해와 혼란의 시대는 과거 어느 때도 찾아 볼 수 없기 때문입니다. 오순절에 강림하신 성령, 약속된 성령이 오셔서 하신 일은 세 가지였습니다.

## 1. 죄를 깨닫게 하셨습니다

이것은 그 날 아침에 성령으로 충만한 베드로가 군중들 앞에 나서서 외친 설교에 나타나 있습니다.

> 너희가 십자가에 못 박은 이 예수를 하나님이 주와 그리스도가 되게 하셨다(행 2:36).

예수를 십자가에 못 박은 자는 로마 총독 빌라도라고 사람들은 알고 있었습니다. 유대인의 대제사장들과 장로들이 군중을 선동하여 예수를 빌라도에게 끌고 가서 십자가에 못박게 한 것이라고 알고 있었습니다. 그래서 백성들은 예수의 죽음이 자기들과 아무 관계가 없다고 생각하고 있었습니다. 그런데 성령이 충만한 베드로는 '너희가 십자가에 못 박았다'고 단정했습니다. 이 말을 들은 군중들은 어떻게 했습니까? '그것은 우리의 책임이 아니다' 라고 했습니까? '빌라도가 십자가에 못 박은 것이지 왜 우리가 못 박은 것이냐' 라고 했습니까? 아닙니다. 그들은 이 말을 듣는 순간 마음에 찔렸습니다. 성령이 사람들의 마음에 역사하신 것입니다. 그래서 이중적인 작용을 하셨습니다.

하나는 사람들의 마음에 비탄의 감정을 일으켜서 마음을 찔렀습니다. 또 하나는 사도 베드로의 설교에 순종하게 하셨습니다. 이것이 회개의 시작입니다. 죄에 대한 강한 자책과 상심은 신앙에 들어가는 문입니다. 그들은 마음에 찔려 이렇게 통회 자복했습니다.

> 그렇습니다. 예수님을 십자가에 못박은 자는 본디오 빌라도가 아니고 바로 저입니다. 이 죄인이 주님을 죄 없으신 예수님을 십자가에 못 박았습니다.

그래서 그들은 일제히 울부짖으며 베드로와 사도들에게 물었습니다. '형제들아 우리가 어찌할꼬? 하나님의 아들을 우리가 십자가에 못 박아 죽였으니 이제 우리는 어떻게 하면 좋겠는가?' 자기들이 어찌해야 좋을지 모르니 가르쳐 달라는 것입니다.

오늘도 성령께서 하시는 첫 번째 일은 이것입니다. 우리로 하여금 각기 자기 죄를 깨닫게 하시는 것입니다. 그래서 우리로 하여금 통회 자복하게 하시고 '형제들아 우리가 어찌할꼬?' 라는 질문을 하게 하십니다.

그런데 현대의 크리스천, 특히 미국 교회를 보면 이것이 없습니다. 교회 강단에서 회개를 외친지 오래 되었습니다. "회개하라"는 말을 집어 치우고 그 대신에 화해만을 얘기하고 있습니다. 그러니까 미국의 교인들은 교회 나올 때 "형제들아 우리가 어찌할꼬?"하는 통회하는 마음을 갖고 오지 않습니다. 화해만을 강조하다보니 죄책감이나 죄의 용서는 자기들의 관심사가 아니고 만나서 부둥켜안고 즐거워하는 것뿐입니다. 그래서 설교를 듣고 나서 목사님에게 하는 말은 모두가 한결 같습니다. "I have enjoyed very much!"

예수님은 이미 2천년 전에 예루살렘 성문 밖에서 죽으셨는데 2천년이 지난 오늘 예수님이 십자가에 달린 것이 나와 무슨 상관이 있느냐? 내가 예수 믿는 것은 교회의 각종 프로그램에 참석하고 목사님의 설교를 즐기기 위한 것이지 뭐 새삼스레 목사님 앞에서 눈물을 보이고 '내가 어찌할꼬?' 할 필요가 뭐냐는 것입니다. 미국에 있는 2천 개가 넘는 한인 이민교회, 이들과 다를 것이 하나도 없습니다.

여러분! 성령강림의 가장 큰 역사가 무엇인지 아십니까? 성령이 임하셔서 하시는 가장 큰 역사는 두 가지입니다. 첫째, 죄의 용서, 둘째, 생명의 갱신입니다. 지금까지 여러분은 예수를 믿은 후로 많은 회개를 했을 것입니다. 그러나 '예수님을 십자가에 못 박은 자가 바로 나다'라는 것을 깨닫고 눈물로 회개한 일이 있습니까? 이것 없이는 성령의 가장 큰 역사, 죄의 용서와 생명의 갱신을 받지 못합니다. '형제들아, 우리가 어찌할꼬!' 이렇게 통회하며 자복하는 군중들에게 베드로는 뭐라고 했습니까? "너희가 회개하여 각각 예수 그리스도의 이름으로 세례를 받고 죄 사함을 얻으라. 그리하면 성령을 선물로 받으리라." 베드로의 대답 속에는 세 가지 중요한 절차가 들어있습니다. 첫째가 회개요, 둘째 죄 사함이요, 셋째가 성령의 선물입니다. 성령께서 주시는 최고의 은사가 죄의 용서이기에 먼저 회개하고 죄 사함을 받아야 하고 또 생명의 갱신이기에 중생함을 받아야 하는 것입니다.

## 2. 오순절에 강림하신 성령께서 하신 두 번째 일은 인간의 지성을 계몽하여 하나님의 구원 계획을 깨닫게 하신 일입니다

베드로가 오순절에 받은 은사가 이것입니다. 그날 아침에 베드로가 군중들 앞에서 행한 설교는 성령께서 베드로의 지성을 계몽하여 하나님의 구원 계획을 깨닫게 하신데서 온 것입니다. 이것은 지혜의 은사입니다. 사도 바울은 고린도전서 12장에서 성령의 아홉 가지 은사를 말했습니다. 그 중에서 제일 먼저 나오는 은사가 무엇인지 아시겠지요? '지혜의 은사'입니다. 사람들은 방언이나 병 고치는 은사를 가장 큰 은사로 알고 있지만 성령은 그렇게 가르치지 않고 있습니다. 그런 은사는 맨 뒤에 나오는 은사입니다.

우리가 하나님의 말씀인 성경책을 펴서 읽고 있을 때 그 말씀 속에 담긴 깊은 진리를 깨닫는 데는 지혜의 은사가 있어야 합니다. 여러분은 지금까지 많은 설교를 들어왔을 것입니다. 그런데 같은 본문을 가지고 설교하는데도 다르다는 것을 여러분은 느낄 것입니다. 어떤 분은 말씀을 깊이 쪼개고 그 속에 감추인 진리를 캐내어 깊이 있는 설교를 하지만, 어떤 분은 본문을 읽어놓고 주변만 산책하다가 마는 설교를 합니다. 그 차이가 어디에 있을까요? '지혜의 은사'를 받았느냐, 못 받았느냐에 달려 있습니다. 이 지혜의 은사는 설교하는 목사에게만 필요한 것이 아닙니다. 가정에서 자녀들을 키우는 부모들도 지혜의 은사를 받아야 하고 특히 주일학교에서 어린이들을 가르치는 교사들은 이 은사를 받아야 합니다.

어느 교회의 교인이 예배당으로 가는 길에 길 모퉁이에서 빈둥거리고 노는 네 명의 소년들을 보았습니다. 그는 이 네 명의 소년들을 자기가 다니는 교회로 인도해서 그들을 중심으로 주일학교의 한 반을 시작하여 가르쳤습니다. 여러 해가 지난 후에 그 네 명의 소년들은 장성하여 각각 다 헤어졌습니다. 그런데 주일학교를 지도한 그 사람의 생일이 되었을 때 과거 주일학교에서 가르쳤던 네 명의 학생으로부터 생일축하 편지와 선물이 배달되었습니다. 그 중 하나는 중국에 선교사로 가 있었고, 다른 하나는 연방정부의 은행 총재가 되어 있었습니다. 세 번째 사람은 그 당시 대통령이었던 후버(Hoover)의 비서관이 되어 있었고, 마지막 사람은 대통령이 된 후버 자신이었습니다. 이렇게 지혜의 은사는 생명의 말씀을 가르치게 하여 훌륭한 인물들을 길러내는 것입니다.

여기서 우리는 성령에 대한 인식을 바르게 해야 합니다. 우리의 본문에 성령 강림의 징표를 '바람과 불과 방언,' 이 세 가지로 기록하고 있어서 많은 사람들이 잘못된 인식을 갖고 있습니다. 즉 성령을 마치 바람이나 불과 같은 에너지로 생각하고 방언을 해야만 성령을 받은 것으로 착각하는 사람들이 많이 있습니다. 여기서 바람이 성령의 임재하심에 대한 징표로서 나타난 것은 어원적으로 볼 때 영, '프뉴마'라는 단어가 바람, '프노에'와 깊은 연관이 있다는 사실에서 그 근거를 찾을 수 있지만, 바람이 곧 성령은 아닙니다. '홀연히 하늘로부터 급하고 강한 바람 같은 소리가 있어…'라고 한 것은 성령의 능력과 그의 오심의 충만함을 가리키는 것이며, 뿐만 아니라 이 표현은 사도들과 거기 모인 120 명의 제자들이 지금까지 체험하지 못했던 강력한 성령강림을 직접적으로 경험했다는 것을 말하는 것입니다.

### 3. 오순절에 강림하신 성령께서 하신 일은 세 번째로 교회를 만드신 것입니다

신약 최초의 교회, 그리스도의 그 위대한 분부를 위탁받아 수행해 나갈 그리스도의 교회를 만드신 것입니다. 예수 그리스도의 가장 이상적인 교회, 우리가 닮아야 할 교회의 모형이 이 날에 탄생한 것입니다. 그 교회는 어떤 교회였을까요? 몇 가지 두드러진 특징을 가지고 있었습니다. 그 중에서 대표적인 것을 두 가지만 들어 봅니다.

**첫째, 배우고 교제하며 기도하는 교회였습니다**

본문 42절에 "저희가 사도의 가르침을 받아 서로 교제하며 떡을 떼며 기도하기를 전혀 힘 쓰니라"고 한 말씀이 이것입니다. 오순절에 탄생한 최초의 교회! 그 교회는 무엇보다도 배우는 교회였습니다. 그들은 사도들의 가르침을 받았습니다. 그 가르침은 예수님의 말씀과 행하신 일들이었습니다.

사도행전 2장에 기록된 베드로의 설교를 보면 구약성경을 인용하여 영적인 깨달음을 가지고 행한 훌륭한 설교입니다. 과거에 제자들은 예수님의 교회를 잘 이해하지 못했습니다. 그러나 오순절 성령강림을 통해 베드로를 위시한 사도들은 영적 깨달음을 얻게 되었고 구약성경을 인용하면서 예수님의 복음을 교회 앞에 훌륭하게 가르칠 수 있었습니다. 이것은 성령께서 하신 일이며 성령께서는 교회를 시작하면서 사도들을 통해 신도들을 가르치셨습니다. 41절을 보면 '그 말을 받은 사람들은…' 이라는 말씀이 있는데 이것은 그 자리에 있던 모든 사람이 다 포함되지는 않았다는 것을 보여 줍니다. 오순절 날 베드로의 설교를 들은 사람이 얼마나 되었는지 기록이 없지만 '그 말씀을 받은 사람들은 세례를 받으매 이 날에 제자의 수가 삼천이나 더하더라' 고 기록한 것을 보면 아마도 그 자리에는 그 이상의 사람들이 있었을 것으로 짐작이 됩니다.

여기서 우리는 중요한 사실 한 가지를 발견합니다. 그 날에 모인 사람들은 그보다 훨씬 많았는데 왜 어떤 사람들은 말씀을 받아들이고 어떤 사람들은 받아 들이지 못하였는가 하는 것입니다. 이것은 오늘도 마찬가지입니다. 한 자리에 앉아 설교를 듣는데 어떤 사람은 받아들이고 어떤 사람은 못 받아들입니다. 그 이유는 어디에 있을까요?

마음의 준비입니다. 받아들일 마음의 준비가 되어 있는 사람은 받아들이지만 그렇지 않은 사람은 받아들이지 못합니다. 그 준비는 누가 합니까? 자기 자신이 해야 합니다. 말씀을 사모하는 갈급한 심령이 될 때 성령께서 그에게 역사하여 아멘으로 받아들이게 하십니다. 말씀을 듣고 배우면 교제가 자연스럽게 이루어집니다. 여기에 '교제와 떡을 떼며 기도하는 일' 사이에 '그리고'라는 접속사가 없어서 떡을 떼며 기도하는 일이 교제와 동격인 것을 보여줍니다. '교제'라고 번역된 헬라말은 코이노니아입니다. 이 말은 하나님과의 사귐, 즉 communion과 성도간의 사귐, 곧 fellowship이 합쳐진 말입니다. 하나님의 사랑을 바탕으로 하여 희생적인 사랑으로 서로 봉사하는 것이 코이노니아 교제입니다. '떡을 떼는 일'은 성찬과 애찬을 동시에 나타내는 말인데 여기서는 주님께서 제정하신 성찬을 가리킵니다. 그러고 나서 그들은 '전혀 기도하기를 힘썼다'고 했습니다. '전혀'라는 말은 '다른 일에 마음이 흩어지지 않고 전적으로'라는 뜻입니다. '힘쓰니라'로 번역된 헬라어 동사 '푸로스카루테룬테스' (continuing steady fastly)는 미완료형입니다. 이것은 전심전력을 다하여 지속적으로 교제하고 떡을 떼고 기도했다는 것을 나타냅니다.

교회는 배워야 합니다. 부지런히 말씀을 듣고 배워야 교회가 자랍니다. 배우기를 중단한 사람은 죽은 고목나무와 같습니다. 오래 전에 우리나라에서는 국민운동본부라는 것이 있었는데 거기서 내세운 표어가 '아는 것이 힘이다. 배워야 산다'라는 것이었습니다. 이것은 오늘도 진리입니다. 신앙생활을 하는데 배우지 않으면 전혀 변화가 없고 항상 유치원생입니다. 배워야 진리를 깨닫게 되고 영혼이 성장합니다. 배우고 교제하며 떡을 떼고 전적으로 기도에 힘쓰는 교회!

이것이 참 교회의 모습이요 하나님이 원하시는 교회입니다.

**둘째, 사랑을 실천하는 교회였습니다**

본문 44-45절을 보면 '믿는 사람이 다 함께 있어 모든 물건을 서로 통용하고, 또 재산과 소유를 팔아 각 사람의 필요를 따라 나누어 주고'라고 기록하고 있습니다. '함께 있어'라는 말은 그들이 가정을 버리고 한 공동체 생활을 했다는 말은 아닙니다. '있어'라는 말은 '에피 토 아우토'(epi to auto)라는 과거미완료형으로 신자들이 자주 모이고 있었다는 말입니다. 이처럼 초대교회는 개인의 여러 가지 일들을 제쳐놓고 그리스도 안에서 한 공동체를 형성하는데 힘을 썼습니다.

교회는 함께 모이는 것이 중요합니다. 신도들이 함께 모여서 그리스도의 몸을 이루어야 하나님과의 영적인 사귐이 생겨나고 영적 공동체가 되는 것입니다. 이렇게 예루살렘의 그리스도인들은 상호간에 이루어진 영적 일치로 말미암아 필요한 물건을 공유하는 형태로 발전했습니다. 그들은 본래부터 이런 사람들이 아니었습니다. 이기적이고 자기 밖에 모르던 인간들입니다. 식민지 정치 아래 억압과 빈곤에 찌들다 보니 모두가 이기적인 인간이 되었던 것입니다.

그런데 오순절 성령강림으로 그들은 모두 180도 바뀌었습니다. 이기적이던 사람들이 다른 사람에게 관심을 쏟게 되었습니다. 자기 밖에 모르던 사람들이 남에 대하여 책임질 줄 아는 사람으로 변했습니다. 그래서 가진 것을 내어놓고 서로 통용하기 시작했습니다. 재산과 소유를 팔아 각 사람의 필요에 따라 나누어 주게 된 것입니다. 배우고 교제하며 기도하다 보니 능력을 받아 하나님을 사랑하게 되고 이웃을 사랑하게 된 것입니다. 성령 충만을 받았기 때문입니다.

성령이 역사하시는 교회는 바로 이런 교회입니다. 하나님이 기뻐하시는 교회가 바로 이런 교회입니다. 교회가 사는 길은 이 길뿐입니다.

사랑하는 교우 여러분!
오늘 이 성령강림 주일에 여러분도 성령을 받아 열심히 모여서 배우고 교제하며 기도하는 사람, 사랑을 실천하는 교우들이 되시기를 바랍니다. 아멘.

 **삼위일체주일**

## 삼위일체 하나님
### 요한복음 14장 7-11, 16-17절

오늘 우리가 봉독한 8절을 보면,

빌립이 가로되 주여 아버지를 우리에게 보여 주옵소서 그리하면 족하겠나이다.

라는 말씀이 있습니다. '하나님을 보여 달라!' 이것은 빌립 한 사람만의 요구가 아니라 어쩌면 모든 인간들의 요구일지 모릅니다. '하나님이 눈에 보이면 하나님이 계시다는 것도 알고 하나님을 볼 수 있으니 좋겠는데 눈에 보이지 않으니 하나님이 계시는지 안 계시는지 알 수 없고 모든 것이 불확실하지 않은가?' 이것이 인간들의 공통된 생각입니다.

라랭키(Larrengke)라는 독일 과학자는 망원경을 들고 하나님의 존재를 확인하려고 열심히 살펴보았습니다. 아무리 하나님을 보려고 애썼지만 보이지 않았습니다. 그래서 그는 이렇게 말했습니다.

내가 망원경으로 샅샅이 하늘을 살펴보았다. 그러나 아무 곳에서도 하나님은 없었다. 그러므로 하나님은 없는 것이다.

정말로 하나님은 이 과학자의 말처럼 계시지 않는 것일까요? 여러분의 생각은 어떠합니까? 하나님이 계시다는 것을 분명히 믿고 있습니까? '하나님이 계시다'는 확신! 이것은 기독교 신앙에 있어서 가장 기본적인 것입니다. 그런데 기독교인이라고 자칭하는 많은 사람들이 이 확신을 갖지 못하고 있습니다. 이 확신이 없기 때문에 비기독교인과 다른 것이 별로 없습니다. '하나님이 계시다'는 것을 머리로는 긍정할지 모르지만 실제 생활에서는 하나님 없이 살고 있습니다.

토스토에프스키(Tostoevskji)는 그의 책 《거울》에서 이렇게 말했습니다. "만일 하나님이 계시지 않는다면 사람은 무엇이든지 못할 짓이 없다. 얼마든지 서로 속이고 살 수 있을 것이다." 하나님 없이 살고 있는 기독교인들, 못할 짓이 없습니다. 교회 안에서 화해할 문제를 세상 법정으로 끌고 갑니다. "서로 용서하고 사랑하라"는 계명을 받았는데 그것을 실천하지 않습니다. 여전히 시기하고 여전히 질투하고 여전히 미워합니다. "보는 바 그 형제를 사랑하지 아니하는 자가 보지 못하는바 하나님을 사랑할 수 없느니라"(요일 4:20)고 가르쳤는데도 그 가르침에는 아랑곳이 없습니다. 하나님을 믿는다고 하면서도 무신론자로 살아갑니다.

실은 예수님의 제자들도 그랬습니다. 그들은 날 때부터 모세의 율법 종교 속에서 가르침을 받았고 하나님 신앙을 배우며 자랐습니다. 그러나 실제 생활은 하나님 없이 살고 있었습니다. 하나님이 눈에 보이지 않으니 하나님 계시다는 확신이 그들에게 없었습니다. 이런 무신론적인 생활에 젖어온 제자들! '어떻게 해야 이들이 하나님에 대한 확신을 가질 수 있을까?'를 생각하신 예수님은 어느 날 제자들에게 이렇게 말씀하셨습니다.

너희가 나를 알았더면 내 아버지도 알았으리로다. 이제부터는 너희가 그를 알았고 또 보았느니라(요 14:7).

아마도 이 말씀은 제자들 뿐 아니라 그 당시 사람들에게 있어서 가장 충격적인 말씀이었을 것입니다. 유대인들은 어떠한 때에도 하나님을 본 자는 한 사람도 없다는 것이 그들의 신조였습니다. 헬라인들도 하나님은 눈으로 볼 수 없는 분이요 보이지 않는 분이었습니다.

요한복음 1장 1절은 "말씀이 하나님이시라"고 했고, 14절은 "말씀이 육신이 되어 우리 가운데 거하시매 우리가 그 영광을 보니 아버지의 독생자의 영광이요 은혜와 진리가 충만하더라"고 말씀했습니다. 그리고 18절에 "본래 하나님을 본 사람이 없으되 아버지 품속에 있는 독생하신 하나님이 나타내셨느니라"고 말씀하고 있습니다. 그러니까 말씀이 하나님이시고, 하나님이신 말씀이 성육(incarnate)하신 그 분이 예수님이신데 그 예수님이 하나님 아버지를 나타내 보이셨으니 예수님을 본 사람은 하나님을 본 사람이라는 말입니다. 그래서 예수님은 "너희가 나를 알았더라면 내 아버지도 알았으리라"고 하신 것입니다.

인간은 하나님 지식보다 더 좋은 것이 없다는 것을 인정합니다. 그러나 하나님이 그들과 가까이 계시고 또 그들과 밀접하게 되면 인간은 자신들의 공상의 날개를 펴서 하나님을 구름 저편에서 찾으려고 합니다. 그렇기 때문에 예수님은 그 자신 안에 신성의 충만함을 제자들에게 보이셨는데도 그것을 결정하려 하지 않고 먼데서 하나님을 찾는 제자들을 책망하고 계십니다. 그래서 이 말씀은 '너희들이 내 안에서 표현되고 있는 아버지의 생생한 모습을 아직 알지 못하는 것을 보니 너희들은 아직까지 나를 제대로 알지 못하고 있는 것이 아니냐?' 라는 말씀입니다.

그러나 빌립은 이 말씀이 잘 이해되지 않아서 "주여 아버지를 우리에게 보여 주소서. 그리하면 족하겠나이다"(8절)라고 요청합니다. '아버지를 보여 주소서!' 이것은 빌립 한 사람만의 요구가 아니라 오늘날까지 많은 사람들의 요구가 되어 왔습니다. '하나님을 보여 달라 그러면 믿겠다.' 똑똑하고 잘 난 현대의 지성인들도 모두 이렇습니다. 여기에 대하여 예수님은 이렇게 대답하십니다.

> 나를 본 자는 아버지를 보았거늘 어찌하여 아버지를 보이라 하느냐. 나는 아버지 안에 있고 아버지는 내 안에 계신 것을 네가 믿지 아니하느냐(9-10절).

하나님과 예수 그리스도는 일체요 한 분이십니다. 예수님을 본 사람은 하나님을 본 사람이 되는 것입니다. 왜냐하면 하나님께서는 예수 그리스도 안에서 당신 자신을 계시하셨기 때문입니다. 하나님의 무한하신 선하심, 지혜, 능력이 본질적으로 예수 그리스도 안에 나타나 있는데 이것은 하나님께서 예수님 안에서 그 자신을 완전히 계시하셨기 때문입니다.

이렇게 아버지와 아들은 일체이신데 성령은 어떤 분일까요? 성령은 아버지의 영이시며 말씀이 육신이 될 때 동정녀 마리아의 몸에 잉태하게 하신 분입니다. 마태복음 1장 18절에 "예수 그리스도의 나심은 이러하니라. 그 모친 마리아가 요셉과 정혼하고 동거하기 전에 성령으로 잉태된 것이 나타났더니"라 했고 20절에 "주의 사자가 현몽하여 가로되 다윗의 자손 요셉아 네 아내 마리아 데려오기를 무서워 말라 저에게 잉태된 자는 성령으로 된 것이라 아들을 낳으리니 이름을 예수라 하라"고 기록하고 있습니다. 예수님이 성육신하실 때 잉태하게 하신 성령! 이 성령은 아버지의 영인 동시에 아들의 영입니다. 예수님은 지상의 사역을 다 하시고 가시면서 이 성령을 제자들에게 보내주시겠다고 하셨습니다.

> 내가 아버지께 구하겠으니 그가 또 다른 보혜사를 너희에게 주사 영원토록 너희와 함께 있게 하시리니 저는 진리의 영이라(16-17절).

그러니까 아드님이 아버지에게서 나온 것 같이 성령도 아버지로부터 나옵니다. 아드님과 성령이 서로 다른 방법으로 아버지로부터 나오며 아버지는 다른 방식으로 아드님과 성령의 근원이 되십니다. 아버지는 영원히 아드님의 아버지요 성령의 아버지는 아닙니다. 성령은 삼위일체 하나님의 세 번째 위입니다. 그의 존재는 아버지와 아드님의 존재를 전제하고 있습니다. 그러나 아버지는 아드님을 세상에 보내실 때, 즉 하나님이 인간의 몸을 입고 세상에 오시는 과정에서 성령을 통해 보내셨습니다. 그리고 아드님은 성령의 능력으로 천국복음을 전파하셨으며 십자가와 부활을 통하여 구원의 역사를 이루셨습니다.

원시 그리스도교에서는 삼위일체론의 형식을 사용하기는 했으나 사도시대 이후 교부들은 이위일체적인 표현을 사용한 사람들도 있었습니다. 삼위일체(Trinitas)라는 말을 최초로 사용한 교부는 터툴리아누스(Tertulianus)입니다. 그가 남긴 책에는 이렇게 표현되어 있습니다.

> 삼위는 본질의 통일에 의하여 모두 일체에 속한다. 그러면서 단일체이며 동시에 삼위로 구분되는 신비를 보존한다. 삼위는 본질이 셋이 아니라 양식이 셋이고, 능력이 셋이 아니라 표현이 셋이다.

역사적으로 삼위일체 교리가 공식으로 채택된 것은 기원 후 381년 콘스탄티노플(Constantinopolis) 종교회의 때였습니다. 동방교회와 서방교회의 두 대표가 이 교리를 최종적으로 완성하였는데 동방교회 대표는 다메섹의 요한이었고, 서방교회 대표는 그 유명한 아우구스티누스였습니다. 요한은 《정통신앙》(*De Fide Orthodoxa*)에서 "하나님은 한 실체인 동시에 성부, 성자, 성령의 세 위격이다"라고 주장했습니다. 요한은 "성부는 하나님 존재의 근원이요, 성자는 성부가 낳으신 독생자이며, 성령은 로고스, 즉 말씀을 통하여 아버지께로부터 온다"고 밝혔습니다.

한편 아우구스티누스는 하나님의 단일성에 강조점을 두었습니다. "실체와 본질 의지와 능력에 있어서 하나님은 한 분이시다"라고 주장합니다. "삼위일체의 각 인격은 서로 다르지 않고 완전한 신적 실체다"라고 했습니다. 성자와 성령이 성부로부터 보내심을 받았다고 해서 아버지보다 열등한 것이 아니며 종속되어 있는 것은 더욱 아니라고 본 것입니다. 하나님에 대한 세 인격의 관계는 유(類)개념에 대한 종(種)개념, 또는 실체에 대한 속성의 관계와는 전혀 다르다고 말합니다.

16세기 종교개혁 이후 개혁교회에서는 아우구스티누스의 입장을 따르고 있습니다. 그러나 17세기에 와서 유니테리안(Uniterian)과 아르메니안(Armenian)에 의해 생겨난 근대주의적 사고방식 때문에 전통적인 삼위일체론이 약간 흔들렸습니다. 20세기에 와서 조직신학자요 철학자인 폴 틸리히(Paul Tillich)는 그리스도론을 중심하여 하나님은 존재 자체, 존재의 근거로 성령은 생명과 사랑으로, 그리스도는 구원주로, 존재론적인 입장에서 재해석했습니다.

그러면 오늘 우리는 삼위일체론을 어떻게 이해하는 것이 좋을까요? 오늘은 이것을 여러분에게 알려드리려고 합니다. 그래서 지금까지 삼위일체론에 대하여 의혹을 가졌거나 잘 이해되지 않은 분들에게 해답을 드리려고 합니다.

하나님은 우리와 삼중으로 관계하십니다. 성부 하나님은 우리에게 아버지가 되시고 우리를 창조하셨으며 우리는 그 분의 자녀가 됩니다. 우리를 기르시고 보존하시고 영원한 섭리에 의해 우리에게 모든 것을 내려주십니다. 성자 하나님은 인간의 몸을 입고 오셔서 우리 대신 십자가에 죽으심으로 우리 죄의 문제를 해결해 주셨고, 부활하심으로 우리 죽음의 문제를 해결해 주셨습니다. 우리가 예수님을 영접하고 우리의 구주로 믿으면 하나님은 우리에게 그분의 자녀가 되는 특권을 주십니다. 성령 하나님은 회개하고 예수를 믿는 사람들의 심령 속에 역사하셔서 거듭나게 하시고, 성화의 길로 인도하시며 영원한 생명을 주셔서 이 땅 위에 사는 동안 하나님 나라의 시민으로 살아가도록 말씀을 깨닫고 행하는 능력을 주십니다. 우리와의 바로 이 삼중의 자유롭고 은혜로운 관계는 단순한 모상이나 내적 삼위일체에 대한 유비일 뿐 아니라 삼위일체성 그 자체인 것입니다.

독일 튀빙겐(Tübingen)대학의 조직신학 교수인 몰트만(Jürgen Moltmann) 박사는 삼위일체론을 《십자가에 달린 하나님》에서 다음과 같이 주장합니다. 즉 삼위일체론의 장소는 사고적인 개념이 아니라 예수의 십자가라는 것입니다. 그는 버나드 스테펜(Bernard Steffen)의 말을 인용하여 "삼위일체성에 대한 가장 짧은 표현은 하나님께서 성령을 통하여 아들을 자기에게 바치게 하는 십자가의 신학적 사건"이라고 보았습니다. 그렇다면 삼위일체론의 장소가 어떻게 십자가일까요? 복음서는 예수님이 원수들에게 잡혀 십자가에 달린 그 최초의 동사를 '파라디도나이'라는 말을 쓰고 있습니다. 이 동사는 '내어주다'라는 뜻인데 이것은 아버지께서 그의 아들을 십자가에 내어주시며, 그래서 내어주시는 아버지가 되십니다. 아들은 이 죽음에로 버림을 당하며, 그리하여 죽은 자와 산 자들의 주가 되십니다. 아들을 버리심으로 아버지는 그 자신을 버리십니다. 아들을 내어주심으로 아버지는 그 자신을 내어주십니다. 그러나 동일한 방법으로 내어주시는 것은 아닙니다. 왜냐하면 예수님은 버림받은 상태에서 주검을 경험하지만 주검 자체를 경험하지는 않습니다. 독일어로 표현하면 'sterben'은 경험하지만 'Tod'는 경험하지 않습니다. 왜냐하면 고통은 생명을 전제하고 있기 때문이며 죽음을 고통당할 수는 없기 때문입니다. 그러나 아들을 버리고 내어주시는 하나님은 무한한 아픔 속에서 아들의 죽음으로 고통당하십니다. 아들은 죽음으로 고통당하며, 아버지는 아들의 죽음으로 고통당하십니다. 여기서 아버지가 당하시는 고통은 아들의 죽음만큼 큰 것입니다.

그러나 갈라디아서 2장 20절에서는 "나를 사랑하시고 또 나를 위하여 자기 자신을 내어주신 하나님의 아들"이라고 기록되어 있는데 여기서 예수님은 아버지만이 그를 버리고 내어주신 것이 아니라 그 자신이 자발적으로 당신을 내어주셨습니다. 이렇게 십자가에서 아버지와 아들의 깊은 의지의 일치성은 가장 깊은 분리에서, 즉 버림을 받고 저주를 당한 예수님의 죽음에서 표현되고 있습니다. 그러나 아버지와 아들 사이의 분리는 그 자체가 결속성을 지니며 결속된 상태에서 또한 버리고 내어주는 분리가 일어난 것입니다.

그리고 아버지와 아들 사이에서 일어난 이 십자가의 사건으로부터 발생하는 분이 성령입니다. 성령은 생명을 창조하시는 사랑의 현재적 영이며 사랑하시는 아버지와 사랑받는 아들 사이에서, 또한 죽은 자 가운데서 부활하게 하시는 영이십니다. 그러므로 십자가 위에서 버리시는 아버지와 버림받은 아들 사이에 일어난 역사적 사건을 그리스도교 신앙은 종말론적으로 파악하며 생명을 창조하는 사랑의 현재적 성령 안에서 사랑하시는 아버지와 사랑받는 아들 사이에 일어나는 사건으로 이해하게 될 때 우리는 삼위일체 하나님에 대해 아주 구체적인 이해를 할 수 있게 되는 것입니다.

다시 말하면 예수님의 십자가를 하나님의 사건으로, 즉 예수님과 그의 아버지 사이에 일어난 사건으로 이해할 경우 우리는 아버지와 아들과 성령에 대하여 삼위일체론적으로 이해하게 된다는 말입니다. 그렇다면 삼위일체론은 하나님에 관한 비현실적이고 사변적인 관념이 아니라 오히려 그리스도 수난의 역사를 신앙으로, 그리고 비참한 우리 인간들의 삶의 본성을 종말론적 자유에 대한 의미로 파악하게 되는 것입니다.

그러면 삼위일체 하나님께서 이 십자가 위에서 이룩하신 것은 무엇일까요? 그것은 하나님 나라요, 하나님 나라에서의 자유입니다. 무신론적인 근거에 의하면 인간이 자유를 누리기 위해서는 하나님이 부정되어야 합니다. 하나님이 다스리시는 나라, 하나님 나라에서 그들은 부자유를 느낍니다. 그래서 이들은 하나님이 없기를 바라고 하나님 없는 세계에서 자유를 찾으려고 합니다. 그러나 창조와, 해방, 영광의 역사 속에서 하나님은 엄연히 살아 계시며 인간들이 부정한다고 해서 부정되는 것이 아닙니다. 하나님 나라에서 하나님은 창조주요 만물의 주인이십니다. 그리고 아드님을 통해서 하나님의 자녀가 된 우리는 성령께서 역사하시는 중생의 역사로 말미암아 지극히 높으신 하나님의 아들, 즉 그리스도 예수의 종이 됩니다. 돈과 권력과 사탄의 노예가 아니라 거기서 벗어나 그리스도의 형상을 따라 자유인이 됩니다.

빌립보서 2장을 보면,

> 하나님의 아들은 근본 하나님의 본체이시나 하나님과 동등됨을 취하지 않고 오히려 자기를 비어 종의 형체를 가져 우리 인간과 같이 되었다

고 했습니다. 그러나 아드님은 스스로 종이 되심으로 고난과 영광을

받으셨고 사탄과 지상의 모든 세력에 대하여 완전히 자유하셨습니다. 따라서 우리도 아드님의 나라에서는 외형적으로는 종의 신분이지만 내면에서는 질적인 변화를 하게 됩니다. 그리스도의 종이 될 때 아버지의 자녀가 되는 것입니다. 성령 안에서 그리스도와의 사귐 속에 들어가 하나님과의 새로운 관계를 얻게 됩니다. 아버지의 나라에서 상속자가 되고 그 나라에 참여하게 됩니다. 성령 안에서 우리는 이 세상 그 무엇을 주고도 바꿀 수 없는 고귀한 자유를 누립니다. 이 자유는 또 한 번 질적으로 변화되어 아드님의 친구가 됩니다.

> 이제 나는 너희를 종이라 하지 않고 친구라 하리라 종은 주인이 하는 일을 알지 못하나 나는 너희에게 아버지에게서 들은 것을 모두 일렀느니라(요 15:15).

지금은 성령시대입니다. 성령을 통해서 우리는 하나님과의 새로운 관계를 가지며 우리 자신을 그리스도 안에 있는 존재로 인식하고 하나님의 자녀가 되는 자유를 경험합니다. 그리스도의 종으로서의 자유, 하나님의 자녀로서의 자유, 그리스도의 친구로서의 자유, 이 자유는 발전되는 정류소가 아니라 한 길 위에 있는 단계들입니다. 이 자유는 양적으로 규정되지 않고 질적으로 규정됩니다. 이 자유는 우리가 우리 자신의 인간성을 넘어설 때 영광의 나라에서 완전하게 됩니다.

사랑하는 교우 여러분!

저는 오늘 그리스도교의 가장 심오한 삼위일체 하나님에 대한 신학을 여러분에게 전해드렸습니다. 이제 여러분은 삼위일체 하나님 신앙 안에서 종의 자유, 자녀의 자유, 친구의 자유를 단계적으로 경험하시고 영광의 나라에서 완전한 자유를 얻게 되기를 기원합니다. 아멘.

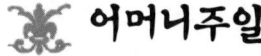 어머니주일

## 제5계명: 네 부모를 공경하라
### 출애굽기 20장 12절

오늘은 어머니 주일입니다. 그리고 5월은 가정의 달입니다. 시내산 율법이 주어진 후, 계명들이 두 개의 돌판에 새겨졌을 때, 두 번째 돌판 위에 맨 먼저 새겨진 계명이 무엇인지 여러분은 아실 것입니다.

네 부모를 공경하라 그리하면 너희 하나님 나 여호와가 네게 준 땅에서 네 생명이 길리라(출 20:12).

'네 부모를 공경하라'는 이 계명이 왜 인간에 대한 계명 중에서 으뜸 되는 계명일까요? 우리는 이 시간 이것을 깊이 생각해 볼 필요가 있습니다. 모든 사람이 세상에 태어나서 제일 먼저 만나는 사람이 누구일까요? 어떤 사람은 산부인과 의사나 간호사라고 생각하겠지만 실제로는 어머니입니다. 그리고 형제나 친척을 만나기 전에 만나는 사람이 아버지입니다. 그 때부터 자녀들은 부모의 끝없는 사랑과 보호를 받고 자라나게 됩니다.

자녀들은 부모로부터 생명을 물려받습니다. 그러나 갓난아기로 태어나기 때문에 부모가 양육해주지 않으면 혼자서는 자랄 수 없습니다. 어머니가 젖을 먹이고 기저귀를 갈아 채우고 목욕을 시키며 따뜻하게 재워주는 동안 무럭무럭 성장하는 것입니다. 이렇게 자기를 낳아주고 길러준 부모를 공경하는 것은 창조의 규칙이요 당연한 일입니다. 그러기에 하나님께서는 "네 부모를 공경하라"고 명령하십니다. 여기 '공경하라'는 히브리말 '카바드'는 본래 하나님 또는 지위가 높은 이들에게 지극한 존경을 표시하라는 뜻입니다.

이 말이 제5계명에 쓰이면서 여기에 세 가지 의의가 부여되고 있습니다. 첫째, 자녀들이 부모를 정중하게 모시는 것을 뜻하고, 둘째, 자녀들이 부모의 명령을 순종하고 그들의 다스림을 받는 것을 뜻하고, 셋째, 자녀들이 부모에게 빚지고 있는 것을 되갚는 가운데 부모를 성심껏 봉양하고 섬기는 것을 뜻합니다.

그리고 '아버지'라는 이름은 본래 성스러운 이름입니다. 왜냐하면 하나님께서 특별히 선하심에 의하여 인간들에게 양도된 이름이기 때문입니다. 그러므로 아버지를 욕되게 하는 것은 하나님을 욕되게 하는 것과 같습니다. 또한 아버지를 멸시하는 자녀들은 하나님을 모독하는 죄를 범하는 것입니다. 아버지가 제 아무리 존경받을 자격이 없다 하더라도 그가 아버지인 이상 자녀들에 대한 그의 권리를 보유하고 있는 것입니다.

잠언 23장 22절에 "너를 낳은 아버지에게 청종하고 네 늙은 어미를 경히 여기지 말라"고 경계하고 있고, "네 부모를 즐겁게 하며 너 낳은 어미를 기쁘게 하라"(잠 23:25)고 가르칩니다. 열한 살 주일학교 어린이더러 제5계명을 설명해 보라고 선생님이 말했습니다. 그러자 이 어린이는 선생님의 말에 대답하려고 하는 대신 빨개진 얼굴을 두 손으로 가리고 이렇게 말했습니다.

선생님, 저는 어제 산에 갔다가 날카로운 돌에 발바닥을 찔렸습니다. 마침 그 자리에는 낯선 신사 아저씨가 있었습니다. 그 분은 제 발에서 피가 나는 것을 보고 신발을 사서 신으라고 제게 돈을 주었습니다. 저는 그 돈으로 어머니의 신발을 사서 갖다 드렸습니다. 왜냐하면 어머니도 신발이 없었으며 저는 어머니를 공경하기 위해서 제가 맨발로 다니는 것이 좋겠다고 생각했기 때문입니다.

이것은 제5계명을 가장 웅변적으로 대답한 것입니다. 신명기 27장 16절에서 우리는 "그 부모를 경홀히 여기는 자는 저주를 받을 것이라"는 경고를 듣습니다.

펜실베니아(Pennsylvania) 주에 알렌타운(Allentown)이라는 작은 도시가 있습니다. 그곳에 아일랜드(Island) 계의 큰 부자가 있는데 그에게는 외동아들 하나가 매우 버릇없이 자랐습니다. 청년이 되면서 아버지의 재산을 몽땅 먹어 치웠습니다. 이 아버지는 아들을 잘못 둔 탓에 재산을 탕진하고 눈마저 어두워서 요양소에 들어가게 되었습니다. 옛날 잘 살던 시절을 생각하니 그저 눈에서 눈물이 마르지 않았습니다. 그렇다고 자기 목숨을 스스로 끊을 수도 없어서 나날이 지옥 같은 세월을 보내고 있었습니다. 그러던 어느 날 그 악하고 배은망덕한 아들이 먼 지방을 돌아다니다가 거기에 왔습니다. 그를 아는 사람이 아버지를 만나 위로라도 하라고 했지만 불효막심한 아들은 권유를 물리치고 다시 방랑생활을 계속했습니다. 그러다가 있는 돈 다 없어지고 거지꼴이 되었는데 어느 겨울에 심한 독감에 걸려 시력마저 잃게 되었습니다. 그리고는 오갈 데 없는 신세가 되고 말았습니다.

하필 아버지가 요양원에서 죽어서 장례를 치르던 바로 그 날 아들은 산송장처럼 거기에 실려 들어오게 되었습니다. 그것도 부족하여 아버지가 쓰던 방으로 옮겨졌는데 얼마 후에 아버지의 침대에서 죽었습니다. 그리고 아버지의 무덤 곁에 나란히 묻혔습니다.

이제 우리는 제5계명이 무엇인지 알았습니다. 문제는 이 계명을 어떻게 지키는 것이 참으로 잘 지키는 것인가 하는 점입니다. 제5계명을 잘 지키려면 세 가지 일을 명심해야 합니다.

## 1. 부모에 대한 효심이 있어야 합니다

부모에 대한 효심이란 부모에게 효도하는 마음을 말합니다. 현대는 모든 분야에서 방법론이 극도로 발달되어 있습니다. 그래서 부모에게 효도하는 방법도 옛날에 비하면 많이 발전되었습니다. 효도관광이니 효도계니 효도 파티니 하는 갖가지 방법들이 있습니다. 그러나 아무리 많은 방법을 알고 있다고 해도 자녀들의 마음속에 효심이 없으면 그것을 효도라고 할 수는 없습니다. 체면이니 의무니 하는 것은 부담감만 생길 뿐 그것이 부모님을 기쁘게 해드릴 수 없는 것입니다. 그러므로 무엇보다 중요한 것은 마음 속에서 우러나오는 효심입니다.

옛 중국 시전에 이런 글이 있습니다.

> 父與生兒하고 母與軀架하시니
> 哀齊라 父母여 生兒軀勞삿다
> 育報深恩인데 昊天忘極이라

> 아버지가 낳으시고 어머니가 기르시니
> 슬프다 부모여 나를 낳으시기에 얼마나 수고하고 애쓰셨나이까?
> 그 은혜가 너무 깊고 하늘같이 높아 다할 길 없나이다.

이런 효심이 마음 속 깊은 데서 우러나야 부모님에게 효도할 수 있는 것입니다.

## 2. 순종해야 합니다

부모 공경에는 순종이 뒤따라야 합니다. 잠언 30장 17절에 "아비를 조롱하며 어미 순종하기를 싫어하는 자의 눈은 골짜기의 까마귀에게 쪼이고 독수리 새끼에게 먹히리라"는 말씀이 있습니다.

이삭과 야곱은 모두 부모에게 순종했기 때문에 자신과 그 후손들 모두 복을 받았습니다. 그러나 제사장 엘리의 아들 홉니와 비느하스는 아버지의 말을 듣지 않았기 때문에 불레셋 군대에게 한 날에 죽고 하나님의 법궤를 빼앗겼습니다. 이 전갈을 받은 엘리 제사장은 의자에서 자빠져 목이 부러져 죽었습니다(삼상 4:17-18).

부모에게 순종하려고 할 때 부모와 나 사이에 의견이 다른 경우 어떻게 해야 하는지 간혹 문제가 됩니다. 내 의견이 옳고 부모의 의견이 잘못되었다고 생각하는 것은 어디까지나 자기 주관이지 객관성을 띠지 못합니다. 그렇기 때문에 아무리 자기 의견이 옳다고 생각되어도 부모의 생각에 옳지 않은 것이니까 부모의 의견을 따르는 것이 효도입니다. 그러나 '동방예의지국'이라던 한국에서도 그런 말을 듣지 못하게 된지가 이미 오래되었습니다. 경제성장에만 힘을 쏟아온 한국은 이제 경제적으로는 잘 사는 나라가 되었습니다만 윤리와 도덕은 오래 전에 땅바닥에 떨어져 개들이 다 주워 먹었습니다.

1981년 5월 어버이 날이었습니다. 서울 수유동 뒷산에서 70이 넘은 노부부가 독약을 먹고 자살한 사건이 일어났습니다. 이들은 제법 큰 농사를 짓던 부부였습니다. 아들 딸 5남매를 키워 서울로 보내 대학공부를 시키느라 소를 팔고 농토를 팔았으며 마지막으로 집까지 팔아야 했습니다. 그래서 장남은 의정부에서 석탄 장사를 하여 수억 대의 부자가 되었습니다. 둘째는 은행에 취직하여 안정되게 살고 있습니다. 나머지 자녀들도 여유 있게 결혼하여 남부럽지 않게 잘 지내고 있었습니다. 그러나 집도 없는 노부모는 오갈데가 없었습니다. 큰 아들네 집에 가니 며느리가 박대합니다. 둘째네 집에 가니 아들이 못마땅하게 여깁니다. 딸네 집에 가면 사위 눈치가 보입니다. 아들 딸 5남매 어느 집도 반겨주는 자식들이 없습니다. '이럴 바에야 차라리 그 꼴 안 보고 우리가 깨끗이 떠나자.' 노부부는 이렇게 작심을 하고 자살한 것입니다.

오늘 미국에 이민 와서 살고 있는 노부모들도 적지 않습니다. 그러나 그들은 자녀들에게 효도를 받고 있을까요? 조선 중중 때 박세무라는 선비가 있었습니다. 그가 남긴 글 중에 《동몽선습》이라는 책이 있는데 그 책에 오륜이 실려 있습니다.

> 父子有親하고 君臣有義하며
> 夫婦有別하고 長幼有序하며 朋友有信하라
>
> 아버지와 자식은 친밀해야 하고
> 임금과 신하는 옳은 법도가 서 있어야 하며
> 남편과 아내는 엄연한 구별이 있어야 하고
> 어른과 아이들은 질서가 있어야 하며
> 벗과 벗 사이에는 신뢰가 있어야 한다.

그는 이 책에서 이렇게 가르칩니다. '부모가 사랑하거든 그 고마움을 잊지 말라. 책망하거든 송구스럽게 여기고 원망하지 말라.' 그리고 또한 '혹시 부모에게 잘못이 있거든 정성껏 간하라. 아버지 어머니, 이것은 이렇고 이렇습니다. 이렇게 정성을 다해 간하고 절대 거역하지 말라. 한 번 간해서 듣지 않거든 두 번, 세 번 호소하라. 부모가 노해서 피가 나도록 매질을 할지라도 감히 거역해서는 안 된다.'

옛날에는 가정이나 학교에서 매를 드는 일이 흔히 있었습니다. 그래서 매를 맞고 자란 자식은 부모의 은공을 더 깊이 간직하고 더 많은 효도를 했습니다. 학교에서도 그렇습니다. 선생님에게 귀여움을 받은 학생은 졸업한 후에 선생님을 찾는 일이 별로 없습니다. 그러나 매를 맞고 벌을 선 일이 있는 학생은 선생님을 찾아와 그 때 일을 이야기하며 감사를 표합니다. 그런데 요새는 어떻습니까? 가정에서 자녀들에게 매를 들었다가는 당장 경찰이 옵니다. 아이들을 키우기가 매우 어렵고 아이들은 버릇 없이 예의 없이 자라기 일쑤입니다.

룻기에는 아름다운 이야기가 기록되어 있습니다. 유대인 여자 나오미는 모압에 살면서 며느리 둘을 얻었습니다. 남편이 죽고 두 아들마저 죽었습니다. 그래서 나오미는 고국으로 돌아가기로 마음먹고 두 며느리에게 말합니다. '얘들아, 나는 이제 내 고국으로 돌아가려 한다. 너희는 각각 어머니의 집으로 돌아가거라. 가서 남편을 얻어 잘 살아라.' 두 며느리가 울면서 따라 가겠다고 했으나 나오미는 끝내 그들을 돌려보내려고 타일렀습니다. 그러나 큰 며느리인 오르바는 작별인사를 하고 떠났고, 작은 며느리 룻은 기어코 시어머니를 따르겠다고 나섭니다. 나오미에게 다른 아들이 있는 것도 아니요 고부간에 모두 과부가 되었는데도 룻은 한사코 시어머니를 따라가겠다고 합니다.

> 룻이 가로되 나로 어머니를 떠나며 어머니를 따르지 말고 돌아가라 강권하지 마옵소서. 어머니께서 가는 곳에 나도 가고 어머니께서 유숙하시는 곳에서 나도 유숙하겠나이다. 어머니의 백성이 나의 백성이 되고 어머니의 하나님이 나의 하나님이 되시리니 어머니께서 죽으시는 곳에 나도 죽어 거기 장사될 것이라. 만일 내가 죽는 일 외에 어머니와 떠나면 여호와께서 내게 벌을 내리고 더 내리시기를 원하나이다(룻 1:16-17).

마침내 나오미는 룻의 간청을 못이겨 며느리를 데리고 유대 땅으로 돌아갑니다. 그러나 그녀의 고향 베들레헴에 갔지만 그곳에 집이 있는 것이 아니요 먹을 양식이 있는 것도 아니었습니다.

룻은 시어머니를 봉양하기 위하여 보리 이삭을 주우러 나섰습니다. 유대의 농가에서는 고대로부터 과부나 가난한 사람들을 위하여 밀이나 보리 이삭을 밭에 흘려두는 풍습이 있었습니다. 룻이 이삭을 줍던 밭은 그 지방에서도 부자인 보아스의 농장이었습니다. 보아스는 매일 같이 이삭을 주우러 오는 룻을 보고 누구인지 몰래 알아보고 그녀에게 호의를 베풀었습니다. 이것이 인연이 되어 룻은 보아스의 아내가 되었습니다. 모압 출신의 이방 여인이었지만 룻은 보아스와의 사이에서 아들을 낳았고 그 아들이 다윗의 할아버지가 됩니다. 이렇게 자기의 생애를 바쳐 시어머니를 섬기며 순종한 효부 룻은 엉뚱스럽게도 예수님의 족보에 그 이름이 올라 있는 훌륭한 여성이 되었던 것입니다.

### 3. 제5계명을 잘 지키려면 부모를 원망하지 말아야 합니다

예로부터 전해오는 말 가운데 "잘 되면 제 탓이요 잘 못 되면 조상 탓이다"라는 속담이 있습니다. 이것은 우리 민족이 조상대대로 부모를 원망하면서 살아온 백성이라는 것을 단적으로 표현한 말입니다. 돈 없고 무식하고 찢어지게 가난하게 살아온 백성들이기에 그저 입에서 나오는 말은 원망 뿐입니다. 이것이 단군 이래로 내려온 우리 민족의 생활습성입니다. 5·16 군사정권 때부터 경제성장을 이룩하여 '잘 살아보자'고 몸부림쳐온 박정희 대통령은 부하들의 원망 속에서 김재규의 총에 맞아 죽었습니다. 그 후 김재규가 잡혀서 재판을 받고 사형당하기까지 다소 시간이 걸렸습니다. 지옥에 간 김재규가 거기서 박정희를 만났습니다. 박정희가 김재규에게 물었습니다. "왜 이제 오느냐?" 김재규가 대답합니다. "죽 쒀서 개주고 오느라 늦었습니다." 이것은 누군가 풍자적으로 만들어낸 이야기이지만 원망과 시비가 그치지 않은 한국 사회를 잘 그려낸 말이라고 생각됩니다.

옛날 이스라엘 백성들이 애굽을 떠나 가나안 땅을 향해 갈 때 왜 40년이 걸렸는지 여러분은 아십니까? 아무리 걸음을 못 걷는 노인이나 어린 아이들을 데리고도 40일이면 갈 수 있는 길을 그들은 광야에서 40년이나 걸렸습니다. 그리고 출애굽 1세들은 모두 광야에서 엎드려져 죽고 1세들이 들어갔습니다. 그 이유는 '원망'에 있었습니다. 지도자 모세를 원망하고, 하나님을 원망했기 때문입니다.

옛날 중국에 민자건이라는 효자가 있었습니다. 그는 어려서 어머니를 여의고 계모 손에서 자라났는데 겨울에 몹시 추워서 떨고 있는 것을 아버지가 보았습니다. 아버지는 왜 저렇게 떨고 있을까 걱정스러워 만져보니 그 옷에 솜을 넣은 것이 아니라 갈품, 갈대 끝에 달린 하얀 솜 같은 것을 넣어 놓았던 것입니다. 그리고 계모가 낳은 자식에게는 솜을 넣어 따뜻하게 입혔습니다. 이것을 본 아버지가 화를 내면서 그 계모를 쫓아내려고 했습니다. 이 때 민자건이 아버지에게 말하였습니다.

母在一子寒이나 母去三子寒이옵니다

어머니가 계시면 아들 하나만 춥지만
어머니가 가시면 아들 셋이 춥습니다.

즉, 만약 다른 어머니가 오면 셋이 모두 갈품 옷을 입을지 모르니 차라리 나 혼자 추운 것이 낫지 않겠습니까? 어머니를 계시게 해서 내 동생 둘은 따뜻하게 해주십시오 이런 말입니다. 그는 계모를 원망하지 않고 정성껏 봉양했습니다. 이때부터 계모는 마음 깊이 뉘우치고 민자건을 자신이 낳은 자식처럼 사랑하고 길렀으며 그 가정에는 평화가 왔다는 것입니다.

네 부모를 공경하라 그리하면 너의 하나님 나 여호와가 네게 준 땅에서 네 생명이 길리라.

이 제5계명은 부모를 공경하면 이 땅에서 생명이 길리라고 하셨습니다. 여기 생명이 길리라는 말을 흔히 사람들은 백세 이상 살 것이라고 생각하기 쉽습니다. 그런데 아무리 예수 잘 믿고 부모에게 효도하는 사람도 일찍 죽는 사람이 있고 불효하는 사람도 오래 사는 경우가 있습니다. 여기서 "생명이 길리라"는 말씀은 길이길이 하나님께서 그 후손을 축복하신다는 뜻입니다. 이 말씀은 신명기 5장 16절의 설명을 보면 더욱 명백해집니다.

너는 너의 하나님 여호와의 명한대로 네 부모를 공경하라 그리하면 너의 하나님 여호와가 네게 준 땅에서 네가 생명이 길고 복을 누리리라.

사실 이 세상의 삶이란 수많은 염려와 고통이요 아픔의 연속인데 그것의 연장을 가리켜 축복이라고 할 수 있을까요? 차라리 그런 생이 길면 길수록 불행이요 저주일 수밖에 없습니다. 그렇기 때문에 하나님께서 '네 생명이 길리라'고 하신 것은 부모를 공경하는 사람은 그런 염려와 고통과 아픔의 연속인 수명의 장수가 아니라 그 모든 것을 하나님께서 책임져 주시는 축복과 행복한 삶을 산다는 뜻입니다. 그리고 그 후손들이 또한 길이길이 하나님의 축복을 받고 살게 된다는 말씀입니다.

우리나라 옛 시조에

> 어버이 살으신제 섬기기 다하여라
> 지나간 후면 애닯다 어이하리
> 평생에 고쳐 못한 일 이뿐인가 하노라

는 시가 있습니다. 아무리 자식이 부모를 오래 봉양하고 싶어도 부모가 기다려주지 않습니다.

사랑하는 젊은이들, 학생들, 부모를 가지신 분들! 오늘 어머니 주일을 맞이하여 더욱 더 부모를 공경합시다. 미국 사회라고 해서 한국보다 부모를 덜 공경해도 된다는 법은 없습니다. '네 부모를 공경하라'는 제5계명을 지키지 않으면 하나님의 축복은 없습니다. '네 부모를 공경하라!' 어떻게 해야 합니까?

첫째, 효심이 있어야 합니다.
둘째, 순종해야 합니다.
셋째, 원망하지 말아야 합니다.

부모님을 정중히 모시고 다스림을 받고 빚을 되갚는 가운데 정성껏 봉양해야 합니다. 교우 여러분, 모두가 부모를 공경하여 하나님이 주시는 축복된 삶을 누리시기 바랍니다. 아멘.

## 어버이주일

## 그리스도인의 가정
### 디모데후서 1장 1-7절

옛날에 어떤 미술가가 세상에서 제일 아름다운 것을 찾아 화폭에 담으려고 아침 일찍이 집을 나섰습니다.

맨 처음에 그는 그 도시의 신부님을 만나서

세상에서 제일 아름다운 것이 무엇입니까?

하고 물었습니다. 신부님은 그 질문에 이렇게 대답했습니다.

세상에서 제일 아름다운 것이 무엇이냐구요? 그것은 신앙입니다. 주일 날 아침에 성당에 오십시오. 그래서 믿음으로 미사에 참여하고 희망에 넘쳐 기쁨으로 미사를 드리는 신도들을 보십시오.

그래서 화가는 주일 날 성당을 찾아 갔습니다. 신도들의 얼굴에서 진실함과 신앙의 아름다움을 발견했습니다. 그러나 그는 여기서 만족을 얻지 못했습니다.

며칠 후에 그는 화려한 주택 문 앞에 서 있는 결혼한 신부를 만났습니다. 화가는 전과 같이 질문했습니다. 그러자 새색시는 미소를 지으면서 대답했습니다.

네! 세상에서 제일 아름다운 거요? 그건 사랑이예요.

화가는 아름다운 얼굴과 그녀의 얼굴에 빛나는 사랑을 보았습니다. 그러나 만족을 얻지 못하였습니다. 얼마가 지나서 화가는 전쟁터에서 돌아오는 피곤한 장교를 만나서, 또 전과 같이 물었습니다. 장교가 대답했습니다.

그거요. 그건 평화입니다. 세상에 평화보다 아름다운 게 또 있습니까? 그래 맞아. 평화야. 평화보다 아름다운 게 없지.

그러나 막상 평화를 화폭에 담으려 하니, 거기서도 만족을 얻지 못했습니다. 화가는 오는 길에 농부들이 평화롭게 노래하며 추수하는 광경을 보았습니다. 같은 질문을 그들에게 했더니, 농부들이 대답했습니다.

보시는 바와 같이 이 풍성한 곡식을 추수하는 기쁨이 세상에서 가장 아름다운거지요.

그러나 화가는 거기서도 만족을 얻지 못했습니다. 화가는 실망을 안고 며칠 만에 자기 집으로 돌아오게 되었습니다. 그가 집 앞 뜰에 들어서자 그의 자녀들이 두 팔로 목을 껴안으며 반겨 주었고, 아내가 따뜻한 미소로 그를 안아 주었습니다. 그리고 온 집안 식구가 한 식탁에 둘러 앉아 먼저 여행 중에 무사히 돌아오신 아버지를 위하여 하나님께 기도드렸습니다.

그 때, 화가는 자기 아내와 자녀들의 얼굴에 빛나는 사랑과 신앙과 평화를 보고, 자기가 애써 찾던 것이 바로 여기에 있구나 하고 깨달았습니다. 그래서 그는 세상에서 제일 아름다운 것을 그림에 그리고, 그것을 Home이라. 가정이라고 붙였습니다.

그런데 가정이란 무엇입니까? 미국에서는 일반적으로 행복한 가정이란 우선 주택이 근사하고, 주말마다 아이들을 데리고 나가서 외식을 하고, 가끔 자동차 여행을 즐기는 그런 가족으로 생각하고 있습니다. 또 자녀들을 좋은 학교에 보내고 과외활동으로 기악이나 운동을 가르치고, 그리고 나서 일류대학에 보내면 행복한 가정이라고 여기고 있습니다.

그러나 여러분이 모두 아시다시피 미국의 교육은 초등학교(elementary school)에서부터 대학(college, university)에 이르기까지 기술을 가르치는 교육이지 인간을 만드는 교육은 아닙니다. 인격도야라든가 인격교육이라는 것은 어느 학교에 가서 찾아봐도 없습니다. 이렇게 인격교육이 빠져버린 학교 교육에서 윤리는 누가 가르치고, 정신교육은 누가 시켜야 할까요? 일차적으로는 가정에서 부모들이 해야 합니다. 그리고 자녀들이 유치원(kindergarten)에 들어갈 나이, 즉 유치원에 들어갈 나이가 되면서는 교회가 주일학교에서 이 일을 해야 합니다.

그렇기 때문에 가정이란 그만큼 중요한 곳입니다. 그런데 이 가정에서 가장 크게 문제되는 것이 무엇입니까? 가정을 구성하고 있는 가족들 사이의 관계성의 문제입니다. 이 관계성에는 전통적으로 두 개의 부류가 있어 왔습니다. 하나는 상하의 종적 관계이고, 다른 하나는 좌우의 횡적 관계입니다.

부자유친(父子有親)하며, 장유유서(長幼有序)라.

어버이와 자식 간에 친함이 있고,
어른과 어린이 사이에, 젊은이 사이에 질서가 있다.

이렇게 말할 때는 그 윤리가 종적임을 말하는 것입니다.

붕우유신(朋友有信)하며, 부부유별(夫婦有別)이라.

벗은 서로 신의가 있고, 부부는 구별이 있다.

이렇게 말할 때는 그 윤리가 횡적임을 말하는 것입니다.
과거 동양에서는 거의가 유교적인 사상에 영향을 받아, 그 사회의 기본적인 윤리는 아버지와 아들이라는 종적인 관계였습니다. 그러니까 사회를 지배하는 원리도 효도라는 것이 중심이었습니다. 이 효도의 윤리가 사회의 기강과 질서를 지탱할 수 있었습니다.

그러나 오늘 현대사회, 특히 우리가 살고 있는 이 미국사회는 종적인 가부장적인 사회윤리가 아닙니다. 피로 맺어진 씨족사회가 아니라, 서로 피가 다르고 피부가 다른 사람들이 모여 사는 사회이기에, 이것은 횡적인 것이요 시민윤리인 것입니다. 범위를 더 좁혀서 말한다면, 횡적인 관계는 그 기본이 부부에서부터 시작이 됩니다. 부모와 자식이라는 위와 아래의 관계는 뒤로 물러가고, 남편과 아내라는 핵가족주의가 가정윤리의 핵을 이루고 있는 것이 현실입니다.

그런데 오늘 어버이와 자식 관계보다는 부부 관계를 중심으로 삼아 시민윤리를 강조해온 서구사회들, 특히 미국과 같은 이 나라는 가정문제에 있어서 매우 중대한 위기에 봉착하고 있습니다. 가정에 있어서 자식들이 소외되는 현상이 나타났습니다. 가정이나 부모는 자식이 성인이 되기까지 먹여주고 잠재워주는 장소나 대상 정도가 되었습니다. 가정이란 자신들에게 다만 어렸을 때 내 힘으로 밥벌이를 못하고 내 힘으로 나가서 독립해 살 수 없으니까 내 힘을 기를 때까지 부모 밑에서 신세를 지고 있다는 것 뿐입니다. 그러니까 그 때까지 기식을 하고 있는 것뿐입니다.

그러나 내 힘이 생기면 나는 나가 버린다는 것입니다. 이것이 횡적인 가족제도에서 빚어진 결과입니다. 부모와 자식이 분리하는 것은 부모의 전통이나 가훈을 이어받는 발전적인 계승이 아니라 부모를 이탈하거나 거부하는 것을 의미하고 있습니다. 한국 사람들 중에도 미국에 와서 오래된 사람 중에 아주 미국화 되어서 그런지, 어느 대학의 교수는 자기 어머니를 양로원에 두고 반 년이 넘어도 찾아보지 않고 전화도 하지 않는 것을 보았습니다. 이것은 가정이 무엇인가를 모르고 자라난 사람의 소치입니다.

가정이 무엇입니까? 가정의 본질적인 의미는 성서에서 밖에 찾을 데가 없습니다. 왜냐하면 가정은 기독교의 산물이기 때문입니다.

일본의 성서연구회 지도자였던 우찌무라 간조(內村鑑三) 선생은 "로마시대나 희랍시대에는 가정이라는 것이 없었다"고 합니다.

그는 말하기를,

> 가정이라. 진정한 의미에서의 가정, Home 이라고 부를 수 있는 것은 그리스도교가 생겨나고부터 비로소 이 세상에 생겨는 것이다

라고 했습니다.

분명히 Home은 기독교의 특산물입니다. 인도의 불교나 중국의 유교를 통해서는 도저히 Home이라는 것을 이룰 수 없습니다. 왜 그렇습니까? 거기에는 깊고 커다란 이유가 있습니다. 성서에서 가정은 히브리말의 '샤브'(shub)에서 왔습니다. 이 말은 '아버지의 집'(삼상 18:2)이라는 말입니다. 이 말이 영어의 Home에 해당하는 말입니다. Home은 아버지가 제사장이 되어 신앙과 정신의 화합으로 이루어지는 것입니다. 그것의 근거는 정신에 있고 물질에 있지 않습

니다. 영혼에 있고 육체에 있지 않습니다. 정신의 화합이란 무엇입니까? 영혼과 영혼의 동질성, 함께 영혼이 같은 것을 추구하고, 같은 것을 느끼며, 같이 기뻐하고, 같이 화합을 이루는 것을 뜻합니다.

중국의 충효도덕이 Home을 만들 수 없는 것은, 거기에 영혼을 살리고 개조하는 능력이 없기 때문입니다. 부모의 의사로 효를 자녀에게 강요한다 해서 행복한 Home이 이루어지는 것은 아닙니다. 자유가 없는 곳에는 도덕이 없다고 말하지만, 자유로운 사랑, 마음으로부터 우러나오는 사랑이 없는 곳에 행복한 가정은 없는 것입니다. 사랑은 어디까지나 자발적이어야 참 사랑입니다. 주사 바늘로 주입할 수 없는 것이 사랑입니다. 명령으로 끌어낼 수도 없습니다. 따라서 유교도덕을 바탕으로 하는 가족은 예의가 바르고 효도를 한다고 해도 그것은 율법적이고 의무적인데서 나온 것이 대부분입니다. 그리고 이렇게 답답한 가정은 이 세상의 전쟁터에서 돌아와 쉴 휴식처라고 볼 수 없는 것입니다.

가정이란 하나님의 사랑을 받은 사람들이 그 사랑을 서로 나누며 사랑으로 뭉친 곳입니다. 그러므로 가정은 진정한 의미에서 교회의 한 부분이어야 하는 것입니다. 교회를 축소한 곳이 가정이며, 교회를 확대한 곳이 국가가 될 때 비로소 평화의 세계를 이룰 수 있는 것입니다. 가정을 국가의 기본이라고 하는 것은 그것이 국가의 단위이며, 척도이며, 작은 본보기가 되어야 하기 때문입니다.

바울의 전도여행에서 반려자였던 디모데는 Christian Home에서 태어나고, 자라난 사람이었습니다. 오늘 우리가 봉독한 디모데후서 1장 3절 이하를 보십시오.

나의 밤낮 간구하는 가운데 쉬지 않고 너를 생각하여 청결한 양심으로 조상 적부터 섬겨 오는 하나님께 감사하고 네 눈물을 생각하여 너 보기를 원함은 내 기쁨이 가득하게 하려 함이니 이는 네 속에 거짓이 없는 믿음을 생각함이라 이 믿음은 네 외조모 로이스와 네 어머니 유니게 속에 있더니 네 속에도 있는 줄을 확신하노라(딤후 1:3-5).

디모데는 Christian Home의 전통을 이어 받은 사람이었습니다. 부모가 훌륭하다는 것은 사람들이 바라는 최대의 선물입니다. 바울은 본문에서 그리스도교 신앙의 전통이 얼마나 숭고하고 값진 것인가를 말하고 있습니다. 디모데가 가진 믿음은 그의 옛 조상들을 감동시킨 것과 같은 믿음이며, 또 디모데의 외조모 로이스와 어머니 유니게를 감동시킨 믿음입니다.

바울에게 있어서 그리스도교와 유대교는 두 개의 다른 종교가 아니었습니다. 그리스도교는 유대교가 장성한 것이요, 완전하게 된 것이며, 그 종점이요, 그 영광이었습니다. 위대한 조상들의 믿음은 디모데와 바울 자신의 신앙과 결코 다른 것이 아니었습니다.

여기서 바울이 말하는 믿음은 무엇입니까? 그것은,

첫째, 하나님께 복종하는 것이며,
둘째, 하나님을 신뢰하는 것이며,
셋째, 하나님을 사랑하는 것이며,
넷째, 하나님의 말씀을 아멘으로 받아들여 실천하는 것입니다.

바울은 조상 때부터 섬겨온 하나님을 말할 때, 두 가지 점을 강조했습니다.

첫째, 자기 조상들이 섬기던 법대로 자기도 조상들의 하나님을 섬긴다는 것과,
둘째, 자기 신앙은 조상들로부터 물려받았다는 것입니다.

그것은 디모데의 경우에도 마찬가지입니다. 디모데의 신앙도 그

외조모 로이스와 어머니 유니게에게서 물려받은 것입니다. 이 점에 있어서 그리스도인의 가정이 얼마나 중요한가를 우리는 분명히 보게 됩니다. 건전한 전통과 종교적 관습을 자녀들에게 물려주는 것은 가장 축복 받은 유산입니다.

오늘 어버이 주일을 맞이해서 우리는 이 본문이 가르쳐주는 중요한 교훈을 받고자 합니다. 그것은 두 가지입니다.

## 1. 부모된 사람들에게 가르치는 것입니다

본문 5절 하반절을 보시기 바랍니다.

> 이 믿음은 네 외조모 로이스와 네 어머니 유니게 속에 있더니 내 속에도 있는 줄 확신하노라.

이 말씀은 우리가 어떤 가정을 이루어갈 것인가에 대한 부모로서의 책임과 특권(responsibility and privilege)을 가르쳐 줍니다. 디모데의 부모들은 이 일을 훌륭히 해낸 부모들입니다. 그들은 그리스도인의 가정을 이루었습니다. 그리고 그리스도인의 가정에서 디모데를 길러냈습니다. 여기에 디모데의 아버지가 누구냐 하는 것은 나오지 않습니다. 그러나 그의 아버지는 헬라인으로서 일찍이 유대교에 개종을 했고, 그 후에 그리스도인이 되어 그의 아내 유니게와 같은 신앙 안에서 육체적으로만이 아니라 영적으로도 일치된 부부였습니다. 한 가정을 그리스도인의 가정으로 만들려고 하면 아무리 외조모와 어머니의 신앙이 훌륭하다 하더라도 아버지의 협력이 없으면 안 되는 것입니다.

그런데 어느 가정에서든지 그리스도인의 가정을 이루는 데는 아버지의 힘보다 어머니의 힘, 할머니의 힘, 즉 여성들의 힘이 훨씬 더

크다는 것을 우리는 본문에서 봅니다. 이것은 아버지보다 어머니의 노력이 그만큼 더 따라야 한다는 것을 말하는 것입니다. 디모데의 신앙은 그의 외조모 로이스와 어머니 유니게의 헌신적인 노력의 결과였다는 것을 여기서 보는 것입니다.

교회사 가운데서 복음적 신학의 시조라고 불리는 성 아우구스티누스(St. Augustine)는 그의 뒤에서 눈물과 헌신으로 뒷받침해준 어머니 모니카(Monica)가 있었기 때문입니다. 성 크리소스톰(St. Chrisostom)으로 하여금 초대교회의 위대한 교부가 되게 한 것은 그의 어머니 앤서스였습니다. 그 밖에 그리고리우스(Greogorius), 데오크레트(Deocrete), 터툴리안(Tertulian), 유세비우스(Eusebius) 등 초대교회의 기둥이 된 사람들은 모두가 그들의 어머니의 힘으로 신앙의 기초를 다진 사람들입니다.

그리스도인의 가정은 여성명사입니다. 교회 역시 여성명사입니다. 이 둘은 매우 밀접하게 관련되어 있고, 가정과 교회에서 여성들의 책임과 특권이 얼마나 중요한가를 나타내 주는 것입니다. 그러므로 부모된 이들은 여성의 책임과 특권에 대해 한층 더 긍지를 가지고, 남성들은 여기에 적극적으로 협력을 해야 할 것입니다.

### 2. 자녀된 사람들에게 가르치는 것입니다

4절과 5절 상반절을 보세요.

> 네 눈물을 생각하여 너 보기를 원함은 내 기쁨이 가득하게 하려 함이니, 이는 네 속에 거짓 없는 믿음을 생각함이라.

이 말씀은 자녀된 사람들이 부모에게서 물려받은 것이 무엇이며, 그 자신은 어떤 사람이 되어야 하는가를 가르치고 있습니다. 자녀들이 부모들에게서 물려받을 가장 귀한 유산이 무엇일까요? 적어도 그리스도인의 가정이라면 그것은 믿음이라고 생각할 것입니다.

사도 바울은 디모데 보기를 간절히 원했습니다. 그것은 디모데가 부잣집 아들이기 때문이 아닙니다. 공부를 많이 해서 어떤 학위를 얻었기 때문도 아닙니다. 자기에게 딸이 있어서 사위를 삼으려는 것도 아닙니다. 그러면 뭘까요? 바울은 말합니다.

> 네 눈물을 생각하여 너 보기를 원함은 내 기쁨이 가득하게 하려 함이니, 이는 네 속에 거짓 없는 믿음을 생각함이라.

바울이 디모데 보기를 원한 것은, 첫째는, 디모데가 눈물의 사람이었다는 것이고, 둘째는, 디모데 속에 거짓이 없는 믿음이 있기 때문이라 했습니다. 우리가 아는 대로 디모데는 그리스도인의 가정에서 자라난 믿음의 아들이기도 하지만, 바울에게서 신학을 배우고 그의 후계자로 꼽힐 만큼 성장한 전도자였습니다. 그런데 어째서 디모데는 바울이 "네 눈물을 생각하여 너 보기를 원한다"고 할 정도로 눈물의 사람이었을까요? 디모데가 자주 눈물을 흘린 것은 그의 처지가 불쌍해서가 아니었습니다. 세상 일이 마음대로 되지 않아서도 아니었습니다.

그리스도 예수의 구속적인 사랑이 너무나도 크고, 자기와 같은 죄인을 살리신 하나님의 은혜가 너무나도 고마워, 그 사랑, 그 은혜에 감격해서 흘리는 눈물이었습니다. 이것이 바로 그 다음에 이어지는 바울의 말, 즉 "네 속에 거짓이 없는 믿음을 생각함이라"는 말씀과 직결되는 것입니다.

현대인의 특징은 눈물이 메말라 있다는 데에 있습니다. 육신적인 일에는 눈물을 흘리는 사람들이 있지만, 그리스도의 속죄의 사랑과 하나님의 은혜에 감격해서 우는 사람은 드뭅니다. "거룩한 눈물은 하나님이 주시는 은혜라"는 말씀이 있습니다. 자기 영혼을 위해, 그리스도의 지극한 사랑에 감격하여 십자가 아래 엎드려 울 수 있는 사람은 은혜를 받은 사람입니다. 그래야만 "그 속에 거짓이 없는 믿음"이 생겨나는 것입니다. '거짓이 없는 믿음'이라고 바울이 말한 것은, 거짓된 믿음도 있다는 말입니다. 믿는다고 해서 모두 믿는 사람이 아니라는 말입니다.

디모데는 거짓이 없는 믿음의 소유자였습니다. 그는 어릴 때 어머니 유니게의 품에 안겨 젖을 빨면서 모유만 받아먹고 자란 것이 아니었습니다. 어머니의 신앙과 경건을 먹고 자랐습니다. 이 경건한 양육에 의해서 디모데는 그의 과거와 조상들의 신앙에서 떨어져 나가지 않도록 훈련을 받은 것입니다. 이 믿음이 디모데에게 있었기 때문에 바울은 간단없이 그를 위하여 하나님께 감사했습니다. 디모데가 바울에게서 그렇게까지 사랑을 받은 것은 이 믿음, 거짓 없는 믿음이 있었기 때문이었습니다.

그리스도인의 가정은 건전한 교회를 이루어가는 데 주춧돌이 됩니다. 교회 안에서 충성된 일꾼들이 있는 그 배후에는 믿음의 터 위에선 그리스도인의 가정이 서 있는 것입니다. 거룩하고 경건한 신앙, 거짓이 없는 믿음의 가정이 없는 곳에 위대한 인물이 나올 수 없고, 나라도 바로 서지 못합니다.

영국이 경제와 도덕적으로 완전히 기울어졌을 때, 그것을 위기에서 건져낸 사람은 영국 황실도 아니고, 수상도 아닙니다. 신앙의 사람, 거짓 없는 믿음을 가진 요한 웨슬리(John Wesley)와 찰스 웨슬리(Charles Wesley) 형제였습니다. 그것은 옥스퍼드(Oxford) 대학교 강의실에서 성경공부와 기도회로 시작된 한 작은 모임에서 출발한 것입니다. 이것이 불이 붙어 영국 전역에 확산되었고 마침내 하나님의 도우심으로 영국이 일어선 것입니다. 그런데 웨슬리 형제의 배후에는 누가 있었을까요? 열한 아들을 낳아 눈물과 기도로 길러낸 어머니 수산나(Susanna)와 경건의 아버지 웨슬리(Wesley)가 있었습니다.

최근에 미국에서는 가정문제 상담가, 가족심리 치료자, 정신과 의사, 목회자들이 모여 단란한 가정을 위한 15 항목의 수칙을 마련했습니다. 날이 갈수록 가정이 붕괴되어 가고 부모와 자녀, 형제 사이의 관계가 나빠지고 있는 것을 안타까워하여 가정을 구하고 가족의 원만한 삶을 조성하기 위한 것입니다.

이 중에서 다섯 개만 여러분에게 소개하고 말씀을 마치려고 합니다.

1. 가족 간의 대화를 위해 서로가 노력하라.
2. 가정의 일이나 가정 밖의 일에 대하여 가족 모두가 책임의식을 가지고 역할을 분담하여 처리하라.
3. 가족이 하루 한 차례 이상 함께 앉아 가족을 위한 종교행위, 예배를 드리도록 하라.
4. 부모는 자녀들을 믿어주고, 자녀들은 부모나 웃어른에게 전적으로 신뢰하라.
5. 가족 중에서 문제를 안고 있는 사람이 발견되면 모두가 나서서 적극적으로 도와주라.

여러분 가정이 모두 아름답고 행복한 그리스도인의 가정이 되기를 주님의 이름으로 축원합니다. 아멘.

## 해방기념주일

## 해방의 교훈

사도행전 7장 35-43절

인간에게 가장 절실하고 기본적인 요구가 무엇이냐 하면, 그것은 자유일 것입니다. 빵도, 지식도, 가정도, 돈, 건강, 직업도 자유가 있고 나서의 문제입니다. 3·1운동 때 우리 조상들이 "자유, 그것 아니면 죽음을 달라"고 목숨을 내놓고 일본 관헌들의 총칼 앞에 대들었던 것도 자유를 박탈당한 노예의 삶이란 죽는 것보다 못하다는데서 온 것입니다.

"고요한 아침의 나라"라고 불리던 한반도, 고요한 아침은 밝아오지 않고 늘 시끄럽고 어두운 그늘만 진 나라였습니다.

멀리 올라가지 않더라도 우선 근대사인 조선 오백년의 역사를 보십시오. 당파 싸움으로 지샌 역사가 아닙니까? 선량하고 현명한 충신들이 나라를 섬기고 백성을 바로 잡으려 하면 간신들이 뒷전에서 찍고 까불고 해서 충신들이 견디지 못했습니다.

이것을 보고 의분에 못이겨 여기저기서 양심의 소리가 일어나면 권력의 방해물이라 하여 멸절하다시피 없애 버렸습니다. 권력에 눈이 어두운 자들이 국정이나 민정을 살필 까닭이 없습니다. 당파 싸움에다 남인, 북인, 노론, 소론으로 싸움만 거듭했습니다.

갑신정변이 일어났으나 실패로 돌아갔습니다. 이완용의 도당들은 자기들 목숨만을 건지겠다고 일본의 압제 밑으로 나라를 팔아먹었습니다. 이것을 마다할 일본이 아니었습니다. 다 망해버린 나라를 움켜쥐고 36년이나 한인들의 피를 빨아 먹었습니다. 일본인의 노예가 되어 노무자로 끌려가고 여자들은 공출대나 위안부로 잡혀 갔습니다. 재일교포 60만 중 대다수는 일제시대에 일본으로 끌려간 사람들입니다.

1945년, 세계 제2차대전이 끝나고 일본이 패망하자, 한반도는 그렇게도 대망하던 해방을 받았습니다. 그러나 전쟁 말기 구소련이 개입에서 북쪽에 군대를 끌고 오자, 3·8선이 그어지고, 한반도는 남과 북으로 두 동강이가 되어 버렸습니다.

이승만 박사가 미국에서 돌아갔을 때, 남한이라는 곳은 저마다 정당을 만들어 서로 자기네가 세력을 갖겠다고 난장판이었습니다. 이 광경을 본 이 박사, 국민들을 향해 부르짖었습니다.

뭉치면 살고, 흩어지면 죽는다.

그래서 간신히 1948년에 독립을 하고 정부를 세운 대한민국, 2년 후인 1950년에는 김일성이 주도한 군대를 남침에 사용하여 6·25동란을 일으켰습니다.

부산까지 밀려간 한국 군대는 맥없이 무너졌고, 맥아더 장군의 용단으로 인천 상륙작전을 안했더라면 대한민국은 사라졌을 것입니다. 미군의 도움으로 서울을 수복하고 안정을 맞는가 했더니, 4·19혁명이 일어나고, 연이어 5·16 군사 쿠데타가 일어났습니다. 박정희가 대통령이 된 후, 3선개헌까지 했지만 직속 부하인 김재규의 총에 쓰러졌고, 그 후 군인정부를 거쳐 문민정부, 국민의 정부, 참여정부까지 왔습니다.

그런데 이 참여정부라는 것이 노무현 자신의 말대로 좌파 신자유의 색깔을 띠고 나섰습니다. 참여정부라는 것이 국민을 참여시키는 줄 알았더니 그게 아니라 북한 정권에 참여하여 돈을 퍼주고 쌀과 비료를 실어다 주는데 안간 힘을 쓰고 있습니다. 그러면서 남남 갈등이 고조되고 한국에는 좌파가 득실거리고 있습니다.

최근 일간신문의 칼럼니스트인 박성근 씨는 "민족보다 국가가 먼저다"라는 제목의 칼럼에서 "노무현 정부의 민족 외교는 안팎으로 빨간 불이 켜졌다"고 지적하고 있습니다.

또 중앙일보의 주필인 문상국 씨는 그의 칼럼에서 노무현 정부를 가리켜 "분수를 모르는 나라"라고 지적했습니다. 그는 이 칼럼에서 이렇게 말합니다.

> 분수없는 사람은 주변에서 같이 놀아 주지 않는다. 한국은 이미 왕따가 되기 시작했다. 미, 중, 일이 UN 결의안을 낼 때 한국은 완전히 소외됐다. 북한조차 남한을 왕따시키고 있다. 그들은 우리를 향해 큰 소리치고 있다. 이산가족 면회를 취소하고, 금강산 근로자들을 쫓아내고.… 아쉬운 쪽이 큰 소리치니 세상이 잘못되고 있다. 왕따가 되어가니 기댈 대가 중국뿐이라고 생각했던지 노무현 대통령이 중국에 전화를 걸었다. 미국이 따돌리는 한국을 중국이 귀하게 여길 리 없다. 한국 뒤에 미국이 있을 때 그나마 대접받은 것이지, 이제 한국을 100년 전 조선 말 쯤으로 밖에는 보지 않을 것이다.

북한의 위조 달러 문제로 지난 달 27일에 프랑스 리용에서 국제경찰이 세계 64개국 특수경찰과 화폐전문가 회의를 열었는데, 한국에서는 초청을 받고도 청와대 눈치가 보여서 불참했다고 합니다. 청와대는 도대체 어느 나라에 속해 있을까요?

이스라엘 민족은 400년 동안 애굽에서 종살이를 했습니다. 그러던 중 그들의 고통소리를 들으시고 하나님께서 모세를 보내서 그들을 해방해 주셨습니다. 지금도 유대인들의 회당에서는 안식일 예배에서 이 출애굽의 역사를 가장 많이 읽습니다. 그리고 그들의 위대한 조상 모세의 인도로 해방 받은 것을 얘기하며, 유월절을 가장 큰 절기로 지킵니다. 그러면서 "그들의 조상들이 왜 애굽으로 내려갔느냐?" 하는데 대해서는 입을 다물고 있습니다. 우리 그리스도 교회에서도 역시 마찬가지입니다.

오늘 우리는 이것부터 찾아 볼 필요가 있습니다. 왜냐하면 여기에 해방과 관계된 중요한 교훈이 들어있기 때문입니다. 창세기 12장을 보면, 하나님께서 아브라함을 불러내셔서 "내가 네게 지시하는 땅으로 가라"고 하셨습니다. 그 땅이 어디냐 하는 것은 즉시 밝혀져 있지 않지만 후에 그 땅이 가나안임을 알게 됩니다. 그는 이 땅을 밟아 보았고, 그의 아들 이스라엘은 그 땅에서 살았습니다. 그리고 창세기 46장을 보면, 야곱이 열한 아들을 포함한 70인의 대가족을 이끌고 애굽에 내려갈 때, 그가 살던 땅은 가나안이었습니다. 모세의 인도로 들어가려던 약속의 땅, 젖과 꿀이 흐르는 땅이었습니다.

그런데 왜 야곱은 이 젖과 꿀이 흐르는 땅을 두고 애굽으로 내려가야 했을까요? 그리고 그 자손들이 400년 동안 그 땅에서 노예생활을 해야 했을까요? 성경을 보면, 그 땅에 7년이나 흉년이 들었고 애굽에 양식을 사러 간 것이 인연이 되어 있습니다. 그리고 야곱의 열한 번째 아들 요셉이 뜻밖에도 애굽에서 총리대신이라는 높은 자리에 앉아 있었습니다. 그래서 요셉이 아버지와 형제들을 불러 고센 땅에서 살게 했습니다. 그러나 이것은 표면적인 이유이고, 그 원인은 그보다 훨씬 이전으로 거슬러 올라갑니다.

가나안 땅은 본래 하나님이 아브라함에게 약속하신 젖과 꿀이 흐르는 땅입니다. 그런데 야곱의 시대에 왜 그 땅에 흉년이 들었을까요? 그래서 그 70인의 대가족이 애굽으로 이동하지 않으면 안 되게 되었을까요? 그로부터 400년, 그 후손들이 노예가 되어 인간 대우를 받지 못하고 고통을 당하게 되었을까요?

그 원인은 야곱의 열 아들들이 감정의 포로가 되어 자유인이 되지 못했기 때문입니다. 야곱에게는 본래 열두 아들이 있었습니다. 요셉은 이 열둘 중에서 열한 번째 아들이었고, 형들은 요셉을 미워했습니다. 그것은 아버지 야곱이 요셉을 형들보다 더 사랑했기 때문이었습니다(창 37:3-4). 그러던 중 요셉이 꿈을 꾸고, 그 꿈 이야기를 아버지와 형들 앞에서 한 것이 화근이 되었습니다(창 37:5-8). 그후 형들은 요셉을 시기하게 되었습니다.

이런 미움과 시기가 마침내 요셉을 죽이자는 데로 발전을 했습니다(창 37:19-26). 그리고는 아버지의 심부름으로 형들에게 간 요셉을 형들은 좋은 기회로 알고 죽이려 했습니다. 그러나 유다의 권고로 죽이지를 않고 애굽으로 가는 대상들에게 요셉을 노예로 팔았습니다(창 37:26-27).

히브리 민족이 애굽에 가서 400년 동안 죽도록 노예생활을 한 원인은 바로 여기에 있습니다. 동생을 노예로 팔아넘긴 형들의 행위가 하나님의 진노를 산 것입니다. 그래서 젖과 꿀이 흐르는 가나안 땅이 7년이라는 세월 동안 흉년이 들었습니다. 먹을 것이 없어 굶어 죽게 된 형들은 애굽에 양식이 있다는 소문을 듣고 양식을 사러 갔습니다. 자기들이 노예로 팔아넘긴 요셉이 거기서 총리대신이 되어 있을 줄이야 그들은 꿈에도 몰랐습니다. 이것이 계기가 되어 이스라엘은 한 민족을 이끌고 애굽 땅에 내려가게 된 것입니다.

그들은 요셉이 총리대신으로 있을 때와 요셉을 아는 바로 왕이 통치하던 처음 얼마동안은 융숭한 대접을 받았습니다. 그러나 그 민족이 뻗어 나가고 잘 살게 되자, 요셉을 모르는 통치자에게 압박을 받기 시작했습니다. 그리고는 마침내 노예의 신분으로 떨어지고 말았습니다.

한 민족을 비극으로 이끌어간 것은, 같은 피를 받은 형제들의 미움과 시기 때문이었습니다. 감정의 포로가 후손들을 노예로 만든 것입니다. 사도행전 7장 9절에도, "여러 조상이 요셉을 시기하여 애굽에 팔았느니라"고 기록하고 있습니다. 시기심으로 인해서 형제를 노예로 팔아 넘긴데서 결국 자기들과 그 후손들을 노예로 만들어버린 것입니다. 우리는 여기서 무서운 비극의 씨앗을 보는 것입니다.

인간은 어느 나라 국민이라 하더라도 완전한 자유인은 없습니다. 남의 나라에 속국이 되어 있지 않더라도, 또 누가 자기를 억압하지 않더라도, 인간은 나면서부터 세 개의 폭군에 의해서 포로생활을 하고 있습니다. 첫째로, 감정의 포로가 되어 있고, 둘째로, 비인간성의 포로가 되어 있고, 셋째로, 우상의 포로가 되어 있습니다. 인간 역사의 비극은 사실상 여기서부터 시작이 된 것입니다.

이스라엘 백성이 애굽에서 400년을 거하는 동안 야곱의 열두 아들과 그 일가족 70명은 장정만 해도 60만이라는 수로 늘어났습니다.

그러나 이들은 노예생활에서 해방될 희망이 전혀 없었습니다. 그들의 손에는 무기가 없었고, 재산도 없었습니다. 애굽 사람들은 이들을 노예로 부리기 위해 집단생활을 금하고, 분산시켜서 혹사를 했습니다. 이스라엘 백성들은 고역과 채찍에 시달리면서 하나님께 부르짖었습니다.

마침내 이들의 부르짖는 소리가 하나님께 상달되었습니다. 하나님께서는 그들의 고통 소리를 들으시고 그들을 돌아보셨습니다. 출애굽기 2장 24절을 보면, 하나님이 그들을 돌아보신 것이 그들이 잘나서가 아니었습니다.

아브라함과 이삭과 야곱에게 세운 그 언약을 기억하사 이스라엘 자손을 권념하셨더라.

그래서 하나님은 호렙산 기슭에서 이드로의 양떼를 치던 모세를 부르셨습니다.

그 모세를 하나님은 가시나무 떨기 가운데서 보이던 천사의 손을 의탁하여 관원과 속량하는 자로 보내셨으니,

본문 35절의 말씀대로 하나님께서는 모세를 선택하여 이스라엘 백성을 애굽의 종살이하던 신분에서 해방하게 하셨습니다.

이 사람이 백성을 인도하여 나오게 하고 애굽과 홍해와 광야에서 사십년 간 기사와 표적을 행하였느니라(36절).

아무리 더딘 어린 아이와 부녀자들의 걸음이라도 40일이면 충분히 들어갈 수 있는 가나안 땅! 그런데 그들은 이 가나안을 들어가는데 40년이 걸렸습니다. 원래 노예생활을 하면서 그들은 교육이라는 것을 받지 못했습니다. 인간을 기계처럼 부리는 비인간성만 보고 자랐으며, 서로 책임을 전가하고 남을 원망하는 것 밖에는 배운 것이 없습니다. 사사건건 불평하고 원망했습니다. 비인간적인 행동을 하고 동물이 되어 갔습니다.

이스라엘 백성들의 책임 전가와 원망은 애굽을 떠난 후에도 계속되었습니다. 그들이 홍해에 이르렀을 때, 앞에는 홍해가 가로 막히고, 뒤에서는 애굽 군대가 추격해 오자 그들은 자기들을 인도해 낸 지도자 모세를 원망했습니다. 기적적으로 홍해를 건너 마라에 왔을 때는, 마실 물이 없어 모세를 원망했습니다. 엘람까지 오니 먹을 것이 떨어졌습니다. 또 다시 모세를 원망했습니다. 출애굽기 16장 2-3절을 보세요.

이스라엘 온 회중이 그 광야에서 모세와 아론을 원망하여 그들에게 이르되 우리가 애굽 땅에서 고기 가마 곁에 앉았던 때와 떡을 배불리 먹던 때에 여호와의 손에 죽었더면 좋았을 것을, 너희가 이 광야로 우리를 인도하여 내어 이 온 회중으로 주려 죽게 하는도다(출 16:2-3).

"노예로 살더라도 배울 채우고 사는 게 낫지 이게 뭐냐?" 하는 원망이었습니다. 노예에서 벗어나게 해달라고 부르짖기에 벗어나게 해주었더니, 배가 고프다고 노예생활로 되돌아 가겠다는 것입니다. 지도자에 대한 원망은 곧 하나님에게 대한 원망이었습니다. 그것은 모세의 배후에 하나님이 계셨기 때문입니다. 모세가 그들을 인도해 낸 것이 아니라 하나님께서 모세를 세워서 그들을 인도해 내셨기 때문입니다. 출애굽기 16장 7-8절을 보시겠습니까?

…여호와께서 너희를 애굽 땅에서 인도하여 내셨는데…우리가 누구관대 너희가 우리를 대하여 원망하느냐…우리가 누구냐, 너희 원망은 우리를 향하여 함이 아니요, 여호와를 향하여 함이로다.

이스라엘 백성이 약속의 땅 가나안에 들어가는 시일이 40년이나 걸린 이유가 여기 있습니다. 지도자를 원망하고 하나님을 원망하던 그들은 모두 광야에 엎드려져 죽고 말았습니다. 곤란이 닥쳐왔을 때 원망하는 백성은 약속의 땅에 들어가는 것을 스스로 늦추는 백성입니다. 종살이하던 옛날의 애굽 땅을 그리워했으니 그들의 걸음이 앞으로 전진했을 리가 없습니다.

우리의 본문 39절을 보세요.

우리 조상들이 모세에게 복종치 아니하고자 하여 그 마음이 도리어 애굽으로 향하여라는 말씀이 있습니다. 무슨 뜻일까요? 이스라엘 백성들이 하나님의 은혜로 해방을 받았는데 그래서 그들의 몸이 이제 자유인이 되었는데 아직도 마음은 해방이 되지를 못하고 여전히 노예상태 그대로 있었다는 뜻입니다. 완전한 해방이 그들에게 아직 오지 않았다는 말입니다.

오늘 대한민국은 어떻습니까? 해방된 지 60여 년, 원망과 시비로 일관해 왔습니다. 정치하는 사람들을 보면 여당이 궁지에 몰리면 꼬투리를 찾아내어 야당을 몰아세우고, 야당에게 불똥이 튀면 청와대를 원망하고 나섭니다.

여러분, 교회 생활을 하는데도 문제는 있습니다. 그럴 때 지도자를 원망하는 습성을 버리세요. 모두가 함께 책임을 질 줄 알아야 합니다. 자기에게는 전혀 책임이 없고 목사와 장로들에게만 책임이 있다는 원망이 사라지지 않는 한 교회는 부흥되지 않고, 자기 자신도 죽는 길입니다.

출애굽 1세들이 40년 광야에서 고생했는데, 그 결과 어떻게 되었습니까? 가나안 땅을 들어가 보지도 못하고 다 죽었습니다. 그 이유가 어디 있을까요? 우상숭배 때문입니다. 하나님께서 이스라엘 백성을 애굽에서 인도해내신 목적이 어디 있는지 아시겠지요. 출애굽기 3장 18절에 있습니다. 하반절을 보세요.

> 우리가 우리 하나님 여호와께 희생을 드리려 하오니 사흘 길 쯤 광야로 가기를 허락하소서.

출애굽의 목적은 "하나님 예배"에 있습니다. 우상숭배하던 백성을 이끌어 내어 하나님을 예배하는 백성으로 삼으시기 위한 것입니다. 그래서 하나님께서는 모세에게

> 내가 내려와서 그들을 애굽의 손에서 건져내리라… 내가 이제 너를

> 이 일을 위하여 애굽으로 보내리라.

고 하신 것입니다. 출애굽기 3장 8, 10절의 말씀입니다. 이렇게 해서 하나님은 하늘에서 내려 오셨고, 모세를 세워 그들을 애굽에서 인도해 내셨습니다.

그런데 애굽에서 나와 시내산까지 온 이스라엘 백성은 무엇을 했던가요? 모세가 십계명을 받으러 시내산 위에 올라간 사이, 그들은 아론을 부추겨 금송아지 우상을 만들었습니다. 금송아지 우상은 애굽 신입니다. 그들이 애굽에서 노예생활을 할 때 섬기던 신입니다. 자기들을 인도해 내셨다는 하나님은 그들의 눈으로 볼 수 없고 모세는 산에 올라가 내려오지 않습니다. 그래서 어떻게 했습니까?

> 아론더러 이르되 우리를 인도할 신들을 우리를 위하여 만들라. 애굽에서 우리를 인도하던 이 모세는 어떻게 되었는지 알지 못하노라

고 아우성을 쳤습니다. 오늘의 본문 40절에 있습니다. 줏대가 없는 아론은 그만 대중에게 굴복해 버렸습니다. 부녀자들의 목걸이, 귀고리, 팔찌 등, 금패물을 모아 불에 녹였습니다. 그리고는 금송아지 신을 만들었습니다. 그리고 말했습니다.

> 이스라엘아. 이는 너를 애굽에서 인도하여 낸 너희 신이로다(출 32:4).

그리고 나서 금송아지 앞에 단을 쌓고 공포를 했습니다.
> 내일은 여호와의 절일이니라(출 32:5).

금송아지 우상을 만들어 놓고 여호와의 절일이라고 공포하다니, 언어도단입니다. 그러나 백성들은 모두 미쳐버려서 일제히 금송아지

에게 엎드려 절을 하고 그 앞에서 춤을 추었습니다. 그들은 압제자요 상전이던 바로 왕에게서는 해방을 받았습니다. 그러나 금송아지 우상의 옛 상전에게서는 해방을 받지 못했습니다. 몸은 애굽을 떠나 시내산까지 왔으나 마음은 여전히 금송아지의 노예가 되어 있었습니다.

이것은 오늘도 마찬가지입니다. 하나님께 예배를 드리는 이 땅 위의 많은 교회들! 몸은 주일 날 예배당에 가서 앉아 있지만, 마음은 여전히 금송아지 우상인 황금과 돈의 노예가 되어 있는 자들이 얼마나 많습니까?

이스라엘 백성은 조금만 더 기다렸으면 되었을 것입니다. 모세가 들고 내려오는 두 개의 돌 판에 새겨진 계명, 제1계명을 그들이 들을 수 있었을 것입니다. 그랬더라면 이들은 금송아지를 만들지 않았을 것이고, 그 때문에 광야에서 엎어져 죽지도 않았을 것입니다. 그러나 그들은 제1계명을 범하고 말았습니다. 출애굽의 목적과는 정반대되는 행동을 한 것입니다. 하나님이 그들을 왜 노예생활에서 해방시켜 자유인이 되게 하셨는지를 깨닫지 못한 탓입니다.

오늘 해방절을 기념하면서 하나님을 예배하고 있는 여러분! 여러분에게는 우상이 없습니까? 한국 사람들에게는 본국에 있거나 외국에 나와 있거나를 막론하고 두 개의 우상을 가지고 있다고 합니다. 하나는 돈이고, 다른 하나는 자녀입니다. 돈이 우상이 되어 있는 사람은 제1계명도 제2계명도 안중에 없습니다. 그들은 제4계명까지 어기며 돈에 매어달려 있습니다.

자녀가 우상이 되어 있는 사람은 자녀들이 하자는 대로 해야 합니다. 주일을 지키는데도 자녀들 일이 우선적입니다. 참 크리스천이 되고 참 자유인이 되어있지 못합니다. 그러면 어떻게 해야 참 크리스천이 되고 참 자유인이 될 수 있을까요?

첫째, 감정의 포로에서 해방을 받아야 합니다

시기와 질투와 미움, 이것은 하나님 앞에서 가장 큰 죄입니다. 남을 시기하고 미워하는 마음으로는 하나님의 사랑을 받을 수 없습니다. 이것은 노예근성입니다. 우리는 사랑과 존경과 서로 남을 높여주는 마음을 가져야 합니다. 빌립보 2장 3-4절을 보세요.

> 아무 일에든지 다툼이나 허영으로 하지 말고 오직 겸손한 마음으로 각각 자기보다 남을 낫게 여기고 각각 자기 일을 돌아볼 뿐더러 다른 사람의 일을 돌아보아 나의 기쁨을 충만케 하라.

여기에서 노예근성이 사라지고 자유하는 인간이 탄생하는 것입니다.

둘째, 비인간성의 포로에서 해방되어야 합니다

교회 안에서나 사회에서 지도자를 원망하는 것은 비인간성에서 온 것입니다. 자유인은 남을 원망하지 않습니다. 남을 원망하기 전에 자기가 책임질 줄 아는 사람이 자유인이요 해방된 사람입니다. 책임을 남에게 전가시키고 남을 원망하는 것은 배우지 못한 자가 하는 것이고 노예들이나 하는 짓입니다.

원망은 시비를 일으키고 시비는 분쟁을 일으킵니다. 분쟁은 죄가 됩니다. 그러므로 여러분은 일체의 원망을 입에서 버리세요. 원망을 버리면 불평이 없어집니다. 불평이 없어지면 감사가 생겨납니다. 감사하는 마음은 자유하는 마음이요 축복을 받는 그릇입니다.

셋째, 우상의 포로에서 해방되어야 합니다

돈이 우상이 되어 있고 자녀가 우상이 되어 있는 사람은 거기서 해방을 받아야 합니다. 돈은 인간이 자유롭게 지배할 수 있는 것이어야지 인간이 돈의 지배를 받으면 그 때는 노예가 되고 맙니다.
예수님께서 말씀하셨습니다.

> 가이사의 것은 가이사에게 바치고 하나님의 것은 하나님께 바치라 (마 22:21).

그런데 사람들은 그러지를 못합니다. 하나님의 것을 도둑질해서 가이사에게 바치고 있습니다. 여기에서 해방이 될 때 자유인이 되는 것입니다. 자녀들이 우상이 되어서는 안 됩니다. 그들을 올바로 교육하고 인간을 만들어서 하나님과 사람들에게 쓸모 있는 인물이 되도록 길러 내라고 하나님께서 우리에게 맡겨주신 생명들입니다.

**사랑하는 성도 여러분!**
갈라디아서 5장 13절을 펴세요. 다함께 읽겠습니다.

> 형제들아 너희가 자유를 위하여 부르심을 입었으나 그러나 그 자유로 육체의 기회를 삼지 말고 오직 사랑으로 서로 종노릇하라.

다 같이 자유인이 되시기를 축원합니다. 아멘.

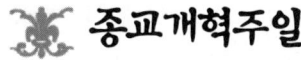 **종교개혁주일**

# 개혁자 신앙

로마서 1장 16-17절

오늘은 종교개혁주일입니다. 1517년 10월 31일은 프로테스탄트(Protestant) 교회가 기념할 만한 역사적인 날입니다. 그날 정오에 개혁자 마르틴 루터(Martin Luther)는 독일 비텐베르크(Wittenberg) 대학 성교회 정문 앞으로 갔습니다. 그는 자기가 며칠 동안 연구하고 기도한 끝에 작성한 95개조의 논제를 성교회 정문에 내다 걸었습니다. 이것이 종교개혁의 기원이 될 줄은 루터 자신도 몰랐습니다.

개혁자인 루터 자신은 애당초 개혁을 하려고 나선 것이 아니었으며, 또한 개혁할 의사도 없었습니다. 그가 로마 여행을 갔을 때나 시편을 비롯하여 성서연구에 몰두했을 때도 기성교회에 반기를 들 생각은 추호도 없었습니다. 그가 1517년 10월 31일을 택하여 95개조의 논제를 내걸었을 때도 기성교회에 반기를 든 것이 아니라 오히려 더 충성하려는 노력에서 그 일을 시작했습니다.

루터는 어려서부터 철저한 가톨릭 신앙을 가진 부모 밑에서 엄격하게 가정교육을 받았습니다. 하나님을 두려워할 줄 아는 신앙의 기본 자세를 배웠고, 교회를 사랑하고 교회의 명령에 복종하는 태도를 그 부모님에게서 배웠습니다. 이것이 그의 성격을 형성하고 신앙인으로 성장하게 했습니다.

그는 매사에 긍정적인 사고를 가지고 있었고 교회 안에서는 항상 질서를 존중하여 명령과 지시에 따르며 신앙을 키워 갔습니다. 교회 안의 어떤 모임에서도 자기가 나서서 휘두르거나 정해진 일에 대해 부정적인 행동을 하지 않았습니다. 그것은 신앙적인 태도가 아니라고 생각했기 때문입니다.

그의 아버지 한스 루터(Hans Luther)는 만스벨트(Mansbelt)로 이사를 가서 동광산(銅鑛山)에서 일을 했고 만스벨트 의회의 의원까지 지냈습니다. 마르틴 루터는 18세 되던 해 봄에 독일에서 가장 역사가 깊고 유명한 대학교 중의 하나인 에르후르트(Erhurt) 대학교 교양학과에 입학했습니다. 그는 철학과 문학을 공부했고 음악에도 취미가 있어 루트(Lute)라는 현악기를 연주하기도 했습니다.

루터의 부모는 아들이 법학을 공부해서 변호사가 되기를 희망했으며, 그는 부모의 희망내로 법학공부를 시작했습니다. 그러나 얼마 후에 루터는 부모의 생각과는 달리 방향을 바꾸어 수도원에 들어갔습니다. 그의 마음에는 문학이나 법학보다는 신학에 더 깊은 관심이 싹텄던 것입니다. 그것은 인간의 죄에 대한 문제와 하나님의 진노에 대한 두려움이 그를 짓누르고 있었기 때문입니다. 그에게 있어서 인간의 죄란 하나님의 신의(信義)를 배반한 인간의 배신이었습니다. 루터는 이 문제 때문에 잠을 이루지 못했습니다. 그의 양심은 매우 민감했고 그의 신앙은 매우 순수했습니다. 그는 당시 로마 가톨릭교회가 가르쳐 주는 대로 이 문제를 성모 마리아에게 부탁했고 마리아의 어머니 안나에게 매달리기도 했습니다.

루터가 법학을 공부하다가 왜 갑자기 수도원에 들어갔는가? 하는데 대해서는 분명치 않습니다. 그러나 그의 전기 가운데 이런 이야기가 있습니다. 법률 공부하던 대학시절 어느 날이었습니다. 여름 방학이 되어 친구와 함께 집으로 돌아가는데 난데없이 검은 구름이 몰려오고 천둥을 치더니 옆에서 걸어가던 친구가 그 자리에서 즉사

했습니다. 루터도 졸도했으나 의식을 잃지는 않았습니다. 루터는 공포에 질려 성모 마리아의 어머니를 불렀습니다.

성 안나여, 나를 도와 주소서. 나는 이제 수도사가 되겠나이다.

그는 곧 수도원으로 들어갔습니다. 하루 일곱 번이나 기도 시간을 가졌습니다. 성경을 읽고 찬송가를 부르며 속세를 떠나려고 무척 애를 썼습니다. 당시 로마 교회는 죄를 용서받는 방법으로 공로를 세워야 한다고 가르쳤습니다. 공로의 단계는 넷인데, 첫째, 구제, 둘째, 봉사, 셋째, 기도, 넷째, 고행이었습니다. 고행이 최고의 단계이며, 이 단계로 올라가야 죄를 용서받는다고 가르쳤습니다.

루터는 로마의 라테란(Lateran) 궁전의 높은 계단에 입을 맞추며 무릎으로 기어 오르기도 했고, 수많은 성지를 순례했습니다. 그러나 만족 대신에 환멸만 더해 갔습니다. 당시 가톨릭 교회는 속죄권을 만들어 팔았습니다. 베드로 대성당을 지을 기금을 만들기 위해 돈을 내고 속죄권을 사면 회개하지 않아도 죄를 용서받는다고 가르쳤습니다.

많은 사람들이 돈을 내고 속죄권을 샀습니다. 낮에는 도둑질을 해서 돈을 손안에 넣은 다음에 저녁때는 속죄권을 사가지고 집에 돌아가서는 마음 편히 잠을 잔 사람들도 수두룩했습니다. 그렇기 때문에 속죄권은 죄를 용서하는 것이 아니라 죄를 더 짓게 만든 결과가 되었습니다. 돈을 모으기 위해서는 수단 방법을 가리지 않았습니다. 출세를 위해서도 그러했습니다. 남이야 어떻든 자기만 잘 살면 그만이었습니다. 윤리도, 도덕도 없었습니다. 나라 안에 만연된 구조악에 대해 어떻게 손을 댈 수가 없었습니다. 부자는 점점 더 부자가 되고 가난한 사람은 점점 더 가난해져 갔습니다. 아시아에 있는 어떤 나라와도 같았습니다.

비텐베르크 대학의 젊은 교수였던 루터의 심정은 주위 사람들이 상상하는 것 같이 평온하고 만족한 것이 아니었습니다. 그의 마음을 괴롭히는 이런 요소들 때문에 루터는 밤 잠을 이룰 수 없었습니다. 그는 종교와 예술적인 정서가 풍부한 사람이었습니다. 친구들과 대화를 나눌 때면 언제나 유머가 담뿍 담긴 이야기를 나누었고, 음악에도 특별한 취미와 소질을 가지고 있었습니다. 독일 찬송가 "어린 주 예수"는 그가 작사한 것이며, 우리 찬송가에 들어있는 384장 "내 주는 강한 성이요"는 그가 작사 작곡한 것입니다.

종교개혁의 발단과 동기는 영적 만족을 갈망하는 인간의 영적 고민과 투쟁이었습니다. 루터를 고민하게 만들고 속세를 떠나 수도원을 향하게 한 이면에는 자기 이름을 세상에 남기고 싶다는 세속적인 욕망이 전혀 없었습니다. 그는 영적으로 깊은 고민에 잠겼으며, 자기 영혼의 문제에 민감했습니다.

> 내가 어떻게 하여야 거룩한 하나님을 우러러 뵈올 수 있겠는가?

이것이 거룩한 하나님 앞에서 외친 루터의 호소였습니다. 그는 자기를 마치 아버지의 재산을 상속받아 먼 지방으로 가지고 가서 모두 탕진해 버린 탕자와 같다고 생각했습니다. 자기처럼 더럽고 추한 죄인이 어떻게 거룩하신 하나님께 가까이 가 그분을 아버지라고 부를 수 있겠는가 하고 생각했습니다.

이것이 오늘 우리와 루터와의 차이점입니다. 루터는 아버지의 집을 한 번도 떠난 일이 없는데도 그 자신을 탕자로 생각했습니다. 그런데 우리는 아버지의 집을 떠나 제 마음대로 살면서도 한 번도 아버지 집을 떠난 일이 없는 맏아들인 줄 알고 있습니다.

탕자의 비유에서 아버지에게 불평과 불만을 가지고 대한 아들은 어느 쪽입니까? 집을 나갔다가 돌아온 둘째 아들이 아닙니다. 아버지 집에 같이 살고 있다고 생각하고 있는 맏아들이었습니다. 둘째 아들은 경험을 통해서 자기를 발견했습니다. 그는 자기가 누구인지를 알았습니다.

> 나는 이제 감히 아버지의 아들이라 일컬음을 받을 수 없는 인간이다. 아버지의 집에 돌아가서 나를 품꾼의 하나로 써달라고 간청해 보자(눅 15:19).

이렇게 해서 그는 아버지의 집으로 돌아가 그 여생을 불평 한마디 없이 살았습니다. 그러나 맏아들은 비록 몸으로는 한 번도 아버지의 집을 떠난 일이 없었지만, 마음으로는 늘 떠나 있었습니다. 그러면서 늘 불만으로 살았습니다. 동생이 자기 몫을 가지고 집을 떠난 것도 불만이었고, 아버지의 집에서 자기 몫은 왜 안 주는가 하는 생각 때문에 그의 삶은 행복하지 못했습니다.

동생이 돌아왔을 때 그의 불만은 최고조에 달했습니다. 돌아온 아들을 위해 잔치를 베푼 아버지가 못마땅했습니다. 집 가까이 와서도 얼른 기쁨으로 그 잔치에 참여하지 못합니다. 아버지가 그것을 알고 맏아들을 불렀을 때 그는 아버지에게 평소에 가졌던 불만을 털어놓았습니다.

> 내 친구와 나를 위해서는 염소 새끼 한 마리도 잡아주지 않았으면서, 아버지의 살림을 창기와 함께 먹어버린 이 아들이 돌아오매 이를 위하여 살찐 송아지를 잡으셨나이다(눅 15:30).

동생을 완전히 매도한 맏아들은 그 후에도 불평이 없어지지 않았습니다. 동생을 미워하며 평생을 불만으로 살았습니다.

루터는 이것을 알았습니다. 그는 맏아들이 되고 싶지 않았습니다. 일생을 불평과 불만으로 산다는 것은 자기를 불행 속으로 스스로 몰고 가는 것이라고 생각했습니다. 그래서 그는 자기 스스로를 둘째 아들, 탕자로 생각했습니다. 그래서 나는 아버지의 아들이 아니라 품꾼의 하나라고 생각했습니다. 나 같은 죄인을 하나님께서 받아주실까 하고 늘 생각했습니다. 그래서 그는 늘 겸손했습니다. 또 겸손할 수 있었습니다. 이것이 루터로 하여금 루터가 되게 한 근본적인 요소였습니다.

오늘 종교개혁주일을 맞이해서 우리가 루터 선생에게서 배워야 할 첫 번째 것이 바로 이것입니다.

> 나는 감히 아버지의 아들이라 일컬을 수 없으니 품꾼의 하나로라도 써주십시오.

이것이 오늘 우리가 돌아가서 서야 할 자리입니다. 이렇게 이 자리로 돌아가 설 때 우리도 루터처럼 "내가 어떻게 하여야 거룩한 하나님을 우러러 뵈올 수 있겠는가?" 하고 낮아지게 됩니다. 건방진 생각이나 태도가 없어지게 됩니다.

루터는 겸손하게 성경을 펴서 읽기 시작했습니다. 나 같은 죄인이 거룩하신 하나님 앞에 나아 갈 수 있는 길이 무엇인가를 열심히 찾았습니다. 이렇게 되자 루터는 성경을 읽는 태도가 달라졌습니다. 성경의 모든 구절을 자기와 관련시켜서 읽었습니다. 그는 성경을 손에서 잠시도 놓을 수 없었습니다. 잘 때도 성경을 읽다가 그대로 손에 들고 잤습니다. 그는 성서학자였고, 신학박사였습니다. 그런데도 성경이 자기에게 새로운 관점으로 읽혀졌습니다. 생전 처음 읽는 책 같았습니다. 그는 성경을 읽고 또 읽었습니다. 열심히 연구하고 공부했습니다.

종교개혁주일을 맞이해서 우리가 루터 선생에게서 배워할 두 번째 것이 이것입니다. 성경을 읽고 배워야 합니다. 성경을 읽지 않고 성경을 배우지 않으면 10년이 가고 20년이 가도 신앙이 자라지 않습니다. 신앙은 항상 어린아이 정도에 머물러 있고 그 대신 교만만 자라갑니다. 맏아들처럼 아버지의 집에 있으나 불만과 불평이 떠날 사이가 없습니다.

루터는 성경을 읽고 연구하는 중에 드디어 해결점을 찾았습니다. 그것이 오늘 우리가 함께 읽은 본문입니다.

> 복음에는 하나님의 의가 나타나서 믿음으로 믿음에 이르게 하나니 기록된 바 오직 의인은 믿음으로 말미암아 살리라 함과 같으니라 (눅 1:17).

이것이 심령적으로 고민하던 아이제나하(Eizenach)의 한 청년 루터로 하여금 개혁자 루터가 되게 한 것입니다. 그러나 종교개혁은 어디까지나 루터 자신이 하나님 앞에서 용서받을 수 없는 죄인이라는 회개와 두렵고 떨리는 심정에서 발단된 것입니다. 다시 말하면 종교개혁은 루터 자신 안에서 싹트기 시작한 것입니다. 루터 자신이 새로워지고, 변화되고, 개혁되었을 때 작은 인간 루터는 하나님이 주시는 능력을 받아 큰 개혁자로서 온 독일과 유럽과 전 세계를 개혁해 나간 것입니다.

루터는 이 개혁의 문제가 다른 무엇으로 해결될 수 없고 오직 하나님의 말씀으로만 해결될 수 있음을 믿었습니다. 그는 기독교의 진리를 근본적으로 재해석했습니다. 하나님의 은혜, 그 은혜는 무조건적이 아니라고 했습니다. 공의, 즉 정의와 윤리를 떠난 사랑, 그런 사랑은 사랑이 아니라고 했습니다. 하나님의 심판이 없는 은혜, 그것은 은혜가 아니라고 했습니다. 루터는 성경을 새로운 각도에서 읽기 시작함으로써 하나님의 은혜의 계시를 새롭게 보았습니다. 하나님의 무서운 진노가 그저 없어진 것이 아니라고 그는 본 것입니다.

그는 신의(信義)가 말라버린 교회, 신의를 팽개쳐 버리고 국방과 경제에만 몰두하는 국가를 건지는 길은 단 하나! 하나님의 공의와 사랑이 지배되는 그곳에만 있다고 보았습니다. 하나님의 심판과 용서가 교차되는 그곳에만 있다고 보았습니다. 그곳이 예수 그리스도의 십자가라고 그는 외쳤습니다. 하나님의 진노가 일시에 예수가 달리신 십자가 위에 떨어졌다는 것입니다. 수천 년간 내려오며 쌓였던 진노와 앞으로 있을 모든 불의, 불신에 대한 진노가 예수 그리스도의 십자가 위에 떨어졌다는 것을 그는 보았습니다. 그는 로마 교회가 보아오던 눈과는 전혀 다른 눈으로 예수 그리스도의 십자가를 쳐다 본 것입니다.

그래서 이 부패하고 타락한 국가와 교회를 구하는 길은 하나님께 대한 신의를 회복하는 길인데, 그 길이 "믿음"이라고 그는 외쳤습니다. 루터에게 있어서 믿음이란 국방도, 경제도 다 비켜놓고, 즉 자기 힘, 인간의 힘으로 해보겠다는 모든 것을 다 비켜놓은 다음 빈 손으로 하나님의 은혜를 받아들이는 그릇입니다. 십자가 위에서 나타내신 하나님의 공의와 사랑을 두려운 마음을 가지고 받아들이는 그릇! 이것이 믿음이라고 루터는 외쳤습니다.

그렇기 때문에 이 믿음은 결코 심리적인 것이 아닙니다. 우리의 일상생활에서 구체적인 책임과 일에서 만나시는 하나님과의 관계! 이것이 믿음입니다. 그렇기 때문에 이 믿음은 결코 관념적인 것이 아닙니다. 내가 이렇게 해야겠는데 하는 생각이나 관념이 신앙은 아닙니다. 이것을 내 생활에서 구체적인 행동으로 옮기는 것! 이것이 신앙입니다. 이 능력이 정치인들에게 들어갈 때 정치는 신의를 되찾게 됩니다. 이 능력이 경제인들에게 들어갈 때 경제는 신의를 바로잡게 됩니다. 이 능력이 교회 안에서 움직일 때 교회는 생명력을 갖게 됩니다.

루터의 종교개혁은 바로 이와 같은 근본적인 복음의 능력을 재발

견한 것입니다. 사탄의 지배 아래 있던 인간 세계의 구조를 하나님 중심으로 전환시킨 새 세계의 전개였습니다. 루터는 이 세상에서 인간들은 다섯 가지 폭군으로부터 해방되어야 한다고 했습니다. 그 다섯 가지란, 죄, 죽음, 사탄, 율법, 그리고 하나님의 진노입니다. 루터는 바울의 로마서를 가장 많이 읽고 연구했습니다. 왜냐하면 바울의 로마서 안에는 "어떻게 하면 이 다섯 가지 폭군으로부터 해방될 수 있는가?"가 명시되어 있기 때문입니다. 인간을 억누르고 있는 다섯 가지 폭군—죄, 죽음, 사탄, 율법, 진노—여기서 해방되는 길은 오직 하나 뿐이라고 루터는 말했습니다. 그것은 우리가 그리스도 안으로 들어가서 믿음으로 율법 앞에서는 완전히 죽고 은혜 안에서 다시 사는 역사라고 말했습니다.

여러분은 어떻습니까? 여러분에게 이러한 경험이 있습니까? 여러분이 그리스도 안에서 옛 자아가 죽었습니까? 그리고 하나님의 은혜 안에서 다시 살아났습니까? 죽지 않고는 부활하지 못합니다. 그리스도 안에서 죽고 하나님의 은혜로 다시 살아나는 것—이것을 루터는 매일 세례라고 했습니다. 날마다 세례를 받는다는 말입니다.

"세례는 한 번 받았으면 되었지 날마다 받다니…" 이런 의문이 여러분의 마음속에서 생길 것입니다. 그러나 루터는 날마다 인간적인 요소를 십자가에 못박고 하나님의 심판을 두려워하면서 그리스도 예수를 의지할 때, 하나님께서 새생명으로 다시 살게 하시는 이 경험 없이는 예수를 믿는다는 것이 모두 헛것이라고 했습니다. 그래서 날마다 세례를 받아야 한다고 했습니다. 이 세례는 로마서 6장 3-9절까지에 기록된 세례의 근본적인 뜻을 가리키는 것입니다. 그래서 루터는 로마서 1장 17절의 "오직 의인은 믿음으로 말미암아 살리라"는 말씀의 뜻이 바로 이것이라고 했습니다.

루터는 오늘 우리가 함께 읽은 본문이 바울에게만 해당되는 말씀이 아니라 바로 자기 자신의 신앙고백이라고 말했습니다.

> 내가 복음을 부끄러워하지 아니하노니 이 복음은 모든 믿는 자에게 구원을 주시는 하나님의 능력이 됨이라(롬 1:16).

바울이 복음을 하나님의 능력이라고 말했을 때, 그것은 전능하신 하나님의 능력, 세상의 그 어느 것과도 비교될 수 없는 하나님의 능력이 복음, '유앙겔리온'이라고 루터는 이해했습니다. 그렇기 때문에 루터는 하나님을 우상화하지 말고, 우상을 섬기는 방법으로 하나님을 섬기지 말라고 말합니다. 복음은 십자가 위에서 사랑으로 나타났고, 이 사랑이 우리를 다섯 가지 폭군으로부터 해방해주신 것이라고 루터는 말합니다.

이 사랑 안에서 저주는 축복으로, 진노는 사랑으로, 공포는 은혜로, 종은 아들로 바꾸어지게 되는 것입니다. 여기서 용서는 매우 구체적인 것이며 사죄는 실제적인 것입니다. "복음이 모든 믿는 자에게 주시는 하나님의 능력이 됨이라"는 말씀이 바로 이것입니다. 이 능력이 복음 안에 있기 때문에 하나님의 의가 복음 안에 나타나서 믿음으로 믿음에 이르게 합니다. "믿음으로 믿음에 이르게 한다"는 것이 무엇일까요? 작은 믿음에서 큰 믿음에 이르게 한다는 말이 아닙니다. 믿음에서 시작하여 믿음으로 결과를 얻는다는 말입니다.

종교개혁이 일어난 지 481년, 오늘날 종교는 다시 우상화되어가고 구조악은 다시 성해져가고 있습니다. 종교적인 정서가 곧 신앙인 양 착각을 하는 이들이 늘어가고 있습니다. 그러므로 루터와 같은 개혁자적 신앙과 그 불붙는 정열이 그립습니다.

신앙을 지식과 수양으로 밖에 보지 않으려는 사람들! 기계문명이라는 괴물을 우상으로 섬기며 공포에 떠는 현대인들! 새로이 밀려오는 물질문명을 소화하지 못하여 우상과 하나님을 분별하지 못하고 관념만의 신앙으로 습관적인 교인이 되어버린 사람들! 이런 사람들이 늘어나면 날수록 개혁자의 신앙은 한층 더 아쉬워집니다.

루터는 그의 *Tischreden: Colloquia*, 즉 《탁상어록》에서 이렇게 말했습니다.

> 비를 주지 않고 지나가 버리는 구름은 거짓 크리스챤과 같습니다. 그는 복음을 받았다고 자랑하나 비를 오게 하지 않는 구름처럼 열매를 내지 않습니다(*W-T.*2. 1651).

> 크리스챤은 그리스도 안에서는 완전하지만 자기 자신 안에서는 불완전합니다. 내적인 사람은 성도이지만 외적인 사람은 죄인입니다. 우리가 사도신경에서는 '거룩한 공회와 성도가 서로 교통하는 것을 믿사오며'라고 고백하지만, 주기도문에서는 '우리가 우리에게 죄를 지은 자를 사하여 준 것 같이, 우리 죄를 사하여 주옵시고'라고 기원합니다. 그 이유가 바로 이것입니다(*W-T.*2. 2128 중반절).

비 없는 구름과 비를 오게 하는 구름! 완전한 인간과 불완전한 인간! 거룩한 성도와 더러운 죄인! 우리는 이 두 개의 극단적인 것 사이에서 항상 갈등을 일으키며 삽니다. 비를 오게 해야겠는데 물 없는 구름이 되어 있을 때가 많습니다. 그리스도 안에서 완전해야겠는데, 자기 자신에게서 헤어나지 못하여 늘 불완전합니다. 거룩한 성도가 되어야 하는데 그러지를 못합니다.

성도로 부르심을 받은 여러분!
오늘 종교개혁주일을 맞이하여 우리는 우리 자신을 개혁해야 합니다. 성경책만 들고 교회당 마당만 밟는 자가 되어서는 안 됩니다.
매일 세례를 받고 옛 사람은 죽고 새 사람으로 태어나야 합니다. 그러지 못하면 아무리 오래 교회를 다녀도 소용없는 일이 되고 맙니다.
지금 우리 교회는 개혁자의 신앙을 본받는 자들이 생겨나야 합니다. 이런 사람이 하나 둘 늘어날 때, 교회가 새로워질 것입니다. 자신을 개혁해야겠다고 결심하는 분들에게 하나님의 능력이 함께 하시기를 주님의 이름으로 축원합니다. 아멘.

 추수감사주일

## 주신 은혜를 무엇으로 보답할꼬?
시편 116편 5-14절

지금으로부터 375년 전, 즉 1620년 11월 21일은 영국의 퓨리턴(Puritan)들, 청교도들이 메이 플라워(May flower)라는 배를 타고 미국 땅에 첫 발을 내딛던 날이었습니다. 102명의 청교도들은 신앙과 양심의 자유(Freedom for Faith and Consciousness)를 찾아 이 광대한 신대륙에 온 것입니다. 지금 같으면 불과 하루 안에 와서 닿을 땅이지만, 그들은 66일이라는 긴 시간이 걸려서 미국 동해안 매사추세츠(Massachusetts)주의 항구인 플리머스(Plymouth)에 도착했습니다.

길고 고달픈 항해에 시달린 그들이 찾아왔던 미지의 세계, 이 미국 땅에 첫 발을 디뎠을 때, 그들의 눈앞에 전개된 것은 거친 들판과 울창한 숲뿐이었습니다. 파도와 폭풍에 시달려 거의 지친 모습으로 이 땅을 찾아 왔지만, 누구하나 따뜻하게 마중 나온 사람이 없었고, 환영해 주는 사람도 없었습니다. 날씨는 혹독하게 추웠으며 바람은 거세고 무서웠습니다. 추위와 들짐승들만이 그들을 기다리고 있을 뿐이었습니다.

그러나 그들은 이런 역경에도 실망하지 않았습니다. 신앙과 양심의 자유를 찾은 기쁨이 그들 속에 있었기 때문입니다. 그들은 플리머스 언덕 위에 모닥불을 피워놓고 몸을 녹이면서 제일 먼저 한 일이 있습니다. 그것은 그들의 그 긴 여행을 지켜주셔서 무사히 이 신대륙에 도착하게 해주신 하나님께 감사의 예배를 드린 일입니다. 그들은 가지고 온 찬송가를 펴서 일제히 감격에 넘친 찬송을 불렀고, 눈물로 감사의 기도를 드렸습니다.

그들은 시편 116편을 폈습니다. 그리고 우렁찬 목소리로 낭독을 했습니다.

> Gracious is the Lord, and righteous; yea, our God is merciful. The Lord preserveth the simple; I was brought low, and he saved me (ps. 116:5-6).

> 여호와는 은혜로우시며 의로우시며 우리 하나님은 자비하시도다. 여호와께서는 어리석은 자를 보존하시나니 내가 낮게 될 때에 나를 구원하셨도다.

이렇게 읽어가는 그들의 목은 이미 메어 있었고, 그들의 가슴은 감격에 차 있었습니다.

> What shall I render to the Lord for all his benefits toward me? I will take the cup of salvation, and call upon the name of the Lord, I will pay my vows unto the Lord now in the presence of all his people(ps. 116:12-14).

> 여호와께서 내게 주신 모든 은혜를 무엇으로 보답할꼬, 내가 구원의 잔을 들고 여호와의 이름을 부르며 여호와의 모든 백성 앞에서

나의 서원을 여호와께 갚으리로다.

이 구절에 와서 그들은 모두 울고 있었습니다. 너무나도 감사하고 감격스러웠기 때문입니다.

그 해 겨울은 유난히도 추웠습니다. 강한 신앙과 개척정신에 불탄 개척자들(pioneers)이었지만, 그해 11월과 12월, 그리고 이듬해 1월, 이렇게 불과 석 달 동안에 102명 가운데 47명이 질병으로 죽었습니다. 살아남은 사람은 55명뿐이었습니다. 그러나 이들은 용기를 잃지 않았습니다. 하나님께서 그들을 보호해 주신다는 확신, 청교도의 나라를 이 땅에서 기어이 건설하고야 말겠다는 불굴의 정신, 이 둘을 가지고 그들은 찬송을 부르며 통나무를 베어 집을 지었습니다. 전기톱이 그 당시에 있을 리가 없었으니, 그들은 순전히 손으로 나무를 켜서 집을 지었습니다.

그러나 그들은 자기네 주택을 짓기 전에 먼저 하나님의 성전을 지었습니다. 지금처럼, 미끈하고 아름답지는 못했지만, 그들의 정성을 최대한으로 기울여 지었습니다. 그리고 주일날이면 그 성전에 모여 감사의 예배를 드렸고, 함께 성전에서 떡을 떼며 기도에 힘썼습니다.

아메리칸 인디언들(American Indian)이 처음에는 경계의 눈초리로 이들을 바라보았습니다. 그러나 청교도들의 꾸준한 친절과 사랑으로 점차 가까워졌습니다. 이윽고 봄이 되자 인디언들이 감자와 옥수수 씨앗을 갖다 주었고, 또 그들이 가지고 온 채소와 밀 씨앗을 땅에 뿌렸습니다. 본래부터 밭이 있는 것은 아니었지만, 열심히 개척해서 호박을 심고, 사과나무도 심었습니다.

여름이 되자 가뭄이 들어 밭에 뿌려놓은 곡식이 타기 시작했습니다. 그들은 실망에 차서 하늘을 쳐다보며 한탄을 했습니다. 그러던 어느 날 한 신사가 일어나서 말했습니다.

여러분! 우리는 하나님을 믿고 이 대륙에 건너 온 사람들이 아닙니까? 이렇게 한탄만 하고 있을게 아니라 비를 내려 달라고 기도합시다.

이 말에 호응하여 그들은 일제히 예배당에 모여 기도하기 시작했습니다. 그들이 기도를 계속한 지 열흘 후에 하늘에서 비가 내렸습니다. 말랐던 곡식이 다시 살아났습니다. 그해 가을, 풍작은 아니었지만 그들은 추수를 할 수 있었습니다. 그들은 제일 먼저 추수한 곡식을 가지고 성전에 모여 하나님께 바치며 감사제를 드렸습니다.

추수감사절은 여기서부터 시작이 되었습니다. 그 후에 이 감사절이 미국의 국경일이 된 것은 1789년 조지 워싱턴(George Washington) 대통령 때부터였습니다. 1863년 에이브러험 링컨(Abraham Lincoln) 대통령은 이 감사절을 전국적으로 확대시켰으며, 1914년 국회에서 11월 넷째 목요일을 추수감사절(Thanksgiving Day)로 변경했습니다. 그러나 세월이 지나면서 이 감사절은 청교도들이 처음 시작했던 그 아름다움과 본래의 정신은 퇴색해 버리고 지금은 칠면조를 구워 먹고 모여서 즐기는 세속적인 명절이 되어 버렸습니다.

우리가 '날'(日)을 중하게 여기는 것은 그 '날' 자체에 의미가 있어서가 아닙니다. 그 날에 가지는 우리의 심정에 의미가 있는 것입니다. 그러므로 감사절도 감사절이라는 '날' 자체가 중요한 것이 아니라 감사절을 맞이하는 우리의 마음가짐이 중요한 것입니다.

이 시간, 여러분의 생각을 감사절이라는 절기에서부터 여러분에게 은총을 베푸시고 오늘날까지 여러분을 축복해 주신 하나님께로 돌리시기 바랍니다. 여러분의 눈이 그 옛날 청교도들처럼 축복의 근원이신 하나님을 바라보고, 여러분의 마음이 그 축복에 대한 감사로 가득할 수 있기를 바랍니다. 그래야만 오늘 이 추수감사주일이 여러분에게 새로운 의미와 더불어 새로운 축복을 가져오고 하나님이 기뻐하시는 사람들이 될 것입니다.

"감사의 심정"—이것은 하나님의 영에 접촉한 신앙의 사람이 아니고는 갖지 못하는 것입니다. 사람들끼리 고맙다는 것은 어디까지나 있는 인사요, 예절입니다. 그러나 하나님께 감사하는 마음은 하나님의 영에 접한 경험이 없는 인간이나 자기중심적이고 이기주의적인 인간에게는 생겨나기가 어려운 것입니다.

지금 여러분에게 감사의 심정이 있습니까? 여러분이 육신적으로 건강하고 가정이 단란하며 영적으로 구원의 은혜에 동참한데 대한 감은의 심정, 은혜에 감사하는 심정이 있습니까? 그런 사람은 하나님의 영에 접한 사람임을 아시고 더욱 감사하시기 바랍니다.

그러면 우리가 받은 이 지극한 은혜에 대하여 우리는 어떻게 감사를 드려야 할까요? 오늘 우리가 봉독한 본문이 이것을 가르쳐 주고 있습니다. 이제 우리가 이 본문에서 감사하는 방법을 배울 때 여러분에게 축복의 말씀이 되시기 바랍니다.

## 1. "구원의 잔"을 들고 감사하라고 하였습니다

우리가 하나님 앞에 제일 먼저 감사를 드려야 할 것이 무엇이라고 생각하십니까? 이것은 여러분 각자가 모두 다를 것입니다. 여러분은 자기가 소원하는 것이 각각 다를 것이고, 또 제일 중요하다고 생각하는 그 생각에도 차이가 있을 것입니다.

매우 중요한 시험을 앞둔 사람, 내년에 대학에 갈 아들 딸을 둔 사람, 아기를 낳게 될 임산부, 결혼할 나이가 다 된 처녀와 총각, 이식수술을 기다리며 누워있는 환자, 학위를 끝내야겠는데 아직 마땅한 직장이 나서지 않아 찾고 있는 사람, 가게를 샀는데 맞지가 않아 다시 팔려고 내놓았으나 얼른 임자가 나서지 않고 있어 오마조마하게 애태우는 사람… 이런 사람들은 그 일이 이루어졌을 때 그 모든 것을 하나님의 은혜요, 축복으로 알고 감사할 것입니다. 그러나 이러한 감사는 모두가 일시적인 것이어서 그 순간이 지나가면 모두 잊어버립니다. 기도로 간구해서 얻은 것일지라도 얼마가 지나면 자기 힘으로 얻은 것처럼 생각하고 감사하지 않습니다. 그리고 이것이 자기 영혼을 구원해 주는 것은 아닙니다.

따라서 이런 소원이 이루어지고 그 목적이 달성된다 하더라도 이것이 우리의 인격을 변화시키고 새 인간이 되게 해 주지는 않습니다. 여전히 욕구불만이 생기고, 여전히 불평이 생겨서 여전히 가정불화가 일어납니다. 그러므로 우리 인격을 변화시키고 인간성을 바꾸어 주는 것은 보다 내적이고 영적인 데서 옵니다. 우리 영혼에 변화가 생기고, 우리 영혼이 구원을 얻었을 때입니다. 본문 8절을 보세요.

> 주께서 내 영혼을 사망에서 내 눈을 눈물에서, 내 발을 넘어짐에서 건지셨나이다.

여러분에게도 이런 경험이 있을 것입니다. 내 인격을 변화시키고, 나로 하여금 새 생명을 얻고 새 인간이 되게 하는 것은 바로 이러한 영적 체험을 통해서 오는 것입니다. 성 아우구스티누스(St. Augustine)은 그의 《참회록》 4장 10항에서 이렇게 고백하고 있습니다.

> 만군의 하나님, 당신의 얼굴을 돌이키시고 우리에게 보여 주시옵소서. 당신의 얼굴을 우리에게로 향해 돌려주시지 아니하시면 사람의 영혼이 어느 곳을 가나 걱정과 슬픔을 면치 못할 것이옵니다. … 물질적이고 감각적인 것에는 우리의 영혼이 쉴 곳이 없나이다. 피하나 편안치 못하고, 구하나 찾지 못하고, 원하나 채워지지 아니하고 안타까워하나 만족할 수 없습니다. 육체의 감각이 영혼을 즐겁게

할 수 없습니다…(4장 10항).

그리고 4장 11항에 가서는,

> 그러니 내 영혼아, 어리석게 굴지도 말고, 어리석은 자들의 소란한 말에 네 귀를 대지 말찌어다. 거룩한 음성이 너를 부르고 있지 아니하냐? 너를 부르시는 주님에게 부동의 안식처가 있고, 너 자신이 그 사랑에 배반하지 않으면, 언제나 계속되는 사랑이 있지 않느냐?

라고 고백하고 있습니다. 오늘 우리가 어떻게 그리스도를 주로 믿고 우리 영혼이 구원을 얻게 되었는가를 생각하면 감사할 것 밖에 없는 것입니다. 어떻게 감사해야 할까요?

성경은 "구원의 잔"을 들고 감사하라고 했습니다. "구원의 잔"이 무엇일까요? 옛날 히브리인들은,

> 내가 하나님께 대한 나의 감사의 징표로써 율법에 명시된 제사를 드리겠나이다. 그리고 내게 주어진 하나님의 인자하심을 인하여, 나의 친구들과 더불어 잔을 들고 축배를 들겠나이다.

이렇게 구원을 기억하면서 잔을 들고 축배를 들었습니다. 그래서 이것은 "구원의 잔"이라 했습니다.

그들은 이 "구원의 잔"을 들 때 반드시 율법에 정한 예물을 먼저 하나님께 바쳤습니다. 경건한 예배를 드리며 감사의 예물을 정성을 다해 바쳤습니다. 조금도 인색한 마음 없이 하나님의 것인 십일조와 그 위에 감사의 헌물을 드렸습니다. 그리고 나서 구원 받은 성도들이 다 같이 구원의 잔을 들고 축배를 올렸습니다.

뿐만 아니라 때때로 그들은 가정에서 식탁에 둘러 앉아 하나님께 대한 감사로 가장이 제일 먼저 잔을 들고 온 식구가 함께 마시는

축복의 잔을 들었습니다.

신약적인 의미에서 이 "구원의 잔"은 두 가지 뜻이 있습니다. 하나는 "고난의 잔"이고, 다른 하나는 "위로의 잔"입니다. 예수님은 삽자가의 고난을 앞에 두시고 세 제자를 데리시고 겟세마네 동산으로 들어가셨습니다. 거기서 고민하시며 얼굴을 땅에 대시고 기도 하셨습니다.

> 아버지여, 만일 할 만 하시거든 이 잔을 내게서 지나가게 하옵소서 (마 26:39).

이것이 고난의 잔입니다.

> 아버지여, 만일 내가 마시지 않고는 이 잔이 내게서 지나갈 수 없거든 아버지의 원대로 되기를 원하나이다(마 26:42).

우리 주님께서는 이 고난의 잔을 통해서 우리에게 "구원의 잔"을 마실 수 있게 하신 것입니다. 그러므로 오늘 우리가 "구원의 잔"을 들고 감사하라는 것은 주님이 우리 대신 "고난의 잔"을 드신 그 은혜를 생각하고 감사하라는 말입니다.

구원의 잔은 또한 "위로의 잔"입니다. 우리는 이 세상을 살아오는 동안 많은 것들에 시달려 지쳐 있습니다. 육신은 피로하고 심령도 고달픈 상태에 있습니다. 우리에게는 새로운 용기가 필요하고 따뜻한 위로가 필요합니다. 이러한 우리, 무거운 짐을 지고 허덕이는 우리를 향해 주님께서 말씀하십니다.

> 수고하고 무거운 짐진 자들아, 다 내게로 오라. 내가 너희를 편히 쉬게 하리라(마 11:28).

주님의 초청은 위로의 잔을 주시기 위한 것입니다.

> 너희는 마음에 근심하지 말라. 하나님을 믿으니 또 나를 믿으라(요 14:1).

> 이것을 너희에게 이름은 너희로 내 안에서 평안을 누리게 하려 함이라. 세상에서는 너희가 환난을 당하나 담대하라. 내가 세상을 이기었노라(요 16:33).

이 얼마나 큰 위로와 용기를 주시는 말씀입니까? 이 위로는 자기 지혜나 능력으로 살려고 하는 자에게는 오지 않습니다. 똑똑하고 잘난 사람에게는 위로가 절실하지 않기 때문입니다. 그러면 이 구원과 위로는 어떤 사람에게 오는 것일까요? 6절을 보세요.

> 여호와께서는 어리석은 자를 보존하시나니, 내가 낮게 될 때에 나를 구원하셨도다.

여기 "어리석은 자"라고 번역된 히브리말 '페티'는 "단순한 사람"입니다. 복잡한 사람이 아니고 앞뒤가 다르거나 겉 다르고 속 다른 사람이 아닙니다.

다윗은 똑똑한 사람이 하는 방식을 따르지 않았습니다. 어리석은 사람처럼 단순했고, 자기를 낮추었습니다. 이스라엘의 왕이었지만, 명령하거나 군림하는 자세를 취하지 않았습니다. 그래서 하나님의 구원과 위로를 경험했습니다.

오늘 우리는 어떻습니까? 어리석은 자가 되고 자기를 낮추고 있습니까? 그러면 구원의 잔을 들고 하나님께 감사할 수 있습니다. 주님이 주시는 한없는 위로가 여러분의 것이 될 것입니다.

## 2. "여호와의 이름을 부르며" 감사하라고 했습니다

다윗은 지난 날 말할 수 없는 고통에 처한 일이 있었습니다. 그는 그 모든 역경 중에서 인간들에게 도움을 청하지 않고 여호와의 이름을 불렀습니다.

> 여호와여 내 음성과 내 간구를 들으시므로 내가 저를 사랑하는도다. 그 귀를 내게 기울이었으므로 내가 평생에 기도하리로다(시 116:1-2).

다윗은 자기에 대한 하나님의 인자하심을 기도의 응답에서 경험했습니다. "여호와께서 내 음성과 내 간구를 들으셨도다." 다윗은 환난 중에 겸손하고 진지하게 하나님의 자비를 구했습니다. 그리고 하나님께서는 그의 간구를 들으셨습니다. 그래서 다윗은 8절에서,

> 주께서 내 영혼을 사망에서 내 눈을 눈물에서 내 발을 넘어짐에서 건지셨나이다.

라고 고백하고 있는 것입니다. 이것은 4절에서,

> 내가 여호와의 이름으로 기도하기를 여호와여 주께 구하오니 내 영혼을 건지소서.

라고 한 기도의 응답입니다.

다윗은 여호와의 이름을 부르며 "자기 육신을 건지소서"라고 기도하지 않았습니다. "내 영혼을 건지소서"라고 했습니다. 이것이 우리의 기도와의 차이점입니다. 우리가 하나님의 이름을 부르며 기도하는 그 많은 기도를 한 번 분석해 보십시오. 거의 대부분이 영혼보

다는 육신을 위한 기도입니다.

> 하나님, 건강하게 해 주십시오. 아무개 공부 잘 하게 해 주십시오. 취직 잘 되게 해 주시고, 돈 잘 벌게 해 주십시오. 좋은 신랑 만나게 하시고, 아들 딸 잘 낳게 해 주십시오. 시험 잘 붙게 하시고, 승진하게 해 주십시오.

우리의 기도는 거의 이런 육신의 것들로 차 있습니다. 영혼이 병들었는데, 영혼을 위해 기도하는 일은 드뭅니다. 거의 없는 사람도 있습니다.

그러나 보십시오. 다윗은 환난 중에서도 자기 육신을 위해 하나님의 이름을 부르지 않고 영혼을 건져달라고 기도했습니다. 하나님은 이 기도에 응답하시고 그의 영혼 뿐만 아니라 그의 육신까지 건지셔서 그를 이스라엘의 왕의 자리에 앉히셨습니다. 그래서 이스라엘의 가장 위대한 왕이 되게 하셨습니다. 여기서 우리는 예수님이 하신 말씀의 뜻이 한층 분명해진 것을 봅니다.

> 너희는 먼저 그 나라와 그의 의를 구하라, 그리하면 이 모든 것을 너희에게 더하시리라(마 6:33).

여러분 중에도 이런 경험을 가진 분이 있을 것입니다. 시련 중에 내 영혼을 위해 간절히 기도했는데, 하나님께서는 그 기도의 응답으로 영혼만이 아니라, 육신과 모든 생활에 형통함을 주신다는 사실입니다.

존 클락(John A. Clark) 선교사가 아프리카(Africa)에 의료 선교사로 가 있을 때 일이었습니다. 어느 날 일단의 대상들이 하루의 여정에 지쳐서 저녁이 되자 모닥불을 피운채 그냥 산에서 잠이 들었습니다. 얼마 후에 모닥불이 꺼졌습니다. 기회를 엿보고 있던 한 마리의 사자가 내려와 그 중 한 사람을 낚아챘습니다. 그가 소리치는 바람에 깨어난 친구들이 총을 쏘아 사자를 쫓아 버렸습니다. 그런데 사자에게 물린 사람은 피투성이가 되었습니다. 친구들은 그를 담요에 싸서 선교사에게 데려갔습니다.

클락 선교사는 최선을 다해 수술을 했습니다. 생각했던 이상으로 결과가 좋았습니다. 다행히 뼈가 부러진 데는 없었습니다. 치료를 받은 그는 선교사와 헤어지면서 "다시 돌아오겠습니다"라는 한 마디를 남기고 떠났습니다.

오랜 후에 이 선교사의 집에 일단의 아프리카인들이 떼 지어 왔습니다. 그 중에 지도자 격이 되는 사람이 선교사의 이름을 부르며,

  클락 선교사님, 저를 몰라보실 겁니다.

하고 말했습니다. 클락 선교사 역시

  모르겠는데요.

하고 대답했습니다. 그러자 이 사람은

  당신이 지금부터 12년 전에 사자에게 물어.뜯겨 죽게 된 나를 치료해 주셨습니다. 이건 다 내 아내와 자식들입니다. 여기 짐을 지고 따라온 내 친구들도 있습니다.

클락 선교사가 보니 그 친구들 뿐 아니라 그 사람과 아내와 자녀들까지도 모두 다 등에 짐을 잔뜩 지고 있었습니다.

  선교사님, 당신은 내 생명의 은인입니다. 이 모든 것은 모두 당신의

것입니다. 저와 저의 아내와 자식들도 그리고 저의 전 재산도 다 당신의 것입니다. 이것을 받으십시오.

한 생명을 구해 준데 대한 감사의 표시가 이 정도였습니다.
여러분은 여러 가지로 곤경에 처해 있을 때 도움을 주신 분, 위로와 힘을 주신 분이 있다면 그분을 잊어버릴 수 있겠습니까? 그 이름을 기억하며 감사할 것입니다. 그러므로 믿음이 있는 사람은 어떤 어려움 중에서도 하나님을 부르며 기도하고 또 그런 중에서 얻는 은혜로 인하여 하나님께 감사하게 되는 것입니다. 하나님께서 우리에게 주신 은혜를 하나씩 생각하면서 오늘 우리는 여호와 이름을 부르며 감사해야 할 것입니다.

### 3. "나의 서원을 여호와께 갚으며" 감사하라고 하였습니다

다윗은 본문 14절과 18절에 두 번이나,

여호와의 모든 백성 앞에서 나의 서원을 여호와께 갚으리로다.

라고 했습니다. 이것은 그가 받은 은혜에 대해서 서원한 것을 반드시 갚음으로 감사를 입으로만이 아니라 행동으로 표현하겠다는 말입니다. 그는 자신이 드리고자 맹세했던 감사제를 드렸습니다. 그리고 그가 고난에 처해 있을 때 한 다른 모든 약속을 지켰습니다.

'나의 서원을 여호와께 갚으리로다.' 그리고 나서 다시 '내가 여호와의 모든 백성 앞에서 나의 서원을 여호와께 갚을찌라.'

고 했습니다.

다윗은 자기가 서원한 것을 즉시 이행했습니다. 다른 채무자처럼 빚을 갚는데 더디지 않았고, 기일을 연장해 달라고 애걸하지도 않았습니다. 그리고 그는 공개적으로 했습니다. 구석에 움츠려 들며 우물쭈물하지 않았습니다. "모든 백성 앞에서"라는 말은 예루살렘 성전 문에 모여든 예배자들 앞에서라는 말입니다. 다른 성도들 앞에서 자기 신앙을 고백하는데서 믿음은 배로 살아나는 것입니다.

여러분도 하나님 앞에 큰 은혜를 생각하며, 또 기도하면서 무엇을 어떻게 하겠다고 서약한 것이 있을 것입니다. 그 서약은 반드시 하나님께 갚아야 하고 감사를 표시해야 합니다. 특별히 서약한 것이 없는 사람은,

> 나는 하나님께 서약한 것이 없으니 아무 것도 갚을 것이 없다

고 생각하고 마음 놓고 있습니다.

그러나 여러분은 세례를 받을 때 하나님과 교회 앞에서 손을 들고 서약한 것이 있습니다. 그 서약이 네 가지입니다. 그런데 그것을 지금까지 지켜오고 있습니까? 그 네 가지 중의 마지막 한 가지를 이 시간 여러분에게 일깨워드리려고 합니다.

> 여러분은 교회의 관할과 치리에 복종하고 교회의 덕을 세우는 일에 힘쓰며 교인으로서의 의무와 권리를 바르게 행사하기로 서약합니까?

세례를 받으신 분들은 모두 "예"하고 서약했을 것입니다. 그리고 이 서약이 무엇인지는 여러분이 다 잘 알고 있을 것입니다. 이 서약을 이행해야 합니다. 베다니 가정의 마리아는 주님의 은혜가 너무나도 고맙고 감사해서 옥합을 깨뜨려, 매우 귀중한 향유를 예수님의 발에 붓고 자기 머리털로 예수님의 발을 닦아 드렸습니다.

찬송가 356장은 이 베다니의 마리아와 같은 심정이 듬뿍 담겨 있는 찬송입니다.

> 성자의 귀한 몸 날 위하여
> 버리신 그 사랑 고마워라
> 내 머리 주 앞에 조아려 하는 말
> 나 무엇 주님께 바치리까.

1, 4절을 다 같이 부르겠습니다.

> 만 가지 은혜를 받았으니
> 내 평생 슬프나 즐거우나
> 이 몸을 온전히 주님께 바쳐서
> 주님만 위하여 늘 살겠네.

> 여호와께서 내게 주신 모든 은혜를 무엇으로 보답할꼬, 내가 구원의 잔을 들고 여호와의 이름을 부르며 나의 서원을 여호와께 갚으리로다(시 116:12-14).

이 말씀이 이 시간 여러분 자신의 성구가 되며 축복의 말씀이 되시기 바랍니다. 아멘.

세계성서주일

## 성서는 어떤 책인가?
히브리서 4장 12절; 요한복음 5장 39-40절

성서에는 많은 주제가 들어 있습니다.

첫째, 창조의 신비라는 주제가 있습니다

하나님은 창조주이시고, 인간은 피조물이라는 엄연한 질서가 이 속에 있습니다. 종교개혁자 마르틴 루터(Martin Luther)가 "창조할 능력이 없는 신은 신이 아니다"라고 했다지만, "태초에 하나님이 천지를 창조하시다"라고 한 창세기 1장 1절의 말씀은 성서 전체의 대전제요, 입문이요, 뚜껑입니다.

둘째, 인간의 배신과 타락이라는 주제가 있습니다

하나님의 형상(Image of God)을 따라 창조된 첫 사람 아담과 하와가 금단의 열매를 따 먹고 하나님을 배신하면서 타락한 역사가

에덴동산에서 쫓겨난 그들에게서 시작되고 있습니다.

셋째, "그럼에도 불구하고"라는 주제가 있습니다

하나님의 명령을 어기고 배신한 인간들, 그럼에도 불구하고 하나님께서는 영영 버리지 않고 구원하시려는 자비와 사랑이 흐르고 있습니다. 아브라함을 갈대아 우르에서 불러내시고,

> 너는 너의 본토 친척 아비 집을 떠나 내가 네게 지시할 땅으로 가라. 내가 너로 큰 민족을 이루고 네게 복을 주어 네 이름을 창대케 하리니, 너는 복의 근원이 될찌라(창 12:1-2).

이렇게 아브라함을 선택하여 믿음의 조상으로 세우신 하나님께서는 아브라함이 100세에 낳은 아들 이삭을 번제물로 바치라고 명령하십니다. 아브라함이 명령에 순종하여 아들 이삭을 모리아 산에서 번제로 드리려고 단 나무 위에 올려놓고 칼을 들어 아들을 잡으려고 할 때, 하나님께서는 급히 아브라함을 두 번이나 부르셨습니다. 그리고 아들에게 손을 대지 말라 하시고, 말씀하셨습니다.

> 그에게 아무 일도 하지 말라. 네가 네 아들 네 독자라도 내게 아끼지 아니하였으니, 내가 이제야 네가 하나님 경외하는 줄 아노라(창 22:12).

요셉의 형들이 요셉을 시기하여 애굽 대상들에 팔아 넘겼지만, 그럼에도 불구하고, 하나님만을 의지하던 요셉을 들어 애굽의 총리 대신이 되게 하셨습니다. 애굽과 가나안 온 땅에 7년간 기근이 들었을 때는 이 요셉을 통하여 야곱의 열한 아들과 온 식솔이 애굽의 고센 땅으로 인도되어 풍요롭게 살게 하셨습니다.

이스라엘 자손들이 번창해지고 부를 누리게 되자 요셉을 모르는 후대 애굽 왕들과 고관들이 위협을 느끼고 이스라엘 백성들을 노예로 삼았고, 사내 아이가 태어나면 모두 죽이라는 명령이 내려졌습니다. 억압과 중노동에 시달린 이스라엘 백성들이 하나님을 알지 못하고 원망 속에서 살았으나, 그럼에도 불구하고, 하나님께서는 모세를 지도자로 세워 그 백성들을 애굽에서 해방해 내셨습니다.

넷째, 정의라는 주제가 있습니다

하나님은 공의의 하나님이시며, 불의를 기뻐하지 않으시는 분이십니다. 이스라엘 백성들이 광야에 있을 때 하나님께서는 모세를 시내산으로 불러 올리셔서 손수 쓰신 두개의 돌판을 주셨습니다. 십계명이 쓰여 있는 돌판, 하나는 하나님께 대한 계명이고, 또 하나는 인간들에 대한 계명입니다.

> 나는 너를 애굽 땅, 종 되었던 집에서 인도하여 낸 너의 하나님 여호와로다. 너는 나 외에는 다른 신들을 네게 있게 하지 말지니라(출 20:2-3).

다섯째, 사랑이라는 주제가 있습니다

하나님의 공의 앞에 살아남을 인간은 한 사람도 없습니다. 그러나 하나님은 사랑이시기 때문에 범죄한 인간, 멸망으로 달려가는 인간들을 찾아 오셔서 구원의 길을 열어주시고 은혜 안에 들어오게 하셨습니다. 그래서 여러분이 빈 손들고 나와서 십자가를 붙들기만 하면 무조건적인 사랑, 아가페의 사랑으로 받아주시고, 은혜의 선물을 주시는 것입니다.

여섯째, 종말이라는 주제가 있습니다

신학자들이나 사회학자들이 최근에 와서 급격히 지구의 종말을 예고하고 있지만, 동남아시아의 쓰나미, 루이지에나(Louisiana)와 미시간(Michigan)의 하리케인, 파키스탄(Pakistan)의 지진, 중국 동남부의 태풍, 멕시코(Mexico)만의 하리케인, 아프리카(Africa)의 기아, 북한 인민들의 굶주림, 지구촌에는 이런 천재지변이 끊이지 않고 있습니다.

성서의 종말은 예수님의 재림과 때를 같이 합니다. 요한계시록 21장은 종말에 있을 새 하늘과 새 땅에 대한 것을 기록하고 있고, 22장 마지막에는,

> 이것을 증거하신 이가 가라사대 내가 진실로 속히 오리라 하시거늘 아멘 주 예수여 오시옵소서(계 22:20).

라는 말씀으로 성서 전체를 끝맺고 있습니다. 그런데 창세기 1장이 역사의 시작이고 요한계시록이 역사의 종말이라면 역사의 클라이막스(climax), 즉 역사 정점은 어느 때일까요?

역사의 정점은 하나님께서 아드님을 이 세상에 보내신 때입니다. 성자 예수님은 본래 하나님과 함께 계셨고, 하나님의 본체이셨으나, 육신을 입고 이 땅에 오셔서 성부 하나님을 계시해 주셨습니다. 이것이 특수 계시입니다. 그러므로 성서의 중심 메시지(Message), 그리스도교의 중심 메시지는 성자 하나님이 이 땅에 오셔서 나타내신 하나님 자신의 계시인 것입니다.

"계시"라는 말, '아포칼립시스'(αποκαλυψις)는 "감추었던 것을 열어 보인다"는 뜻입니다. 하나님께서 친히 열어 보이시지 않으면, 인간은 아무도 하나님의 신비와 구원의 역사를 알 수 없는 것입니다.

구약성경 이사야 45장 15절을 보면,

> 구원자 이스라엘의 하나님이여, 진실로 주는 스스로 숨어 계시는 하나님이시니이다.

라고 기록하고 있습니다. 숨어 계시는 하나님(Hidden God)이 나타내신 하나님(appeared God)으로 우리 가운데 오셨습니다. 성자 하나님이 이 세상에 오셔서 하신 일이 무엇입니까? 그의 탄생에서 십자가와 부활, 승천, 그리고 재림으로 이어지는 이 특수 계시에서 그 핵심은 성서 전체의 중심 주제에 있었습니다. 즉, "너는 나 외에는 다른 신들을 네게 있게 하지 말지니라"(출 20:3)고 하신 주제를 인간들이 어떻게 바르게 깨닫고 복종할 것인가를 보여 주셨습니다.

그것이 무엇일까요? 성자 하나님, 예수 그리스도를 통해서 성부 하나님께로 나아가는 길입니다.

> 내가 길이요, 진리요, 생명이니, 나로 말미암지 아니하고는 아버지께로 올 자가 없느니라.

요한복음 14장 6절에서 말씀하신 뜻이 바로 이것입니다. 그리고 이 특수 계시를 천지 창조에서 세계의 완성에까지 기록한 책이 성서입니다. 그런데 대체 성서는 어떤 힘을 가지고 우리에게 다가오는 것일까요? 이것을 알아야 여러분이 왜 성서를 읽고 배워야 하는가 그 이유를 알게 됩니다.

## 1. 성서는 인간의 죄와 악한 본성을 근본적으로 수술하는 칼입니다

히브리서 4장 12절을 보세요.

> 하나님의 말씀은 살아 있고, 운동력이 있어 좌우에 날선 어떤 검보다도 예리하여 혼과 영과 및 관절과 골수를 찔러 쪼개기까지 하며, 또 마음의 생각과 뜻을 감찰하느니라.

여기에 기록된 "하나님의 말씀"이라는 헬라 말 '호 로고스 투 데우'(ὁ λὸγος τοῦ θεοῦ)는 히브리서 6장 5절에 나오는 "하나님의 선한 말씀"과 히브리서 11장 3절에 나오는 "믿음으로 모든 세계가 하나님의 말씀으로 지어진 줄을 우리가 아나니"라는 말씀과는 다른 단어입니다. 거기서는 둘 다 로고스(λὸγος)가 아니고, 레마(ῥήμα)입니다. 그러니까 히브리서 4장 12절에 나오는 '말씀'은 요한복음 1장 1절에 나오는 '말씀'과 같은 단어 로고스(λὸγος)입니다.

고대 교부 오리게네스(Origenes)나 오이쿠메니우스(Oicumenius), 그리고 토마스 아퀴나스(Thomas Aquinas)와 같은 신학자는 이 말씀을 태초에 하나님과 함께 계셨던 말씀, 육신이 되어 세상에 오신 성자 하나님을 가리키는 것으로 보았습니다.

그러나 아우구스티누스(Augustinus) 이후 현대에 이르기까지 많은 성서학자들은 이 '말씀'을 '계시된 하나님의 말씀'으로 해석하고 있습니다.

'하나님의 말씀은 살았다'는 것은 하나님이 살아 계신 하나님이기 때문에 그 말씀도 살아 있다는 말입니다. 이와 같이 살아 있는 말씀은 그대로 하나님의 능력의 나타남이고 심령을 살리는 말씀입니다. '운동력이 있어' 살아 있는 것은 운동력이 있습니다. 이 운동력은 우리 마음에 감동을 주고 회개하여 구원받는 일을 일으킵니다. 이 말씀은 '좌우에 날선 어떤 검보다 예리하다'고 했습니다. 요한계시록에는 그리스도의 입에서 나오는 좌우에 날선 검이 심판의 계시를 하고 있습니다(계 1:16; 19:21).

하나님의 말씀은 살아 있고, 운동력이 있어…,

히브리서 기자가 여기서 말씀의 능력을 말하는 것은 어느 누구도 말씀의 능력 앞에 부딪칠 때는 고꾸라지지 않을 사람이 없다는 것을 알리기 위한 것입니다. 아마 여러분은 「벤허」(Ben Huh)라는 영화를 모두 보셨을 것입니다. 전 세계 각국에서 선풍적인 인기를 얻고 수많은 사람들의 가슴을 뜨겁게 만들어 준 그 벤허의 작가, 루이스 웨일즈(Lowis Wales)는 장군이요, 외교관이요, 문필가였습니다. 그러나 그는 불신자였습니다. 평범한 불신자가 아니라, 철저한 기독교 비판자로서 성서를 공허하고 황당무계한 거짓말 책이라고 맹렬히 비판하고 비난했습니다. 그는 말로만 성서를 비판하고 기독교를 비난하는데 그치지 않고 그것을 책으로 만들어 만인에게 읽게 하려고 생각했습니다.

그래서 어느 날, 그는 성서를 사다가 읽기 시작했습니다. 성서에서 허구성과 거짓을 밝혀내고, 기독교가 필요없다는 것을 만 천하에 글로 써서 발표하려고 했던 것입니다. 그의 마음은 완악했고, 그의 눈은 성서 안에서 잘못만을 찾아내려고 번득거렸습니다.

그런데, 창세기에서 시작하여 율법서가 끝나고 시문학인 욥, 시편, 잠언 전도서를 읽어 내려가면서 그의 마음에는 이상한 변화가 서서히 일어나기 시작했습니다. 하나님의 말씀의 운동력이 그의 마음을 찌른 것입니다. 좌우에 날선 검보다도 예리한 말씀의 능력이 검이 되어 그의 영과 혼과 관절과 골수를 찔러 쪼갠 것입니다.

드디어 메시야이신 예수 그리스도의 탄생을 기록한 마태복음에 들어왔습니다. 산상보훈을 읽고 예수의 행적을 읽다가 마지막 인류의 죄를 대속하시기 위해 무거운 십자가를 지고 골고다 언덕으로 올라가시는 장면에 와서 웨일즈는 그만 고꾸라지고 말았습니다. 그의 불신앙의 완악한 마음이 완전히 수술을 받고 그리스도의 구속의 사랑으로 치유를 받게 된 것입니다.

웨일즈의 두 눈에서는 자기도 무르게 눈물이 쏟아지기 시작했습니다. 얼마나 울었을까요? 그는 감격으로 가득 찼습니다. 생전 처음 경험하는 감격이었습니다. 그는 기독교를 비판하고 성서를 농락하던 붓을 꺾어 버렸습니다. 그리고는 영원한 진리인 그리스도의 사랑, 하나님의 섭리, 그리고 그것을 영감으로 기록한 성서에 입각하여 작품을 썼습니다. 그것이 온 세계에 있는 수많은 사람들의 심금을 울리고 그들을 그리스도에게로 인도한 불후의 명작 《벤허》입니다.

그러나 우리가 여기서 주의해야 할 것은 말씀은 택함을 받은 사람에게만 능력을 나타낸다는 사실입니다. 그것은 택함을 받은 자가 진실하게 자기가 누구인가를 발견하고 겸손하게 그리스도의 은혜를 구하게 하기 위한 것입니다.

이 일은 말씀이 마음 속 깊이까지 꿰뚫지 않고서는 결코 일어날 수 없습니다. 인간의 마음속에 한 없이 계속되고 있는 꼬불꼬불한 자기 절대화와 위선의 동굴은 여지 없이 두들겨 부숴 버려야 합니다. 이것을 살짝 건드리거나 할퀴는 정도의 수술로는 치료가 되지 않습니다. 영과 혼과 관절과 골수까지도 쪼개어 모든 불순한 인간적인 찌꺼기를 도려내야 하는 것입니다.

'혼,' '푸쉬케'($\psi\acute{u}\chi\eta$)라는 명사는 종종 '영,' '퓨뉴마' ($\pi\nu\epsilon\upsilon\mu\alpha$)와 같은 뜻으로 취급하지만, 두 개가 나란히 사용될 때 혼은 정신의 움직임을 포함하고 있으며, 영은 양심과 오성이라고 불리는 능력 또는 기능을 포함합니다.

성서는 어떤 책인가?(히 4:12, 요 5:39-40)

사도 바울은 데살로니가전서 5장 3절에서,

> 너희 온 영과 혼과 몸이 우리 주 예수 그리스도 강림하실 때에 흠 없게 보전되기를 원하노라(살전 5:23).

고 말씀했습니다. 이 때 여기서 말하는 영과 혼과 몸(spirit, soul, body) 이것은 우리 인간의 안과 밖, 즉 내적 인간과 외적 인간 전체를 가리키는 말입니다.

이 본문에서 '관절과 골수' 라는 말은 인간 속에 깊이 뿌리 박혀 있는 악한 욕망, 육신의 생각을 가리킵니다. 하나님의 말씀의 효력이 뚫고 들어가지 못할 정도의 단단하고 견고한 것은 없으며, 그만큼 깊은 곳까지 꿰뚫고 들어갈 수 있다는 뜻입니다. 비록 하나님에게 버림받은 자들이 잠시 동안은 그들의 은신처에 숨어 있더라도 필경은 말씀의 칼이 그곳까지 꿰뚫고 들어가서 하나님의 심판을 면할 수 없다는 말입니다. 그러므로 "혼과 영과 및 관절과 골수를 찔러 쪼개기까지 한다"는 말은 하나님의 말씀이 인간의 삶 전체를 포괄하여 심판관이 되는 동시에, 수술할 것은 수술하고 치료할 것은 치료해서 온전한 인간, 구원받을 인간으로 만든다는 말입니다.

사도 바울이 에베소서 4장 23절에서,

> 오직 심령으로 새롭게 되어 하나님을 따라 의와 진리의 거룩함으로 지으심을 받은 새 사람을 입으라.

고 했을 때, 그는 이것을 가리켜서 한 말입니다. 그러므로 우리는 하나님의 말씀의 날선 칼로 우리 자신의 죄와 악한 본성을 수술 받아야 합니다. 그래서 오직 심령으로 새롭게 되어 하나님을 따라 의와 진리의 거룩함으로 지으심을 받은 새사람을 입어야 합니다. 그래야 우리가 온전한 인간으로 구원을 받게 되는 것입니다.

## 2. 성서는 영원한 생명을 담은 책이요, 예수 그리스도를 증거하는 책입니다.

요한복음 5장 39절을 보세요.

> 너희가 성경에서 영생을 얻는 줄 생각하고 성경을 상고하거니와 이 성경이 곧 내게 대하여 증거하는 것이로다.

이것은 예수님의 말씀입니다. 여기서 예수님이 말씀하신 성서는 구약성서입니다. 구약의 율법이나 시가나, 예언, 이 모든 것은 그 초점을 오시는 메시야, 그리스도에게 두고 있습니다. 그리스도를 제한 구약의 모든 사건이란 태양을 제한 태양계의 유성과 같습니다. 구약은 오시는 그리스도를 위한 예비사요, 신약은 오신 그리스도의 성취사입니다. 그러므로 구약 없이는 신약을 정확히 이해할 수 없는 것입니다.

예수님이 계속해서 말씀하셨습니다. 5장 40절입니다.

> 그러나 너희가 영생을 얻기 위하여 내게 오기를 원하지 아니하는도다.

영생을 얻으려고는 하면서도 영생의 본체이신 그리스도에게 오기를 원하지 않는다는 말입니다. 이것은 일차적으로는 메시야를 기다리던 이스라엘 민족이 정작 메시야가 왔는데도 그를 알아보지 못하고 거부해 버린 비극을 지적하신 것입니다. 그러나 한 걸음 더 나아가서 이 말씀은 "인간은 얻으려고 노력하면서도 과연 무엇을 얻으려는지 모르고 있을 때가 많다"는 것을 가리킨 말씀입니다.

　프랑스(France)의 콜드스트림(Coldstrim) 근위대에 한 대위가 있었습니다. 그는 자나 깨나 전투 중이거나 휴식을 취하고 있을 때나 가죽 뚜껑으로 된 성서를 몸에 지니고 다니면서 언제나 틈만 있으면 열심히 읽고 있었습니다. 그는 성서를 읽으면서 그리스도에게 가려고 노력했습니다. 그 성서는 대위의 아버지가 생전에 분신처럼 지니고 다니며 읽던 것으로 임종 때 아들인 대위에게 물려준 것입니다.

　그 성서의 책 표지를 열면 아무 것도 인쇄되지 않은 여백에 시편 91편 9-10절의 말씀이 적혀 있었습니다.

> 네가 말하기를 여호와는 나의 피난처시라 하고 지존자로 거처를 삼았으므로 화가 네게 미치지 못하며 재앙이 네 장막에 가까이 오지 못하리니 저가 너를 위하여 그 사자를 명하사 네 모든 길에 너를 지키게 하심이라.

　이 말씀은 대위의 아버지가 살아 있을 때 아들을 위하여 친필로 적어둔 것입니다.

　대위는 격전지에서 전투를 치를 때도 그 성서를 가슴에 품고 다녔습니다. 어느 날, 심한 전투가 벌어졌습니다. 대위는 부대의 선두에 서서 부대를 지휘하고 있었습니다. 그 때 적군이 겨냥한 총알이 대위의 가슴에 날아 왔습니다. 그 총탄은 대위의 왼쪽 가슴을 정통으로 맞추었습니다.

　대위는 "이제는 죽었구나!" 생각하며 땅 위에 쓰러졌습니다. 얼마가 지났을까요? 죽은 줄 알았던 대위는 눈을 떠 보았습니다. 그리고 손발을 움직여 보았습니다. 대위는 자신의 가슴을 보았습니다. 거기에는 분명히 탄환이 뚫어져있는데도 피 한 방울 묻어 있지 않았습니다. 대위는 얼른 가슴 속으로 손을 가져갔습니다. 거기 딱딱한 물체가 만져졌습니다. 그것은 아버지가 물려준 가죽 성서였습니다. 대위는 얼른 그 책을 꺼냈습니다. 거기에도 총탄의 구명이 뚫려 있었습니다. 대위는 황급히 성서를 펼치기 시작했습니다. 총탄이 계속 뚫고 들어가 시편 91편에 가서 멎어 있었습니다.

이 어찌된 일일까요?

네가 말하기를 여호와는 나의 피난처시라 하고 지존자로 거처를 삼았으므로, 화가 네게 미치지 못하며 재앙이 네 장막에 가까이 오지 못하리니

아버지가 책 표지 안에 써 준 이 말씀에 와서 총탄이 멈춘 것입니다. 그리고 그의 아버지가 아들에게 준 그 성서가 아들의 목숨을 구해준 것입니다. 이것이 기적이 아니고 무엇이겠습니까? 대위는 얼른 그 자리에서 일어나 무릎을 꿇었습니다.

하나님 아버지, 감사합니다. 하나님의 말씀인 이 작은 성서가 저의 목숨을 구해 주었으니, 이것이 하나님의 살아 있는 말씀, 생명의 말씀이 아니고 무엇이옵니까? 이제는 그 전보다 더 성서를 사랑하고 영원한 생명을 얻는 일에 생애를 바치겠습니다.

그 후 그는 군에서 제대하고 나서 그의 평생을 복음을 위해 바쳤습니다.

인간은 시간 안에 있는 존재입니다. 시간 안에 있다는 게 무슨 말일까요? "죽음을 향해 서 있는 존재"라는 말입니다.

그러기에 성서는 시편 90편 5절에

주께서 저희를 홍수처럼 쓸어가시나이다. 저희는 잠깐 자는 자 같으며 아침에 돋는 풀 같으니이다.

라고 말씀하고 있습니다. 그런데 인간은 어느 누구도 죽기를 원치 않습니다. 오래오래 살기를 원합니다. 빨리 죽으라면 저주요, 만수무강하라면 축복으로 생각합니다. 불치의 병으로 생명의 시한을 통고받은 환자일수록 살고 싶다는 욕망은 더 강한 것입니다.

> 사람이 죽으면 어찌 다시 살리이까? 나는 나의 싸우는 모든 날 동안을 참고 놓이기를 기다렸겠나이다(욥 14:14).

이것은 구약성서에 나오는 욥의 절규입니다. 그러나 어찌 욥 한 사람만의 절규이겠습니까?
그래서 성자 하나님은 "생명의 떡"이 되셔서 이 세상에 오셨습니다. 무슨 말씀이냐구요? 요한복음 6장 51절을 보세요.

> 나는 하늘로서 내려온 산 떡이니 사람이 떡을 먹으면 영생하리라. 나의 줄 떡은 곧 세상의 생명을 위한 내 살이로라 하시니라.

이 말씀 그대로 성자 예수님은 십자가 위에서 당신의 몸을 찢으시고 그 살을 우리에게 나누어 주셨습니다. 예수께서 말씀하셨습니다.

> 내가 진실로 진실로 너희에게 이르노니 인자의 살을 먹지 아니하고 인자의 피를 마시지 아니하면 너희 속에 생명이 없느니라. 내 살을 먹고 내 피를 마시는 자는 영생을 가졌고, 마지막 날에 내가 그를 다시 살리리라(요 6:53-54).

이렇게 성서는 영원한 생명을 담은 책이요, 생명의 떡이신 예수그리스도를 증거하는 책입니다.
이제 여러분은 성서가 어떤 책이며 왜 성서를 읽어야 하는가를 분명히 알았습니다. 그러나 여러분은 예수님께서 말씀하신 이 말씀에 귀를 기울이지 않으면 안 됩니다. 오늘 우리가 봉독한 두 번째 본문 요한복음 5장 39-40절입니다.

> 너희가 성경에서 영생을 얻는 줄 생각하고 성경을 상고하거니와, 이 성경이 곧 내게 대하여 증거하는 것이로다. 그러나 영생을 얻기 위하여 내게 오지 아니하는도다.

사랑하는 교우 여러분! 여러분은 영생을 얻기 위해 성서를 읽는 줄 압니다. 그러나 거기에 머물러서는 안 됩니다. 종교개혁자 마르틴 루터 선생은 말했습니다.

> 성서는 그리스도 예수가 누워 있는 요람이다.

그러므로 여러분은 성서를 읽으면서 그 안에서 그리스도를 만나야 합니다. 하늘로부터 내려오신 생명의 떡을 받아먹어야 합니다. 그래서 여러분의 영혼이 살고, 여러분의 육신이 영생을 얻어야 합니다.

오늘, 성서주일을 맞이하여 여러분 모두가 의와 진리의 거룩함으로 지으심을 받은 새사람이 되고, 여러분 영원한 생명을 얻는 축복을 모두 받으시기를 주님의 이름으로 축원합니다. 아멘.